Planifique
con maestría

Planifique con maestría

SU NEGOCIO, IGLESIA U ORGANIZACIÓN

Bob
BIEHL

EDITORIAL UNILIT

Sepa

Publicado por
Editorial Unilit
Miami, FL 33172, USA
Derechos reservados.

© 2008 Editorial Unilit (Spanish Translation)
Primera edición 2008

© 1997, 2005 por Bobb Biehl
Todos los derechos reservados.
Originalmente publicado en inglés con el título:
Masterplanning
Publicado por Aylen Publishing.

Traducción: José M. Blanch
Edición: Rojas & Rojas Editores, Inc.
Diseño de la portada: Ximena Urra
Fotografía de la portada: ShutterStock

Las citas bíblicas se tomaron de la Santa Biblia, Versión Reina Valera 1960.
© 1960 por la Sociedad Bíblica en América Latina.
Las citas bíblicas señaladas con nvi se tomaron de la Santa Biblia, *Nueva Versión
Internacional*. © 1999 por la Sociedad Bíblica Internacional
Usadas con permiso.

Producto 495602
ISBN 0-7899-1665-7
ISBN 978-0-7899-1655-5
Impreso en Colombia
Printed in Colombia

Categoría: *Vida cristiana /Vida práctica/Negocio y liderazgo*
Category: Christian Life/Practical Life/Business/Leadership

Contenido

Reconocimientos

---➤

Gracias

Una expresión muy sentida de gratitud para Cheryl Biehl, mi esposa, por su fiel apoyo durante el desarrollo de todo el proceso desde que comenzamos en 1976 el Masterplanning Group. Tus sabias opiniones y apoyo han hecho posible hacer realidad este material y este libro. ¡Gracias, Cheryl!

Un agradecimiento especial para Ed Trenner, mi amigo de toda la vida, mi colega para cualquier consulta y mi editor, por su invaluable sabiduría editorial y por las horas invertidas en el curso de muchas noches dedicadas a la preparación de este libro. ¡Gracias, Ed!

Una deuda de gratitud para con Janet Showalter, cuyos dedos convirtieron mis grabaciones en correos electrónicos que encontré siempre en mi computador portátil cuando llegaba a toda una serie de hoteles durante la elaboración del manuscrito. ¡Gracias, Janet!

Un agradecimiento sincero para todos nuestros colaboradores cada uno de los cuales ha contribuido de diversas formas al desarrollo de este proceso:

Consultores:

Terry Fleck – Carmel, Indiana

Gari Mitchell – Littleton, Colorado

Claude Robold – Middletown, Ohio

Ed Trenner – Orange, California

¡Gracias, equipo!

Mi gratitud a todos los pastores que contribuyeron con ejemplos que han superado la prueba del tiempo, que figuran en el apéndice de este libro, para que los lectores los puedan adaptar (ver la lista en la sección de apéndices). ¡Gracias por su liderazgo en la iglesia de nuestra generación!

Una profunda deuda de gratitud para con todos los más de cuatrocientos clientes de nuestra compañía. No hace mucho, encontré un dicho de una persona muy sabia que comentó: «El maestro aprende dos veces». Cada uno de los clientes ha ayudado a moldear este material; al enseñarlo, hemos sido también alumnos. Cuesta sentir que estamos enseñando más de lo que estamos aprendiendo. ¡Gracias a todos y cada uno!

BIEHL

Introducción

Si usted…

es pastor principal, director ejecutivo o presidente, o si es miembro de una junta, miembro del personal ejecutivo, o voluntario y tiene planes para llegar a ser ejecutivo principal o debe trabajar en forma directa con un ejecutivo principal, este libro es para usted.

Si usted…

siente que está caminando sin rumbo para ir sobreviviendo día a día, en busca de una forma que lo convierta de persona que reacciona a persona que inicia, este libro es para usted.

Si usted…

es líder con estilo de emprendedor que no tiene una Maestría en Administración y no quiere verse atascado en un proceso de planificación burocrático y complejo, este libro sobre planificación sencilla es para usted.

Si usted…

ha estado buscando un proceso gradual, comprobado, bien sencillo con muchos ejemplos que se pueden adaptar con facilidad para ahorrar centenares de horas de estar contemplando hojas de papel en blanco, este libro de planeamiento es para usted.

Una visión panorámica de este libro puede resultar útil:

1. Un proceso comprobado de planificación en seis pasos

2. Diez instrumentos comprobados de planificación

3. Más de sesenta ejemplos adaptables.

La esencia de estos procesos, principios y ejemplos le resultarán útiles en una iglesia, corporación con fines de lucro o corporaciones sin fines de lucro pequeñas, medianas o grandes. Ayudarán a fortalecer al personal que comienza y a la junta directiva. Resultarán útiles en su siguiente puesto, y en el siguiente, pues lo ayudarán con cualquiera que sea el grupo que lidere. Este sistema sencillo de planificación lo ayudará a ganar veinticuatro horas al día, siete días a la semana, cincuenta y dos semanas al año, para el resto de su vida.

La historia del elefante

Eran las once y media de la noche del viernes. Estaba profundamente dormido cuando sonó el teléfono. El que me hablaba era mi amigo Duane Pederson, fundador del *Hollywood Free Paper* y en ese entonces presidente de Helping Hands Ministries.

—¿Te gustaría ir a Tucson mañana?

—¿Tucson? —dije como gimiendo—. ¿Qué vamos a hacer en Tucson?

—Mi amigo Bobby Yerkes ha contratado un circo que actuará mañana en Tucson y me gustaría ir solo para salirme de la rutina, sacudirme las telarañas y trabajar en el circo con él. Cambiaremos algunos escenarios, la pasaremos bien, y estaremos de regreso a eso de las diez de la noche de mañana.

Bueno, es probable que no haya ni un hombre ni una mujer en el mundo que de pequeños no haya soñado con fugarse con un circo, de manera que no me tomó mucho tiempo para aceptar la invitación. Temprano la mañana siguiente, a las siete, nuestro jet se elevó por la pista del Aeropuerto Internacional de Los Ángeles en dirección a Arizona.

Cuando llegamos, el día era caluroso y ventoso en el recinto de la feria donde iba a actuar el circo. Cambiamos escenarios de una pista a otra de las tres que había, ayudamos en todo lo que pudimos, y en general nos llenamos de polvo, de suciedad y de hambre y cansancio.

Durante uno de los descansos, comencé a conversar con un hombre que amaestra animales para películas de Hollywood. «¿Cómo se puede amarrar a un elefante de diez toneladas a la misma estaca que está utilizando para este animalito?». (El «animalito» pesaba ciento setenta kilos).

«Uno lo entiende cuando sabe dos cosas: los elefantes tienen una gran memoria, pero no son muy listos. De pequeños, los amarramos. Tratan de soltarse de la estaca a la que están amarrados quizá diez mil veces antes de caer en la cuenta de que no van a poder soltarse. Entonces, su "memoria de elefante" asume el control y recuerdan por el resto de su vida que no se pueden soltar de una estaca».

Los seres humanos a veces somos como los elefantes. De adolescentes, alguna persona irreflexiva, insensible e imprudente dice: «Este no es muy bueno en planificación», o «Esta muchacha no es líder» o «Su equipo nunca logrará nada» y, zas, hundimos una estaca mental en el cerebro. A menudo, cuando llegamos a la edad adulta, ya maduros, nos sigue frenando la «estaca» de alguna frase equivocada que nos clavaron en la mente cuando éramos líderes jóvenes.

Espero con toda sinceridad que este material lo ayudará a arrancar algunas de las «estacas» que lo tienen amarrado en la esfera de la planificación. En la actualidad usted es un adulto mucho más capaz de lo que piensa. Es mucho más capaz de lo que lo era incluso hace doce meses, y el año próximo sabrá hacer cosas que hoy ni le pasan por la mente que las puede hacer.

¡Arranquemos juntos algunas estacas!

PRIMERA PARTE

El proceso de planificación

Un proceso de planificación bien sencillo

Síntesis del capítulo

- ¿Qué es un Plan Maestro?
- Síntomas de que no se tiene un Plan Maestro
- Beneficios de un plan claro
- La esencia del proceso de formulación de un Plan Maestro
- La planificación es un proceso continuo
- Un plan debe permanecer flexible

¿Qué es un Plan Maestro

Si le preguntáramos a una persona promedio cuán importante es un Plan Maestro (plan anual, plan estratégico), es muy probable que conteste: «Muy importante». Si le preguntáramos: «¿Qué se suele incluir en un Plan Maestro?», con la misma probabilidad responderá: «Bueno, no lo sé».

Definición:
Un *Plan Maestro* es una declaración escrita de lo que un grupo presupone acerca de su rumbo, organización y recursos monetarios.

La mayor parte de los líderes tienen un plan en mente, pero no por escrito. Si no se ha puesto por escrito, el resto del personal no suele conocer el plan. Así que tienen un conjunto de supuestos en cuanto al futuro del equipo en tanto que el líder posee otro conjunto de supuestos. Ahí es donde se comienzan a encontrar conflictos. El líder desea aclarar sus supuestos más básicos en tres esferas: rumbo, organización y recursos monetarios. Si usted, la junta y el personal (contratado o voluntario) concuerdan en cuanto a estas tres esferas, se puede afirmar que va muy bien.

Síntomas de que no se tiene un Plan Maestro

Si la organización carece de un plan definido con claridad que hayan acordado, es probable que experimente estos síntomas:

- «Va a la deriva» día tras día. Ausencia de un foco claro. Modalidad de apaga fuegos en la operación. Un líder que siente que no está tomando iniciativas, sino solo reaccionando.
- Falta de preparación para un crecimiento explosivo. Instalaciones, personal y fondos que quedan rezagados. Gran estrés en la transición.
- Ausencia de un programa de formación de líderes. El liderazgo se ve obligado a trabajar más allá de su nivel de experiencia, o el liderazgo es prácticamente inexistente.
- Un equipo que opera bajo supuestos diferentes. Frustración, tensión y presión crecientes.
- Un sueño confuso. En una iglesia u organización sin fines de lucro que depende de contribuciones, éstas mermarán. Sin un plan claro, los donantes no sienten que se necesita su dinero.
- Falta de un contexto claro para la toma de decisiones. Indecisión paralizante, profundo estancamiento.

Beneficios de un plan claro

Las organizaciones que formulan un Plan Maestro claro descubren que:

- aumenta el espíritu de equipo porque todos interpretan la misma partitura;
- define el marco de referencia filosófico que se necesita para el crecimiento de la organización, la resolución de problemas, la orientación del personal, una comunicación efectiva y una toma sabia de decisiones;
- disminuye la frustración, tensión y presión de la organización al poner por escrito los supuestos.

La esencia del proceso de formulación de un Plan Maestro

El sencillo proceso de planificación que proponemos contiene seis pasos:

Rumbo	Organización	Dinero	Historial	Evaluación general	Ajustes

Una vez que uno se graba en la mente los seis pasos del proceso junto con lo que cada una de las palabras que lo plasman significa, ¡siempre se sabrá cuál es el siguiente paso en el proceso de planificación, en cualquier organización, del tamaño que sea, en cualquier nivel, dondequiera que uno se encuentre en el mundo, veinticuatro horas al día, siete días a la semana, trescientos sesenta y cinco días al año, durante el resto de la vida! Esto es así porque los pasos del proceso siempre van en secuencia. Siempre se comienza por el rumbo del equipo, para luego pasar a la organización, luego a los recursos monetarios, y así sucesivamente.

A partir de ese sencillo proceso, resulta útil aprender unas cuantas preguntas profundas y diez instrumentos comprobados para captar con solidez el proceso de planificación. Plasmado en forma gráfica, el proceso de los seis pasos, combinado con las preguntas profundas y los instrumentos clave para cualquier organización luce así:

Pasos del proceso	Preguntas profundas (preguntas para disipar la neblina)	10 Instrumentos comprobados
Rumbo	¿Qué debemos hacer luego? ¿Por qué?	1. Flecha del Plan Maestro
Organización	¿Quién es responsable de qué? ¿Quién es responsable de quién? ¿Tenemos personas adecuadas en puestos adecuados?	2. Organigrama de la organización 3. Hoja con foco del puesto
Dinero	¿Qué ingresos, gastos y saldo proyectamos? ¿Podemos costear esto? ¿Cómo podemos costearlo?	4. Lista de control de la salud financiera
Historial	¿Estamos donde pensábamos estar?	5. Seis preguntas para informes
Evaluación general	¿Estamos alcanzando la calidad que esperamos y nos exigimos?	6. Cuestionario para evaluar al personal 7. Cuestionario para evaluar el programa 8. Cuestionario para evaluar la organización
Ajustes	¿Cómo podemos ser más efectivos y eficientes (¿avanzar hacia el ideal?)?	9. Diagramar el proceso 10. Lista de comprobación de la planificación anual

La planificación es un proceso continuo

Al igual que en el caso del primer presupuesto que uno prepara, la planificación del primer año consume bastante tiempo, pero al año siguiente se revisa el plan, se introducen algunos cambios, y ya se tiene el plan para el nuevo año. Es importante, sin embargo, revisar y actualizar el plan en forma regular, lo cual nos lleva al siguiente punto:

Un plan debe permanecer flexible

Los planes deben siempre seguir estando en «lápiz» (o en procesador de palabras). Veamos los planes en nuestra mente como algo que se puede borrar, cambiar o ajustar a las realidades del mañana.

CAPÍTULO 2

¿Quién hace qué en el proceso de planificación?

Síntesis del capítulo

- ¿Quién es responsable de qué?
- El proceso de elaboración de un Plan Maestro, paso a paso

Nota: En la mayor parte de las ilustraciones en este libro utilizaré al pastor principal, la junta de la iglesia y el personal pastoral. No todos los lectores de este libro se identificarán con ejemplos de negocios o de organizaciones sin fines de lucro ni tendrán experiencia en ellos. Doy por sentado que los principios se pueden analizar en un contexto de iglesia y que la mayor parte de los lectores entenderán luego las implicaciones para sus iglesias, negocios u organizaciones sin fines de lucro.

¿Quién es responsable de qué?

En la mayor parte de las organizaciones, el área de mayor tensión es la que se genera entre la junta y el director ejecutivo. Un elevado porcentaje de esa tensión proviene de la incertidumbre acerca de *quién* es responsable de *qué*. Cuanto antes se responda a este interrogante, tanto mejor para la organización. He aquí una forma muy práctica que he descubierto para la división del trabajo:

LA DIRECTIVA

- Nombres frecuentes: directiva, junta de ancianos, diáconos, sesión, junta parroquial, etc. Utilizaremos el término «la Junta» para representarlos a todos y se puede aplicar de acuerdo con la situación de cada uno.
- Responsabilidad primordial: toma las decisiones en última instancia. Autoridad última. Revisa, ajusta y aprueba el borrador del Plan Maestro que ha preparado el director ejecutivo/personal ejecutivo.
- Resultado: estabilidad, prudencia y equilibrio de la organización.

EJECUTIVO PRINCIPAL

- Títulos frecuentes: Presidente, pastor principal o director general.
- Responsabilidad primordial: Ser el líder que establece el rumbo para el personal.
- Resultado: Visión única, unidad y dirección integrada.

¿LÍDER QUE SEÑALA EL RUMBO O DICTADOR?

El líder de estilo dictatorial es una persona que lidera diciendo: «Esto es lo que queremos conseguir y esto es lo que conseguiremos». Esa persona no está buscando orientación y sugerencias sabias sino un sello de aprobación. Su primer borrador de un plan es ley.

El líder de estilo direccional dice: «Deseo presentarles un borrador del Plan Maestro que ha elaborado nuestro equipo. Refleja el pensamiento de nuestro equipo, pero me gustaría que ustedes, como junta, lo revisaran, lo ajustaran de la forma que juzguen mejor y lo aprueben. Luego el personal y yo mismo haremos todo lo posible para aplicar el plan y para informarles de nuestros avances cada cierto tiempo». (Adviértase que si bien la junta tiene autoridad para revisar, ajustar y dar la aprobación final del Plan Maestro, el director general y su personal han elaborado de hecho el borrador del plan. Esto es más eficiente en cuanto a tiempo que se consume que esperar que la junta elabore el plan en las pocas horas de sus reuniones mensuales).

La persona que el grupo escoge para ser el líder direccional —para elaborar el primer borrador del paso de planificación y presentarlo al grupo para obtener sus recomendaciones y aprobación— suele poseer la experiencia y responsabilidad más amplias dentro de esa organización. En una iglesia, estas son las características clásicas de un pastor principal.

En la junta de las iglesias se suelen encontrar personas que tienen una experiencia mucho mayor que el pastor en cuestiones que no tienen que ver con iglesias. Un miembro de la junta puede ser dueño de una cadena de restaurantes. Otro puede ser dueño de grandes fincas. Otro puede haber construido edificios de oficinas en un área que abarca tres estados o a nivel nacional. Pero cuando se trata de experiencia real en iglesias y su comprensión de la teología, todos ellos deben decir: «Entiendo los negocios mucho mejor que la teología y la labor de la iglesia».

Un pastor de jóvenes puede tener mucha más experiencia en trabajar con jóvenes que el pastor principal, pero el pastor principal suele ser la persona con una experiencia general más amplia. Ha tenido experiencia no solo con jóvenes, sino con educación cristiana, cultos y música, y en todos los otros aspectos de la vida de la iglesia. Por tanto, en cualquier iglesia lo usual es que se le pida al pastor principal que elabore el borrador del Plan Maestro o el organigrama de la organización.

Una excepción sería un pastor de veintitrés años de edad que, recién finalizados sus estudios, llega para servir en una iglesia pequeña. En semejante entorno, una junta madura puede decidir elaborar el borrador del Plan Maestro. Si una organización no tiene por el momento un director general, pero necesita un Plan Maestro para saber hacia dónde va, alguien de la junta puede elaborar el borrador de dicho plan. Pero el pastor principal o el director general suele ser la persona más calificada para elaborar el primer borrador de los instrumentos de planificación.

EL PERSONAL

- Títulos frecuentes: personal ejecutivo, personal pastoral, grupo de administración, gabinete del presidente, etc.
- Responsabilidad primordial: Brindar recomendaciones para el Plan Maestro y poner en ejecución el plan.
- Resultado: efectividad, espíritu de equipo y unidad.

El proceso de elaboración de un Plan Maestro, paso a paso

Así es como funciona el proceso de elaboración de un Plan Maestro:

☐ 1. El ejecutivo principal elabora el primer borrador de cada paso con recomendaciones de parte de los involucrados en cada fase del trabajo o interesados en ella.

☐ 2. El personal ejecutivo acuerda en conjunto el borrador del Plan Maestro.

☐ 3. El director general presenta el segundo borrador a la junta para que lo revise, ajuste (con la posibilidad de devolverlo para que se diseñe de nuevo) y apruebe.

☐ 4. El plan se aprueba (después de quizá varias revisiones).

☐ 5. El personal ejecutivo pone en práctica las prioridades e informa al director general.

☐ 6. El director general informa luego a la junta acerca del avance logrado por el personal. En otras palabras, en cada reunión de la junta el director general dice: «He aquí el avance que estamos logrando en cuanto al plan que nos aprobaron».

A no ser que la junta, el director general y el personal ejecutivo estén de acuerdo en quién es responsable de qué, habrá problemas. Una vez que se acuerda quién es responsable de qué, se eliminan la frustración, la presión y la tensión. Cuando se sabe que el plan que se está aplicando ha sido revisado, ajustado y aprobado por la junta, se tiene constancia de que no se están desviando de rumbo. Cuando estos tres niveles actúan en armonía, es como tocar la misma partitura. La organización como un todo se va desarrollando a un ritmo que permite que los miembros se sientan bien en trabajar juntos como equipo y no como un manojo de individuos que se obstaculizan unos a otros.

CAPÍTULO 3

Foco único: Mantener el panorama general

Pregunta para disipar la confusión:

¿Cómo mantenemos el panorama estratégico general sin estancarnos en detalles?

Síntesis del capítulo

- Estacas de elefante frecuentes
- Primer instrumento: la Flecha del Plan Maestro
- Síntesis rápida de la Flecha del Plan Maestro

Frecuentes estacas de elefantes

Cuidado con las estacas de elefantes que nos impiden desarrollar un Plan Maestro:

- «Elaborar un Plan Maestro es bien complicado. Ni siquiera sé por dónde comenzar».

Comenzar con rumbo

- «No sé qué debe incluirse en un Plan Maestro para una organización».

El Plan Maestro se compone de los elementos del proceso.

- «El Plan Maestro es solo un cuaderno más en el estante y se llena de polvo. ¿Para qué perder el tiempo?»

Si no se mantiene un historial, y no se hace la evaluación y el ajuste, no saldrá del estante; sin embargo, una vez que se aplican estos tres componentes, sigue siendo un instrumento dinámico en el proceso de nuestro liderazgo.

Flecha del Plan Maestro*

4 HITOS
¿Qué hitos importantes ya hemos alcanzado?

5 IDEAS
¿Qué ideas nuevas deberíamos poner como metas en el futuro?

6 OBSTÁCULOS:
¿Qué nos impide alcanzar todo nuestro potencial?

7 OBSTÁCULOS
¿Cuáles son nuestros mayores recursos?

8 METAS/PROBLEMAS TRIMESTRALES
En los 90 días siguientes, ¿cuáles son nuestros objetivos específicos, mensurables, por alcanzar?

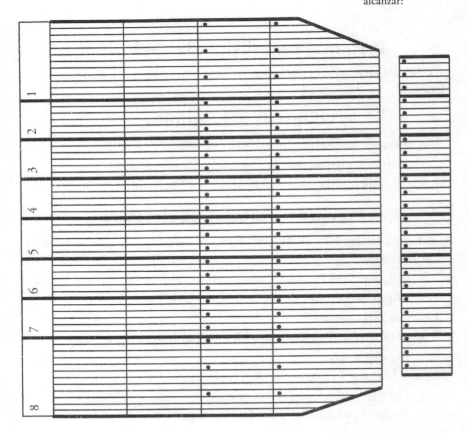

Su nombre _____ Fecha _____ Organización_____

División _____ Departamento_____ Sección _____Programa_____

«En lugar de lo cual deberíais decir: «Si el Señor quiere, viviremos y haremos esto y aquello» (Santiago 4:15).

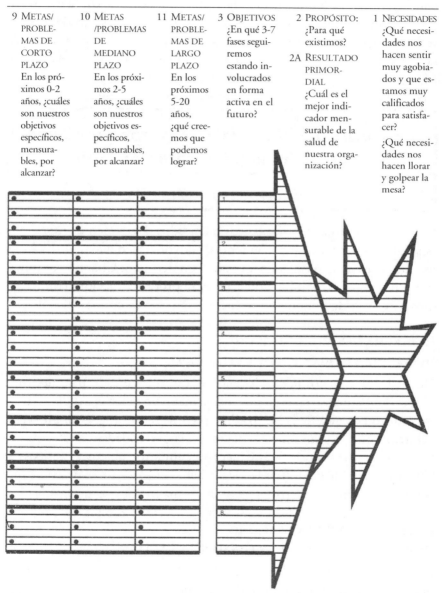

9 METAS/ PROBLEMAS DE CORTO PLAZO En los próximos 0-2 años, ¿cuáles son nuestros objetivos específicos, mensurables, por alcanzar?

10 METAS /PROBLEMAS DE MEDIANO PLAZO En los próximos 2-5 años, ¿cuáles son nuestros objetivos específicos, mensurables, por alcanzar?

11 METAS/ PROBLEMAS DE LARGO PLAZO En los próximos 5-20 años, ¿qué creemos que podemos lograr?

3 OBJETIVOS ¿En qué 3-7 fases seguiremos estando involucrados en forma activa en el futuro?

2 PROPÓSITO: ¿Para qué existimos?

2A RESULTADO PRIMORDIAL ¿Cuál es el mejor indicador mensurable de la salud de nuestra organización?

1 NECESIDADES ¿Qué necesidades nos hacen sentir muy agobiados y que estamos muy calificados para satisfacer? ¿Qué necesidades nos hacen llorar y golpear la mesa?

Esta es una presentación simplificada de Instrucciones para la Flecha del Plan Maestro en tamaño 60 x 90 cm. Disponible en Editorial Unilit.

Primer instrumento: *La Flecha del Plan Maestro*

En 1980, se me encargó la tarea de dirigir un ejercicio de planificación para la junta de Enfoque a la Familia. Alrededor de las dos de la madrugada, se cristalizó una idea. Si pudiéramos disponer de una hoja de papel lo suficiente grande, podríamos plasmar todo nuestro rumbo en una sola hoja. Comencé a esbozar y así comenzó a tomar forma la Flecha del Plan Maestro. Desde entonces, más de 30.000 personas han adquirido la Flecha del Plan Maestro y practicado este ejercicio de planificación.

La Flecha del Plan Maestro proporciona una senda diáfana para seguir adelante

Senda + Acción = Tracción

Muchas personas elaboran planes espléndidos. Disponen de una senda detallada para los diez años siguientes, pero no hacen nada. Otros *hacen* mucho, pero no disponen de un plan bien definido. Cuando combinamos un plan bien definido con acción, se produce tracción. Comenzamos a avanzar de donde uno se encuentra hacia donde se desea llegar.

LA FLECHA DEL PLAN MAESTRO
DESARROLLA LA «LÓGICA DE LA FLECHA»

Desde 1980, muchos líderes jóvenes se me han acercado para decirme: «Sabe, Bobb, incluso cuando no tengo a mano una Flecha del Plan Maestro, utilizo la lógica de la flecha. Siempre que se me asigna un proyecto, comienzo por preguntarme: "¿Cuáles son las necesidades de este proyecto? ¿Por qué hacemos esto? ¿Cuáles son nuestros objetivos básicos?"». Cuando se aprende a utilizar la Flecha del Plan Maestro, se descubre que la mente está entrenada para pensar en forma lógica y secuencial.

LA FLECHA DEL PLAN MAESTRO
SIEMPRE SE DESARROLLA EN FORMA SECUENCIAL

Parte de la explicación de por qué el proceso de la Flecha resulta útil es que es secuencial. Sin importar de qué organización o situación se trate, siempre se parte del mismo punto, y los pasos siguientes en el proceso son siempre los mismos.

Una vieja expresión afirma que «el gato siempre cae de pie». En cierta ocasión, vi un anuncio en la televisión en el que un gato caía de una ventana y su reacción se había filmado a cámara lenta. Sostenían al gato por el lomo, con las patas en el vacío, y luego lo soltaban. En la caída, lo primero que hacía el gato era enderezar la cabeza. Se limitaba a voltear la cabeza, con las patas hacia arriba, y luego mirar hacia el suelo. Una vez que el gato determinaba dónde estaba el suelo, se daba la vuelta para que las patas fueran las primeras en tocarlo.

Si uno es miembro de una junta, dirige una organización o pastorea una iglesia, siempre necesita enderezar la cabeza para caer de pie. Para ello, hay que seguir un proceso sistemático, paso a paso. No importa lo que se tenga que planear, siempre se comienza en el mismo punto: «¿Qué necesidades estamos tratando de satisfacer? ¿Respecto a qué necesidades sentimos un gran peso y nos sentimos calificados de manera singular para satisfacer?». La necesidad o la codicia son el punto de partida de la mayor parte de los planes. Una vez identificadas las necesidades, hay que preguntarse: «¿Cuál es la razón de ser de nuestra organización?».

Una vez que se comprende la Flecha del Plan Maestro en su nivel esencial, es posible caer de pie como líder en cualquier lugar, cualquier tiempo, por el resto de la vida.

LA FLECHA DEL PLAN MAESTRO SIRVE LO MISMO PARA UN NEGOCIO FAMILIAR QUE PARA UNA GRAN CORPORACIÓN

Este proceso de planificación es muy adaptable y flexible. Se puede utilizar en toda una amplia gama de situaciones, desde pequeños negocios familiares hasta grandes corporaciones. La Flecha identifica los componentes clave de la planificación en cualquier nivel.

LA FLECHA DEL PLAN MAESTRO ES UN INSTRUMENTO PARA TODA LA VIDA

No importa lo que se nos pida que planifiquemos, no importa adónde vayamos o qué hagamos, se puede utilizar la Flecha por el resto de la vida como instrumento para comenzar a aclarar el rumbo de nuestro equipo. Y está disponible las veinticuatro horas del día, siete días a la semana, ¡siempre que se necesite! La Flecha del Plan Maestro nos brinda una forma de reenfocar nuestro pensamiento en cualquier momento en el futuro.

Nunca hay que volver a empezar

Muchos años atrás, sentado en la banca de un parque en South Bend, Indiana, pensé: *Bueno, debo comenzar a definir algunas prioridades.* Encontré un sobre y escribí mis prioridades en el anverso del mismo. Tres años más tarde encontré ese sobre… en el fondo de una gaveta.

¿Cuántas veces hemos elaborado un plan para luego olvidarlo? Uno siente como si nunca hubiera tenido un plan, tan confundido como siempre, ¿no es cierto?

Una vez que se completa la Flecha del Plan Maestro, lo más que uno se demora en volver a tener un enfoque diáfano es de diez a treinta minutos. Se limita uno a sacar la Flecha del Plan Maestro y volver a preguntarse: «¿Siguen siendo estas las necesidades que nos preocupan tanto? ¿Sigue siendo este el propósito? ¿Siguen siendo estos los objetivos?». Hay que volver a recorrer la Flecha para ajustar lo que escribimos en el pasado. Es probable que descubramos que estamos más enfocados que lo que pensábamos. Nunca hay que volver a empezar de cero una vez que se ha concluido «la primera redacción». Se mejora. No hay que volver a inventar la rueda; uno se limita a ajustar la llanta.

La flecha del Plan Maestro puede ayudar en el proceso de recaudar fondos

Sin un plan claro, la recaudación de fondos resulta más difícil. Las personas rara vez dan dinero si no hay una visión clara. Voy a contar una historia verídica. Un día me llamó Rudy Howard, director del Young Life's Urban Program en Houston. Me dijo: «Hermano Bobb, estoy llamando para decirte que Dios te bendiga». Respondí: «Muy bien, Rudy! Cuénteme». Dijo: «¿Recuerda que nos dijo que sacáramos la Flecha del Plan Maestro cuando fuéramos a solicitar ayuda financiera de alguien? Nos dijo que les dijéramos cuáles eran las necesidades y que lloráramos y golpeáramos al hablar de esas necesidades. Que luego les dijéramos por qué está allí nuestro grupo y que estábamos dispuestos a hacer. Que les dijéramos lo que ya hemos hecho al respecto y lo que queremos hacer.

»Pues bien, fui a esa fundación y les conté cuáles eran las necesidades de los muchachos en los barrios marginados de Houston. Les conté algunas historias de esos muchachos, y comencé a llorar y a golpear la mesa. Les dije por qué estábamos aquí. Hice paso por paso lo que usted nos dijo. Cuando concluí, me dijeron: "Hermano Rudy, ¿podría esperar afuera en lo que analizamos todo esto?". Me cayó el alma a los pies porque pensé que iban a decir: "Este año no, Rudy".

»Me invitaron a entrar de nuevo a la sala. Y no me creerá. Me dijeron: "Rudy, nos ha pedido $5.000. No le vamos a dar $5.000". Me sentí todavía más desalentado. Dijeron, "Vamos a darle $10.000. Nunca habíamos visto una presentación más clara de lo que alguien trataba de hacer en los barrios marginados de Houston. Vamos a darle $10.000, y si nos mantiene al corriente, puede volver, y le daremos algo más si lo necesitara"».

Esto es lo que sucede a menudo por tener un plan diáfano. Las personas se interesan cuando ven las necesidades y saben que uno tiene un plan bien definido para satisfacer dichas necesidades y desea de corazón satisfacerlas.

Síntesis rápida de la Flecha del Plan Maestro

Tomemos unos minutos para familiarizarnos con la Flecha del Plan Maestro. (Ver las páginas 24-25). Estudiemos los términos y pasos del proceso de la Flecha.

Bienvenidos de nuevo. En la parte alta a la derecha de la Flecha del Plan Maestro, puede verse un versículo bíblico (Santiago 4:15). Dice: «Deberíais decir: "Si el Señor quiere, viviremos y haremos eso o aquello"». Cuando yo era joven, me esforzaba por saber si un cristiano debía o no tratar de planificar el rumbo futuro. Santiago dice en 4:14: «No sabéis lo que será mañana. Porque, ¿qué es vuestra vida? Ciertamente es neblina que se aparece por un poco tiempo y luego se desvanece». Pensé que quizá quería decir que no debíamos hacer planes para el futuro.

Otras personas también se han detenido ahí y han dicho: «Bueno, ¿para qué planificar? Somos como una neblina, y de todos modos vamos a desaparecer».

Leamos, sin embargo, el versículo 15: «En lugar de lo cual *deberíais* (se trata de una orden o directriz) decir: "Si el Señor quiere, viviremos y haremos esto o aquello"». No se trata de si debemos hacer planes o no. Es cuestión de nuestra actitud al hacer los planes. Es un pecado decir: «Esto es lo que haremos, no importa lo que Dios quiere». Debemos decir: «*Si es la voluntad de Dios*, haremos esto o aquello».

Durante la planificación detengámonos para orar en momentos diferentes en el proceso, Preguntemos: «¿Es esta tu voluntad, Padre?». Entreguemos todo el proceso de planificación a la oración y digamos: «Señor, estamos buscando tu voluntad, no nuestra voluntad. Lo que nos importa no es lo que queremos hacer, sino lo que tú deseas que hagamos».

En la Flecha del Plan Maestro verá varios números. En la parte alta de la Flecha (a la derecha de la página) dice: «1 Necesidades». Luego hacia la izquierda: «2 Propósito» y «3 Objetivos». Estos números representan la *secuencia* en la que se debería definir el rumbo de cualquier grupo. (Cada paso se expondrá en detalle en los capítulos siguientes).

Lo *primero* que se debe hacer es preguntar lo siguiente: «¿Qué necesidades nos preocupan mucho y estamos bien calificados para satisfacer? ¿Qué necesidades nos hacen llorar o golpear la mesa?».

Segundo, preguntemos: «A la luz de estas necesidades, ¿para qué existimos como organización?».

Tercero: «¿En qué entre tres y siete áreas seguiremos estando involucrados en forma activa en el futuro?». En otras palabras, ¿qué debemos seguir haciendo si queremos satisfacer las necesidades que hemos identificado y cumplir el propósito que hemos definido? ¿En qué categorías de actividades vamos a involucrarnos en los próximos cinco años? Ejemplos para iglesias son: culto y música, educación cristiana, atención pastoral o misiones.

Estos tres primeros pasos (necesidades, propósito y objetivos) establecen el *enfoque* para cualquier organización, y tienden a seguir siendo iguales con el paso de los años. Las clases de necesidades que está satisfaciendo hoy nuestra organización (p. ej., atender a madres solteras) es probable que sean las mismas clases de necesidades que se estaban satisfaciendo diez años atrás. Pueden diferir algo. Los aspectos demográficos del área donde se trabaja pueden cambiar. Las necesidades de las personas a las que servimos pueden cambiar. La motivación de nuestro corazón puede madurar o cambiar. Pero en lo básico, las necesidades que motivan a nuestra organización, su propósito y sus objetivos serán similares a lo que eran diez años atrás y a lo que serán dentro de diez años.

Una vez que se hayan finalizado estos tres pasos tendremos un sentido de enfoque. Si nosotros, la junta, y nuestro personal concuerdan en cuanto a necesidades, propósito y objetivos, habrá un sentido de unidad en la organización. «Estas son las necesidades que estamos satisfaciendo. He aquí por qué existimos. ¡He aquí lo que vamos a hacer al respecto!».

Cuarto, desplacemos la vista hacia el pie de la Flecha (totalmente a la izquierda de la página) donde dice: «4 Hitos». En cada una de las áreas de objetivos nos preguntaremos: «¿Qué hitos importantes hemos alcanzado ya?».

Quinto, en cada esfera de objetivos preguntémonos: «¿Qué ideas tenemos que podríamos considerar como prioridades en el futuro?». En otras palabras, nunca perdamos de vista una buena idea.

Sexto, en cada esfera de objetivos, preguntémonos: «¿Qué obstáculos nos están impidiendo alcanzar todo nuestro potencial?». Hagamos la lista solo de los tres obstáculos principales en cada esfera.

Séptimo, en cada esfera de objetivos, preguntémonos: «¿De qué recursos disponemos para ayudarnos a satisfacer las necesidades que hemos identificado y a superar los obstáculos?». Hagamos una lista de solo los tres principales.

Octavo, en cada esfera de objetivos, preguntémonos: «Si pudiéramos hacer solo tres cosas mensurables en los próximos noventa días para satisfacer las necesidades que nos preocupan, ¿qué haríamos?». En los próximos noventa días, ¿cuáles son las metas específicas, mensurables, que queremos alcanzar?

Noveno, en cada esfera de objetivos, preguntémonos: «¿Cuáles son nuestras metas específicas, mensurables, que queremos alcanzar en los próximos dos años?». Estas son nuestras prioridades (metas o problemas) a corto plazo.

Décimo, en cada esfera de objetivos, preguntémonos: «¿Cuáles son nuestras metas específicas, mensurables, que queremos alcanzar de aquí a dos o cinco años?». Estas son nuestras prioridades (metas o problemas) a mediano plazo.

Undécimo, en cada esfera de objetivos, preguntémonos: «¿Cuáles son nuestras metas específicas, mensurables, que queremos alcanzar en los próximos de cinco a veinte años?». Estas son nuestras prioridades (metas o problemas) a largo plazo.

Esta breve síntesis nos da una perspectiva general del proceso de la Flecha del Plan Maestro. Son los once pasos en un rumbo muy definido.

Una de las ventajas de disponer de la Flecha del Plan Maestro en una hoja de papel de dimensiones suficientes (ver en la página 25, información acerca de adónde solicitar el pedido) es que todos los miembros de la junta y del personal pueden comenzar a ver cómo encajan todas las piezas. Todos pueden ver cómo encaja en el cuadro general su propio papel en la organización.

Quizá algunos hayan experimentado la frustración de tratar con un empleado que siente mucha pasión por su propia esfera de responsabilidad y parece asumir que todo el presupuesto debería destinarse a dicha área. Queremos tener miembros del personal que sientan mucha pasión por su esfera de trabajo, y es normal que queramos que la mayor porción del pastel se destine a nuestro departamento. Sin embargo, todos los miembros del personal deben ver sus proyectos en el contexto de las necesidades de la organización como un todo. Con las prioridades de todo el quipo en una sola hoja de papel, disponemos de un contexto en el que podemos valorar la adecuada distribución de los recursos disponibles. Cada empleado puede ver la necesidad de trabajar en armonía y equilibrio con los demás miembros del personal. Entonces es que la organización comienza a funcionar como un equipo.

Disponemos ya de una rápida síntesis de la Flecha del Plan Maestro. Ahora vamos a recorrer la Flecha paso a paso comenzando con lo primero: las necesidades.

SEGUNDA PARTE

Flecha del Plan Maestro

CAPÍTULO 4

Primer paso en la Flecha: Necesidades

Síntesis del capítulo

- Entendamos las necesidades
- Preguntas clave para ayudar a definir las necesidades que se abordarán
- Las necesidades son el padre de la creatividad del mismo modo que la carencia es la madre de la invención.

El proceso de elaborar un Plan Maestro comienza con una pregunta sencilla pero profunda:

¿Qué necesidades nos hacen sentir bien abrumados y estamos capacitados para satisfacer?

Entendamos las necesidades

Para poder planear con eficacia el futuro es necesario que entendamos cuáles son las *necesidades* y por qué es importante identificarlas.

LAS NECESIDADES SON DE POR SÍ CATEGÓRICAS

Las necesidades que enumeramos son *categorías* por cuanto pueden abarcar a miles de personas, pero al mismo tiempo son muy definidas y específicas. Por ejemplo, las necesidades que nos hacen sentir abrumados y que sentimos que estamos bien calificados para satisfacer podrían ser hogares para madres solteras, grupos de exploradores o exploradoras (boy scouts), hogares para pensionados, etc. En una organización sin fines de lucro, estas necesidades serían necesidades importantes en su esfera de trabajo.

LAS NECESIDADES DEBEN DESPERTAR NUESTRAS EMOCIONES

La definición de las necesidades pone en juego el lado «emotivo» de la planificación. Preguntémonos: «¿Qué me hace llorar o golpear la mesa?».

Alguien diría: «Bobb, no soy una persona emotiva. No lloro ni golpeo la mesa por nada». Bueno, entonces, ¿qué asuntos le preocupan mucho? ¿A qué causa ayudaría con dinero?

Por lo general, las primeras respuestas a esta pregunta que oímos de clientes están relacionadas con necesidades dentro de la organización. «Necesitamos más espacio para oficinas» o «Necesitamos ampliar el personal con tres miembros más». Las necesidades dentro de la organización deberían incluirse bajo obstáculos en la Flecha del Plan Maestro, y no en la sección de necesidades. Cualquier organización, iglesia o negocio que se centra en satisfacer primero sus propias necesidades muy pronto dejará de crecer y morirá.

Preguntémonos: «Si Jesús viviera, en forma corporal, en mi comunidad, ¿qué lo haría llorar o golpear la mesa? ¿Qué lo haría llorar como ocurrió cuando contempló a Jerusalén, o qué le haría volcar las mesas como lo hizo con los cambistas?». ¿Qué haría que Jesús llorara o golpeara la mesa si formara parte de nuestra comunidad? ¡Estas son en realidad cosas que deberían hacernos llorar y golpear la mesa!

LAS NECESIDADES SON EL PUNTO DE PARTIDA DEL PROCESO DE PLANIFICACIÓN

Un cliente lo expresó muy bien cuando dijo: «Cuando definimos con claridad las necesidades que nuestro grupo iba a satisfacer, fue como si todo nuestro proceso de planificación pasara de un aburrido blanco y negro a un emocionante a todo color. Antes de que analizáramos con sumo cuidado las necesidades, la planificación no era más que un ejercicio aburrido que llevábamos a cabo cada año. Pero una vez que comenzamos a ver las necesidades de los niños sin padre presente, de hogares rotos, de viudas, huérfanos, padres solteros, adolescentes con problemas de drogas, madres solteras y las otras necesidades en nuestra misma comunidad, la planificación se convirtió de repente en algo mucho más significativo para todos nosotros. ¡Planificar unas instalaciones para jóvenes o un hogar para madres solteras se convirtió en algo muy emocionante!».

Debemos invertir lo que podría parecer como una cantidad desproporcionada de tiempo en asegurarnos de que nuestro grupo esté de acuerdo en qué necesidades trataremos de satisfacer. Ver y sentir las necesidades hace que en la mente de los miembros de la junta nuestro plan pase de ser una cuestión de orgullo personal a un «¡lo que debemos hacer!».

Preguntas clave para ayudar a definir las necesidades que se abordarán

¿Quiénes son las personas a las que servimos?

Es frecuente que un grupo de planificación pregunte a uno de nuestros consultores: «Nos preocupan muchísimas cosas. ¿Cómo podemos distinguir entre esas necesidades con las que deberíamos comprometernos a satisfacer y las que no?». Por esta razón es importante la segunda parte de la pregunta: ¿qué necesidades estamos bien calificados para satisfacer? ¿Estamos muy preocupados por esta necesidad *y* calificados de manera singular para satisfacerla?

Nosotros y nuestra organización no estamos preparados ni capacitados para satisfacer todas las necesidades en nuestra esfera de influencia. Estamos preparados para satisfacer *algunas de las necesidades* en nuestra comunidad. Identifiquémoslas. Por otro lado, *nosotros y nuestra organización* estamos preparados para satisfacer algunas de las necesidades en nuestra comunidad. Quizá sintamos que una organización nacional podría hacer más, o que un líder famoso podría satisfacer mejor esa necesidad que nosotros. Quizá sea cierto, pero no los han colocado en esta comunidad. A nosotros sí.

¿CUÁL ES LA NECESIDAD MÁS APREMIANTE EN NUESTRA COMUNIDAD HOY?

¿Cuáles son las necesidades más urgentes que debe abordar nuestro grupo? Ofrecemos a continuación una lista de cosas que la mayor parte de nuestros hijos enfrentarán antes de llegar a los cincuenta años. Verán esos problemas en televisión, los experimentarán, y se verán afectados por los mismos antes de que abandonen el hogar.

SIDA
Alcoholismo
Asesinatos
Bancarrotas
Defectos de nacimiento
Cambio… a un ritmo turbador
Computarización: separación exponencial entre los que saben de
    computadoras y los que no saben de computadoras
Costo de la vida, con un costo prohibitivo de la vivienda
Crimen y violencia en la ciudad y en el campo
Violación en las citas amorosas
Muerte
Depresión
Enfermedad
Divorcio
Drogas y delitos/presión relacionados con las drogas
Terremotos
Deterioro de valores educativos
Contaminación ambiental
Fracasos
Desintegración de la familia
Presiones financieras
Futilidad
Pandillas: amenaza/presión
Corrupción gubernamental
Explosión de la población sin techo

Presión de los grupos homosexuales
Personas con incapacidades
Amenazas y turbulencia internacional
Pérdida de trabajo y/o cambio constante de ocupación
Problemas legales: legislación/pleitos inmorales
Problemas médicos: seguros y costos amenazantes
Enfermedad mental
Crisis de los cuarenta
Posibilidad de reclutamiento militar
Movilidad que rompe la estructura de nuestras familias
Películas: miles de películas ya vistas antes de los diez años de edad
    (muchas de ellas violentas)
Homicidio
Periódicos: miles de páginas que se reciben a diario
Pornografía sutil y descarada
Prisión: criminal, política
Violación
Recesión/depresión
Rechazo
Relativismo: «no hay absolutos»
Historia rescrita, por lo que resulta difícil creer en algo
Disturbios
Perversión sexual
Enfermedades de transmisión sexual
Viajes espaciales
Maestros en reinterpretaciones distorsionadas de la vida
Abuso de drogas
Suicidio
Cargas impositivas
Trauma de la revisión de la declaración de impuestos
Televisión: veinticuatro horas; miríadas de canales; guerras en vivo
Terroristas: locales; internacionales
Desempleo
Deterioro urbano
Guerra
Hambruna mundial

Estos son apenas algunos que se podrían mencionar. ¿Cuáles desearíamos remediar? Si no satisfacemos estas necesidades, ¿quién lo hará? Si no ahora, ¿cuándo?

Cuando George Romney era gobernador de Míchigan, afirmó algo que me llamó la atención como joven estudiante de la Universidad Estatal de Míchigan. Después de plantear a la audiencia un impresionante desafío, nos exhortó: «Háganse estas dos preguntas: "Si no ahora, ¿cuándo? Si no yo, ¿quién?"». Al contemplar las necesidades a nuestro alrededor, hagámonos con nuestro grupo estas dos preguntas.

Las necesidades son el padre de la creatividad del mismo modo que la carencia es la madre de la invención

A lo largo de los años he ido desarrollando muchos programas o materiales que han hecho que ciertas personas digan: «¡Qué idea tan creativa! ¡Qué idea tan original!». Un día me senté a reflexionar acerca de la pregunta: «¿De dónde provienen estas ideas?». ¿Saben lo que pensé? El común denominador de cualquier idea original que he tenido en la vida ha sido una profunda preocupación por alguna necesidad y el deseo de hacer algo al respecto. No sabía qué hacer, ¡y nunca había visto a nadie hacerlo! Pensé: *Solo porque nadie ha hecho nada no quiere decir que alguien no debería hacerlo. Por tanto, ¡lo intentaré!*

Cuando usted y su grupo comiece a examinar necesidades, esto activará un proceso de pensamiento creativo. Cuando uno se encuentra cara a cara con alguien con necesidades dramáticas, se comienzan a generar nuevas ideas para ayudarlo.

Cuando identifiquemos las necesidades que nos preocupan y nos sintamos singularmente calificados para satisfacerlas, describamos en términos gráficos y «a todo color» dichas necesidades ante nuestra junta, nuestro personal y ante los contribuyentes. Cuanto más «color» le pongamos, tanto más fuerte será la motivación emocional para satisfacer dichas necesidades. Piensa en una persona que de forma vívida represente cada una de las necesidades. Una forma de agregar «color» es colocar en la Flecha el nombre de una persona junto a cada necesidad.

Personalizar las esferas de necesidad nos recordará que las necesidades identificadas en la Flecha del Plan Maestro son más que conceptos y buenas intenciones. Son personas de carne y hueso. Son seres humanos como nosotros, con profundas necesidades personales, ¡personas que podemos tocar, ayudar, abrazar, alentar! Si alguien tratara de convencernos de que esta no es una necesidad real, nos afectaría emocionalmente. Diríamos: «¡*Hay* que hacer algo por estas personas!». Recordaríamos a la pobre muchacha que se embarazó y no sabía qué hacer. Podríamos comenzar a llorar. Agregar el nombre de una persona que hemos conocido personalizará la necesidad.

Tarea:

La primera tarea es hacer una lista de diez a quince necesidades específicas por las que estamos muy interesados y preocupados y bien capacitados para satisfacerlas. Se debe colocar el nombre de una persona junto a cada necesidad para que nos resulte significativa:

1.
2.
3.
4.
5.
6.
7.
8.
9.
10.
11.
12.
13.
14.
15.

Bienvenidos de nuevo. El siguiente paso en el proceso de planificación es definir nuestro propósito.

CAPÍTULO 5

Segundo paso en la Flecha: Propósito

Síntesis del capítulo

- Cómo redactar una declaración de propósito
- Preguntas clave para ayudar a hacer más claro nuestro propósito
- Unas cuantas declaraciones de propósito a modo de ejemplos
- Beneficios adicionales de una declaración de propósito

Nota: A la «declaración de propósito» también se la llama a veces «declaración de misión». Nuestra compañía utiliza «declaración de propósito» en un entorno de iglesia debido a la posibilidad de confundir «declaración de misión» con obras misioneras. En el mundo de los negocios, no es problema utilizar el término «declaración de misión».

A la luz de las necesidades analizadas antes, la siguiente pregunta que hay que hacer es:

¿Por qué existe nuestro grupo?

Cómo redactar nuestra declaración de propósito

El proceso de dar forma a la declaración de propósito de nuestro grupo con la junta y el personal puede requerir varias horas y varios borradores. He sido consultor de grupos a los que les tomó todo un día solo para formular una declaración de propósito en una frase. Martillaron, descascararon y cincelaron hasta que todos los presentes se sintieron 100% satisfechos con cada palabra. Por mucho tiempo que tome, no hay que abandonar la tarea. Es un componente decisivo del rumbo de nuestra organización.

Así que, ¿cómo se elabora una declaración de propósito?

☐ 1. Redactémosla como prefiramos utilizando la cantidad de palabras que queramos

La primera tarea es identificar los componentes que quisiéramos incluir en dicha declaración. Imaginemos que una persona nos pregunta por qué existe nuestra organización. ¿Qué diríamos? Si la persona piensa acerca de nuestra respuesta, nos puede preguntar entonces: «¿Por qué es tan importante?». ¿Qué le diríamos? Si insistiera en ahondar más y más, y preguntar una y otra vez: «¿Por qué es tan importante?», ¿qué estratos de propósito y significado se pondrían de relieve? Utilicemos quince páginas, de ser necesario, para responder a la pregunta: «¿Por qué existe nuestro grupo?».

☐ 2. Ahora utilicemos el enfoque opuesto: Utilicemos una sola palabra para expresar el foco de por qué existimos

Un ejercicio que resultará muy importante para el grupo es preguntar: «¿Qué palabra por sí misma es el núcleo del núcleo, el foco del foco, el centro del centro, la esencia misma de nuestra organización?». Esta palabra no es una declaración de propósito, sino la palabra que expresa el foco de nuestra organización. Como equipo líder, se debe llegar a estar de acuerdo con esta sola palabra.

Una noche me reuní con la junta de una iglesia de unos cuatro mil miembros para iniciar el proceso de encontrar una sola palabra que pudiera expresar el foco de su iglesia. Acabó tomándonos una hora y media, lo cual me sorprendió.

Algunos asistentes dijeron: «Bueno, pienso que el foco de nuestra iglesia son las misiones». Otros dijeron: «Pienso que es la evangelización». Otro dijo: «Pienso que es la educación cristiana». «Pienso que es...» Al final nos encontramos con cincuenta y cuatro palabras posibles. Luego dijimos: «Muy bien, algunas de estas coinciden parcialmente. Tratemos de reducirlas a veinticinco». Unimos algunas, eliminamos otras. Llegamos a dieciocho. Luego a seis, y luego a tres, y por fin a una.

Antes de mencionar cuál fue esa palabra, quisiera sugerir que en este instante dejemos de lado este libro y tomemos todo el tiempo que haga falta para llegar a la palabra sola, central, de nuestro grupo. ¿Cuál es la palabra en la que se centran todas las reuniones del grupo, todos los seminarios que promovemos, todos los programas de captación en la comunidad, todo lo que hacemos? ¿Cuál es la médula, la esencia, la palabra que da significado a todo lo que hacemos.

Nuestra palabra focal es _____.

Volvamos a lo que decíamos. La palabra en la que concordamos esa noche fue «Jesús». La razón fundamental de por qué existe la iglesia no es un programa, ni un principio, ni un proceso. Es una persona. Es Jesucristo.

☐ 3. Escriba una oración no técnica

El paso siguiente es decir: «En lugar de una sola palabra, propongamos tres: "Jesús ____ _____?"». ¿Cuáles serían las tres palabras que utilizaríamos para definir o comenzar a enfocar las energías de nuestro equipo?

_____

_____

_____

Ahora tratemos de colocar esas tres palabras en una frase no técnica que todos puedan entender. A esto lo llamo «conversación de reunión social». Si fuéramos a la recepción de un alcalde, y éste preguntara a qué se dedica nuestro grupo, ¿qué diríamos? Pulamos la declaración de propósito de manera que pudiéramos decir con toda sencillez: «Sr. Alcalde, nuestra razón de ser es…»

La declaración de misión del Masterplanning Group es, *Fortalecer a los líderes cristianos y las grandes ideas de nuestra generación*. Esta es nuestra razón de ser. Esto es lo que les digo a las personas en reuniones sociales. Esto es lo que les digo a las personas en aviones. Esta es la razón de ser de nuestra firma. Todo lo que hacemos es maximizar la capacidad de los líderes, ofrecerles recursos para que puedan maximizar su capacidad para liderar a las personas como cristianos. Así de sencillo. Así de claro. Esto es comunicación a nivel de reunión social.

Preguntas clave para ayudar a clarificar nuestro propósito

Al ir elaborando nuestra declaración de propósito ayudará que nos hagamos unas pocas preguntas clave.

¿EN QUÉ FORMA SOMOS SINGULARES RESPECTO A OTROS GRUPOS U ORGANIZACIONES?

Si formamos parte de una organización, denominación o corporación nacionales, nuestra declaración de propósito a menudo es la del grupo más amplio pero con ciertas modificaciones para una zona. No hacemos sino cumplir con ese mismo propósito en una zona geográfica dada. La singularidad con respecto a otro grupo que opera a unos centenares de metros en la misma calle bajo el mismo nombre nacional, quizá será solo geográfica. Por otro lado, nuestro grupo u organización quizá es el único en su género en el mundo. Sea cual fuere el grado de singularidad, debemos definirlo.

¿CUÁL QUERRÍAMOS QUE FUERA EL EPITAFIO DE NUESTRO GRUPO?

Un epitafio es una declaración de propósito en tiempo pasado. Pensemos por unos instantes en la vida nuestra. ¿Qué nos gustaría que dijera nuestro epitafio? De hecho, si nunca hemos pensado en ello, ¿por qué no dejamos de lado este libro por unos minutos para pensar en esta pregunta. ¿Qué nos gustaría que estuviera grabado con cincel en nuestra lápida sepulcral?

El epitafio del Dr. Frank Laubauch dice así: «Enseñó al mundo a leer». Durante su vida, su declaración de propósito habría sido: «Enseñar al mundo a leer». ¿Se puede ver el nexo? Una buena forma de examinar qué hacemos en la vida es decidir qué nos gustaría que dijera nuestro epitafio una vez acabada nuestra vida. Es un enfoque diferente que a veces aporta una sorprendente claridad.

Tarea:

Escribir el epitafio del grupo: una declaración de propósito en tiempo pasado. ¿Qué nos gustaría que dijera el epitafio de nuestro equipo?

Ahora dejemos de lado el libro para tomar todo el tiempo necesario para llegar a una declaración en una frase, totalmente clara, de por qué existe nuestro equipo. Escribir una declaración con la que nuestro equipo puede estar 100% de acuerdo.

Nuestro equipo existe para:

_____

Para comenzar podría resultar útil ver la declaración de propósito de otros. (También en el Apéndice A-3, para que su grupo las revise, se pueden encontrar diez otras declaraciones de propósito a modo de ejemplos que se pueden adaptar sin dificultad.)

Ejemplos de declaraciones de propósito

El International Masterplanning Group:

> *«Fortalecer a líderes cristianos y las grandes ideas de nuestra generación».*

Evangelismo Explosivo Internacional:

> *«Glorificar a Dios mediante la preparación del cuerpo de Cristo en todo el mundo para amistad, evangelización, discipulado y crecimiento ejemplar».*

«Epitafio» de Evangelical United Brethren:

> *«Estas personas comunicaron el Evangelio de palabra y de obra y enseñaron a todos los hombres y mujeres cómo ser salvos y convertirse en discípulos fieles de Cristo y miembros responsables de su iglesia».*

Declaración de propósito de la denominación Evangelical United Brethren:

> *«Comunicar con efectividad el Evangelio de palabra y de obra para que todos los hombres y mujeres se salven y se conviertan en discípulos fieles de Cristo y miembros responsables de su iglesia».*

(Las iglesias locales pueden adaptar el propósito de la denominación mediante la inclusión del nombre de la iglesia local y de la ciudad o lugar. De igual modo, los pastores o miembros de la iglesia pueden personalizarla como la declaración de propósito de su iglesia).

Declaración de propósito de una iglesia local de la denominación Evangelical United Brethren:

«Por la capacitadora gracia de Dios glorificar a Dios con un estilo de vida de adoración de su nombre, de formación de las personas y de llevar el evangelio a la comunidad y al mundo».

Declaración de propósito de una iglesia independiente:

«Presentar a Cristo en una forma contemporánea, creíble y comprensiva para todas las personas en un entorno en el que las personas de la comunidad y del mundo puedan confiar en Cristo y desarrollar todo su potencial en Él».

Christ Community Church en Omaha:

«Hacer discípulos de Jesucristo ganando a personas para la fe en Cristo, desarrollándolas en la Palabra de Cristo y preparándolas para cumplir la Gran Comisión de Cristo».

Regresemos. ¿Cómo se siente tener a mano una diáfana declaración de propósito?

Beneficios adicionales de una declaración de propósito

Antes de pasar al tercer paso del proceso, «Objetivos», he aquí algunos beneficios adicionales de disponer de una declaración clara de propósito:

UNA DIÁFANA DECLARACIÓN DE PROPÓSITO ES MUY LIBERADORA

Invertir tiempo en identificar nuestro propósito como equipo es un proceso liberador. Comienza con cierta dificultad, confusión, opiniones divergentes y discusiones aclaradoras; ¡pero el resultado final es libertad! ¡Emoción! No es diferente de la sensación que experimentan los excursionistas cuando llegan al final de una escalada difícil rumbo a la cima de la montaña. Pueden ver a kilómetros de distancia. El sendero delante de ellos se ve muy claro. Saben adónde van a ir luego. Tienen una perspectiva adecuada.

Disponer de una declaración clara de propósito también ayuda a determinar qué cosas *no* hay que hacer, ¡lo cual también es muy liberador!

UNA DIÁFANA DECLARACIÓN DE PROPÓSITO AYUDA A FOCALIZAR LAS ACTIVIDADES

Cualquier iglesia, organización o negocio son un conjunto de individuos que tienen sus propios supuestos acerca de *qué* debe hacerse y *por* qué. Una diáfana declaración de propósito ayuda a canalizar todo ese esfuerzo individual hacia un solo propósito y rumbo. Esto es lo que hace que la declaración de propósito sea tan buena. Dice: «Es por esto que trabajamos con tanto ardor como equipo».

UNA DIÁFANA DECLARACIÓN DE PROPÓSITO ES FÁCIL QUE UN EQUIPO LA RECUERDE SIEMPRE

El Dr. Gordon McDonald, pastor principal de la iglesia Lexington Chapel de Concord, Massachusetts, ayudó a que la iglesia se focalizara pidiéndole a toda la congregación que aprendiera de memoria su declaración de propósito. Era una declaración sencilla de cuál era la razón de ser de su iglesia, declaración de la que podían hablar con amigos en cualquier reunión. Semana tras semana les pedía que la recitaran como congregación. En poco tiempo, ya todos los miembros de la iglesia podían decir con exactitud su razón de ser como iglesia en su comunidad. Fue una buena manera de transferir el foco de la organización desde el liderazgo hasta la congregación entera.

UNA DIÁFANA DECLARACIÓN DE PROPÓSITO PROPORCIONA UN SENTIDO CLARO Y COHERENTE DE RUMBO

Ahora estamos conscientes de por qué existe nuestro grupo. Disponemos de una declaración clara de propósito. Tenemos la Estrella Polar del equipo. La Estrella Polar no es un destino sino un indicador de rumbo, como una brújula. No es adónde vamos a llegar, sino la dirección en la que seguimos avanzando. Cuando uno sale de una reunión compleja y abrumadora preguntando: «¿Cuál era otra vez esa cifra del presupuesto, dónde estamos, hacia dónde vamos y por qué estamos aquí?», siempre podemos regresar a nuestro propósito y decir: «Sí, claro, no estamos aquí solo para administrar presupuestos. Estamos aquí para "Hacer discípulos de Jesucristo ganando a personas a la fe en Cristo, desarrollándolas en la Palabra de Cristo y preparándolas para cumplir la Gran Comisión de Cristo"». Nuestra declaración de propósito nos da perspectiva acerca de por qué estamos haciendo lo que estamos haciendo.

CAPÍTULO 6

Tercer paso en la Flecha: Objetivos

Síntesis del capítulo

- Definamos los términos de nuestra planificación
- Organización de los objetivos
- Es tiempo de orar

Los objetivos identifican las cosas que haremos para suplir las necesidades que hemos identificado y realizar el propósito que hayamos definido.

Los objetivos responden a la pregunta:

¿En qué de tres a siete asuntos seguiremos involucrados de manera activa en el futuro?

El vocabulario del liderazgo en la actualidad utiliza palabras que significan cosas diferentes a diferentes personas. Si le pedimos a un grupo de cincuenta personas que definan el término *liderazgo* quizá recibamos cuarenta y nueve definiciones diferentes. Lo mismo se puede decir de la palabra *éxito*. En la actualidad no existe una definición aceptada y entendida por todos de la palabra *éxito*. Otras palabras que utilizan las personas para significar cosas diferentes son *propósito*, *objetivos* y *prioridades*.

Defina los términos de su planificación

Definir estas tres palabras es importante porque los miembros de la mayor parte de las juntas provienen de toda clase de profesiones y actividades. Son más como un equipo de estrellas (los mejores y los más brillantes de la industria, los negocios, la educación, etc.) que como un equipo de final de campeonato de fútbol (una unidad experimentada y funcional que ha jugado junta por años, y que actúa con gran precisión). En el pelotón, el mariscal de campo del equipo de Estrellas da la consigna «Bien, "gallo rojo" sobre dos». Pero ¡para un jugador esta consigna significa correr hasta la línea de anotación, para otro jugador significa un amago del mariscal de campo, y para otro significa un despeje! Al igual que un equipo de estrellas, la junta se reúne una vez a la semana por una o dos horas, y de vez en cuando en retiros. Tratan de comunicarse, planificar y tomar decisiones, pero a veces utilizan palabras distintas para significar la misma cosa.

Si un grupo de estrellas van a jugar como equipo, tienen que estar de acuerdo en cuanto al significado de los términos que se utilizarán en el juego. Lo mismo sucede en el caso de nuestra junta y de los miembros del equipo. Un ingeniero utilizará la palabra *meta* para referirse a un objetivo definido con claridad y mensurable, y *objetivos* para significar formulaciones más amplias de energía y recursos bien enfocados. Un educador utilizará estas dos palabras en una forma exactamente opuesta. Las expresiones utilizadas en lugares concretos de trabajo pueden ser diferentes, pero para la junta y todo el equipo debemos utilizar términos y definiciones acordadas en común.

Si se tiene un lenguaje común, es más fácil expresarse uno con claridad y planificar en forma efectiva, y ayuda a desarrollar un sentido de espíritu de equipo, lo mismo a nivel local como nacional. Si uno pertenece a una organización presente en toda la nación o en la esfera internacional, es muy beneficioso que todos los miembros del equipo estén de acuerdo en cuanto al significado de los términos que se utilizan al planificar. Si un miembro del equipo va a trabajar a otra iglesia u oficina dentro de la misma organización, será mucho menos confuso comunicar la visión y las prioridades.

Cuando por primera vez comencé a tratar de definir los términos *propósito*, *objetivos* y *prioridades* (metas o problemas) había trabajado como consultor unos cuatro años. Como conferencista, consultor y líder de equipo, yo mismo no entendía los términos. Comencé a leer y a preguntar: «¿Cómo definen estos términos?». ¿Saben qué? Escuché tanta confusión, que no podía creerlo. A lo largo de los años he elaborado definiciones sencillas con las que los miembros de los equipos pueden estar de acuerdo casi de inmediato sin importar sus trasfondos individuales. Si estos términos y definiciones de planificación tienen sentido, podrían pensar en utilizarlos con todos los de su equipo:

	Propósito	Objetivos	Prioridades
Definición	Una sencilla declaración de por qué algo o alguien existe.	Asuntos generales hacia los que se dirigen esfuerzos.	Un plan específico para lograr resultados mensurables en un plazo concreto de tiempo.
Preguntas respondidas	*¿Por qué? ¿Por qué existimos?*	*¿Qué en general? ¿En qué entre seis y diez asuntos seguiremos involucrados en forma activa en el futuro?*	*¿Qué en concreto? ¿Qué cosas específicas haré para avanzar en dirección a mi propósito y objetivos?*
Características	Escritas: una frase, sin fecha, *no mensurables*	Escritas: entre seis y diez áreas: *no mensurables*, sin fecha.	Escritas: entre tres y veinticuatro por año: *mensurables*, con fecha.
Pueden introducirse con la frase	La razón de ser es…	En los próximos de cinco a veinte años deseo seguir…	Durante los doce meses próximos tengo el plan de…
La cantidad de tiempo que se puede esperar que la declaración perdure sin evaluación	De veinte años a toda la vida	De uno a diez años.	Prioridades a corto, mediano y largo plazo.
Ejemplo	Nuestra iglesia existe para conducir a las personas a una relación madura con Dios.	Proporcionar educación cristiana para nuestra iglesia.	Reclutar diez nuevos maestros de Escuela Dominical para el 1 de noviembre.

Los siguientes ejemplos de objetivos típicos de departamentos de la iglesia pueden resultar útiles:

Ejemplos de declaraciones de objetivos

SERVICIOS ADMINISTRATIVOS

Ofrecer respaldo administrativo de ministerios de la iglesia con la debida calidad, efectividad y eficiencia a la vez que somos excelentes administradores de personas, propiedades y dinero.

EDUCACIÓN CRISTIANA

Ayudar a los participantes a hallar una comunidad compasiva, establecer un significativo lugar de servicio, confiar en el Señor Jesús como Salvador, y comenzar el proceso de confiar en Él en la vida diaria.

SERVICIOS DE COMUNICACIÓN

Comunicar la vida de la congregación a la congregación y a la comunidad entera.

MISIONES (EN EL PAÍS Y EN EL EXTRANJERO) Y ALCANCE (EVANGELIZACIÓN)

Capacitar a los miembros para alcanzar su comunidad y el mundo con el evangelio de Cristo.

CUIDADO PASTORAL

Proporcionar a las personas un modelo bíblico de modo que puedan ayudar a quienes forman parte de la comunidad de la iglesia a manejar las luchas de la vida con madurez y llegar a ser obedientes discípulos que dan la mano a otros.

ESCUELA

Formar alumnos que sean discípulos de Jesucristo en todos los aspectos de su vida.

MÚSICA Y ADORACIÓN

Conducir a las personas a una adoración vital al único verdadero Dios.

Organización de los objetivos

Nuestra firma ha trabajado con una gama de estructuras organizativas que ayudan a aclarar los objetivos. Ilustraré la amplia gama de formas de organizar un equipo ilustrando cómo puede funcionar en una iglesia local.

LOS OBJETIVOS DE LA ORGANIZACIÓN PUEDEN ESTRUCTURARSE CON CRITERIO FUNCIONAL

Se puede organizar la planificación que hace el grupo en torno a diversas funciones de una iglesia. Por ejemplo, adoración y alabanza, educación cristiana, atención pastoral, extensión, misiones, y así sucesivamente. En el ámbito de la iglesia local, uno de los organigramas más efectivos es la división funcional de trabajo.

LOS OBJETIVOS DE LA ORGANIZACIÓN PUEDEN ESTRUCTURARSE POR EDAD O MERCADO

Se puede organizar la planificación de la iglesia en torno a todo lo que se hace con preescolares, primarios, secundarios, universitarios/carrera, adultos jóvenes, edad mediana, adultos mayores, etc.

LOS OBJETIVOS DE LA ORGANIZACIÓN PUEDEN ESTRUCTURARSE CON CRITERIO GEOGRÁFICO

Se podrían dividir los objetivos del ministerio por regiones geográficas. En algunas compañías es mejor dividirlos de esta forma. Esto podría no ser así en el caso de la iglesia local, aunque en la esfera nacional, como una denominación, se puede utilizar la división geográfica para definir regiones como objetivos: «Ustedes se encargan de la región oriental; ustedes de la región medio oeste; ustedes de la región occidental».

Una de las mejores formas de determinar si una esfera de objetivos está bien definida o no es preguntar: «¿Podría asignar a una persona la responsabilidad de esta esfera de objetivos?». Por ejemplo, ¿podría pedir a una persona que se encargara de toda la educación cristiana? La respuesta es sí. ¿Encargarse de todas las misiones? Sí. Si una esfera de objetivos no está definida con claridad, quizá se deban reorganizar los objetivos.

Tarea:

Elabore un primer borrador de las esferas de objetivos del equipo. Definir en forma breve por qué existe esa esfera. Los objetivos mencionados antes podrán servir como un modelo para muchas iglesias (en el Apéndice 6 se encuentran otros ejemplos de objetivos). No hay inconveniente en que los adapte para uso propio.

Después de haber acabado, tomar un descanso y luego verificar que sus necesidades, propósito y objetivos estén formulados con claridad.

Una vez identificadas las necesidades que se quieren abordar, definido el propósito y determinados los objetivos, se tiene un sentido de enfoque.

- Estas son las necesidades que vamos a satisfacer.
- Esta es la razón de estar comprometidos con satisfacer estas necesidades.
- Esto es lo que vamos a hacer respecto a estas necesidades.

Los tres primeros pasos brindan un enfoque que no cambiará mucho en los cinco a diez años siguientes. Revisarlos cada año para asegurarse de que siguen siendo relevantes.

Es tiempo de orar

Antes de avanzar al Paso 4 —Hitos— se puede ver que hay una interrupción en la Flecha. Hay una línea vertical blanca en el centro que separa lo que podría llamarse la «punta de la flecha» de su «fuste». ¿Podría sugerir que escriban una palabra en forma vertical en ese espacio blanco? Escriban la palabra *oración*.

Llegados aquí, hay que detenerse para pedirle a Dios que siga ayudándonos a preocuparnos por las cosas que le preocupan a Él. Primero, ver las necesidades que Él ve. Segundo, entender de verdad el propósito de Dios para el equipo. Tercero, que Él actúe por medio nuestro para avanzar en la dirección de los objetivos que hemos establecido.

CAPÍTULO 7

Cuarto paso en la Flecha: Hitos

Síntesis del capítulo

- De objetivos a hitos
- Pongamos por escrito los hitos

Después de haber establecido los objetivos, preguntarse:
¿Qué hitos importantes hemos alcanzado ya?

De objetivos a hitos

En cada uno de los objetivos, complete el resto de los pasos de la Flecha. Utilicemos como ejemplo la educación cristiana. Vayamos a la franja «educación cristiana» en la Flecha y desplacémonos hacia la izquierda. Allí encontramos un área en blanco. Se puede escribir en ella «educación cristiana» de forma que cuando se trabaje con toda la Flecha del Plan Maestro, no haya que estar volviendo a los objetivos para determinar cuál franja es cuál. Vaya regresando hacia la derecha en la Flecha, y complete los pasos restantes del proceso de la Flecha. «Hitos» es el paso siguiente después de necesidades, propósito y objetivos.

LOS HITOS SON DE TRANSICIÓN

Nos dirigíamos en una dirección y avanzamos por otro camino totalmente diferente… ¡un hito importante! Introdujimos un nuevo currículo… ¡un hito importante! Nombramos a un nuevo director de educación cristiana… ¡un hito importante! Agrandamos las oficinas… ¡un hito importante! Fuimos anfitriones de una conferencia nacional… ¡un hito importante!

Comenzamos un programa de formación de maestros… ¡un hito importante! ¿Cuáles son los hitos que ya hemos alcanzado?

LOS HITOS SON MENSURABLES Y SE LES SUELE PONER FECHAS PARA QUE HAYA CONSTANCIA EN EL FUTURO

La condición de mensurables puede ser por fecha o por cantidad. Se puede decir: «El 1 de enero de 1995 nos trasladamos al nuevo santuario». Esto es mensurable. O, se puede decir solo: «Nos trasladamos al nuevo santuario». Nuestro equipo sabe con exactitud lo que queremos decir con qué y cuándo.

LOS HITOS INFUNDEN CONFIANZA

No es infrecuente que los líderes de equipos (con este término nos referimos a jefe, gerente, encargado, supervisor, etc.) se sientan descorazonados. Llegan al final de un año y no pueden identificar ningún avance significativo durante el mismo. A menudo no pueden recordar ningún resultado tangible. La mayor parte de los logros son intangibles. Las vidas cambiadas suelen fundirse de forma imperceptible en las actividades cotidianas de la vida.

He hablado con muchos líderes que dicen cosas como estas: «Este año me acosté muy tarde muchas veces. Me levantaba temprano por la mañana. Di muchas charlas. Ayudé a muchos amigos. Ayudé a muchas familias con problemas. Hice toda clase de cosas. Pero ¿sabe qué? Al final del año no tengo ningún libro que haya escrito, ningún edificio que haya construido, ningún automóvil que haya fabricado. No tengo nada tangible que diga que yo, como líder, estuve aquí este año. Todo lo que puedo decir es que este año hice lo que se esperaba que hiciera». Tendemos a *no* dar trofeos a líderes por haber tenido otro año excepcional.

En la Flecha del Plan Maestro se pide a los líderes de equipos que escriban los avances principales, tangibles, que el equipo logró. Cuando los líderes de equipo se sienten desalentados (a mí mismo me ha ocurrido) pueden volver la vista atrás para contemplar los hitos y decir: «Bueno, un momento. ¡Hemos avanzado mucho!». Es como una buena dosis de luz solar en un día lluvioso.

Siempre que experimento desaliento, suelo mirar dos cosas: los hitos del pasado y las prioridades para el futuro. Mi esposa Cheryl y yo hablamos bastante acerca del hecho de que la vida tiene muchas cosas que deprimen: responsabilidades, cargas, desengaños. Para utilizar una analogía de la pesca, estas pesadas presiones son como plomos en la caña de pescar que hace que nos hundamos. Lo que necesitamos son unos pocos flotadores en la vida que nos mantengan a flote. Los hitos son como flotadores. Nos ayudan a volver la vista atrás y celebrar. «Oigan, saben, ¡este año logramos más de lo que parece».

LOS HITOS BRINDAN LA BASE PARA FUTURA PLANIFICACIÓN

Cuando queremos planificar prioridades para el futuro, resulta difícil si no conocemos nuestro pasado. Es difícil saber cuál debe ser el presupuesto si no sabemos cuál fue el del año pasado. Disponer de hitos por escrito —«Este año el presupuesto fue nada menos que $483 mil»— nos da el contexto para planificar el presupuesto del año entrante.

LOS HITOS AYUDAN EN LA ORIENTACIÓN DEL PERSONAL NUEVO

Escribir los hitos es como llevar un registro de la historia poco a poco. Cuando se incorpora al equipo un nuevo miembro, debemos orientarlo. Si se le muestran los hitos, lo ayudamos a entender nuestra historia y, en consecuencia, nuestra cultura institucional, nuestra forma de realizar el trabajo, nuestro avance, nuestro corazón. Podemos decir: «Estas son las necesidades que vemos. Este es nuestro propósito. Estas son nuestras esferas de objetivos. Estos son algunos de los hitos recientes».

Cuando la sección de Hitos ya esté llena, se puede crear un archivo llamado «Historia». Hagamos una lista para cada año. Pongamos al día este archivo año tras año para recordarnos los momentos decisivos de la organización.

Pongamos por escrito los hitos

Disponer de listas de los hitos infunde confianza en el equipo. Si todavía no hemos escrito nuestros hitos, hagámoslo ahora. Discutir acerca de necesidades, propósito y objetivos puede resultar pesado, incluso incómodo. ¡Los hitos nos permiten celebrar! Escribamos nuestros hitos para cada esfera de objetivos.

Objetivo: _____   Objetivo: _____
Hitos: _____   Hitos: _____
_____   _____
_____   _____
_____   _____

Objetivo: _____   Objetivo: _____
Hitos: _____   Hitos: _____
_____   _____
_____   _____
_____   _____

CAPÍTULO 8

Quinto paso en la Flecha: Ideas

Síntesis del capítulo

- Nunca permitamos que se nos escurra una gran idea
- El tiempo es oro; las ideas son también oro
- Respaldemos con archivos

Los hitos celebran los logros del pasado. Las organizaciones de éxito celebran el pasado a la vez que se mantienen claramente enfocadas en el futuro.

Preguntan:

¿Qué ideas se nos han ocurrido que deberíamos tomar en cuenta para convertirlas en prioridades?

Nunca permita que se le escurra una gran idea

Quizá hayamos tenido alguna vez una conversación similar a la siguiente:

Otra persona: Oiga, ¿ha oído hablar de esta idea que acaba de ganar 43 tropecientos millones?

Usted: Bueno, hace unos años se me ocurrió esa idea.

Otra persona: Bien, ¿por qué no hizo nada al respecto?

Usted: (Con timidez) La verdad es que como que me olvidé de haberlo pensado.

Muchas grandes ideas se pierden en la historia, se pierden en nuestra mente. ¡No hay que desperdiciar nunca una gran idea!

Un día me pregunté: «¿Qué hace que una persona tenga la sensación de "estoy organizado"?». Llegué en algún momento a la conclusión de que mi abuela, Cora Donaldson, tenía razón cuando decía: «Un lugar para cada cosa, y cada cosa en su lugar». Cuando tenemos un lugar para cada cosa, y cada cosa está en su lugar, nos sentimos organizados y es menos probable que se nos pierdan objetos o ideas.

Pocos líderes reservan un lugar seguro y permanente para sus grandes ideas. La mayor parte dice: «Tengo esta gran idea. A ver, ¿dónde la pongo?». La Flecha del Plan Maestro es el lugar adecuado para colocar una idea. La idea puede ser muy poco convincente o puede ser una de las ideas más sólidas que jamás hayamos tenido. En todo caso, sigue siendo una idea. Escribámosla en nuestra Flecha.

Cuando se me ocurre una idea, a menudo no puedo determinar si es una gran idea o no. Podríamos repasar más adelante mi lista de ideas y sentirme avergonzado de haber puesto por escrito esa «tonta idea». Pero de vez en cuando descubro una idea olvidada pero muy buena en mi Flecha.

Con la Flecha nunca tengo que volver a perder una buena idea. Si mi idea es en el campo de la «educación cristiana», la coloco en esa franja. Si es una idea que tiene que ver con «culto y música», la ubico en esa franja. Después de dar tiempo para que la idea madure y se asiente, puedo determinar si vale la pena darle curso o solo amerita que la borre. ¡Nunca permitamos que se nos pierda una gran idea!

El tiempo es oro; las ideas son también oro

Los abogados nos dicen: «¡El tiempo es oro!». El tiempo es oro, pero el tiempo no es la única cosa que tiene valor monetario. Hago la siguiente pregunta: ¿Cuánto vale una idea de $50.000.000 en el momento en que alguien la concibe?

Si tuviera $100.000 en el banco, y alguien me viniera a decir: «Bobb, tengo una idea, y creo que es una gran idea», le respondería: «Excelente, dígame cuál es». Y la otra persona diría: «Bueno, lo haré con una condición. Si utiliza la idea, quiero $100.000». Yo diría: «Bien, parece bastante dinero, pero debe haber estado barajando esta idea por muchísimo tiempo». Y el otro diría: «Para nada. Me vino a la mente hace un par de minutos». ¿Saben qué le diría yo? «Está bien». Por muy nueva que sea la idea, si es la idea adecuada, bien podría valer $100.000.

El caso es que una idea adecuada vale mucho dinero. Nunca permitamos que se pierda una gran idea; algunas son muy valiosas. Se puede tener una idea cuya hora no ha llegado todavía. Pero cuanto llegue ese momento, podría ser valiosa.

Se cuenta una historia de que Henry Ford contrató una vez a un experto en eficiencia para que evaluara su compañía. Al cabo de unas pocas semanas, el experto presentó su informe. Fue muy favorable excepto por una cosa.

«Es ese hombre al final de la sala», dijo el experto. «Cada vez que paso por delante de su oficina, está sentado con los pies sobre el escritorio. Está desperdiciando su dinero».

«Ese hombre», contestó Ford, «una vez tuvo una idea que nos ahorró millones de dólares. En ese tiempo, creo que tenía los pies puestos donde están ahora».

Respaldemos con archivos

El espacio en la Flecha es demasiado limitado para escribir en él todas las ideas. A medida que se va dando forma a las ideas que tenemos, convendría que creáramos archivos de respaldo con la información adicional. Incluso se pueden tener varios archivos de respaldo para diversas ideas en la Flecha. A medida que cada archivo va creciendo y más ideas se van agregando, la idea original puede convertirse en la meta que queremos alcanzar. La Flecha del Plan Maestro no contendrá todos los detalles de las ideas que tenemos; es tan solo el lugar para colocar la esencia de la idea o el nombre del archivo.

Uno de nuestros colegas consultores, Terry Fleck, utiliza tres carpetas de archivo para mantener un registro de sus ideas. Tiene:

1. Un «archivo de ideas» para ideas que es probable que lleguen a convertirse en prioridades o pasos a dar en el futuro cercano.

2. Un «archivo de pensamientos» para pensamientos generales que todavía no se han convertido en ideas. Pueden ser observaciones que no quiere que se pierdan, aunque no sean ideas claras.

3. Una «caja para confeti» que recoge las ideas que no encajan en las dos categorías anteriores.

Se puede tener una idea que podría aumentar nuestra visibilidad en la comunidad. En este momento es solo una idea, pero podría convertirse en prioridad. Se puede desear alentar a miembros del equipo para que se presenten como candidatos para algún puesto político o para que sirvan en la junta escolar. Quizá alguien quiera producir un video de la iglesia y de sus ministerios para que los miembros lo puedan presentar a vecinos. Se podría querer tener un quiosco en la feria de la comunidad.

No se puede trabajar en todas estas ideas de inmediato, por lo que conviene mantenerlas en la lista de ideas. Escojamos la mejor, hagamos de ella una prioridad y démosle forma completa. Luego se puede escoger la segunda mejor para ponerla en práctica. La lista de ideas se convierte en reserva de prioridades futuras.

Advertencia: Evitemos confundir ideas con prioridades.

Desde mi perspectiva, llamar a alguien «persona de ideas» es un honor. Me gusta estar con «personas de ideas». Pero algunas personas escupen la expresión con desdén: «¡Bah, no es más que una persona de ideas!». Si alguien es una persona de ideas, como yo me considero ser, hay que tener cuidado de no confundir ideas con prioridades.

Vamos a sufrir un gran desengaño si miramos cada una de las ideas que tenemos como una meta a alcanzar. Nuestras energías se desparraman tanto que al final no logramos nada. Lo bueno de la Flecha del Plan Maestro es que nos ayuda a distinguir entre ideas y prioridades. Si tratamos todas nuestras ideas como si fueran prioridades, nos sobrecargaremos y nos quemaremos.

En el Apéndice E-2 se ha incluido una Lista Clasificadora de Ideas. Estas preguntas ayudarán a tamizar las ideas que tengamos para determinar cuáles debieran convertirse en prioridades y cuáles debieran seguir siendo solo ideas. Nos ayudará a nosotros, a nuestra junta y a nuestro personal a distinguir entre nuestras ideas *buenas* y nuestras ideas *grandes*; nuestras ideas en algún momento y nuestras prioridades de ahora.

Tarea:

Lo que me gustaría que hicieran (usted y/o su equipo) ahora es dejar de lado este libro y tener una sesión para generar ideas. Imaginen todas las ideas que puedan en cada una de las esferas de objetivos. Hagan la lista de todas las ideas buenas que algún día podrían convertir en prioridad. Llenen esa columna. ¡Disfrútenlo!

CAPÍTULO 9

Sexto paso en la Flecha: Obstáculos

Síntesis del capítulo

- Obstáculos imaginarios
- Patrones

Como líder de equipo, una pregunta que se debe focalizar siempre con suma claridad es:
¿Qué tres obstáculos nos impiden alcanzar todo nuestro potencial?

Ya sea que lideremos una compañía, una universidad o un batallón militar, preguntémonos: «¿Cuáles son los tres obstáculos principales que nos impiden alcanzar todo nuestro potencial como equipo?». Como líderes, no podemos librarnos de todos nuestros obstáculos de inmediato, de manera que centrémonos en tres.

Obstáculos imaginarios

¿Recordamos al elefante de la historia de las estacas? El elefante adulto aprendió de pequeño que la estaca que amarraba su pata no se movería. Como elefante adulto no trata de arrancar la estaca aunque podría hacerlo con suma facilidad.

Con frecuencia miembros del personal tienen obstáculos en sus mentes que no lo son en la mente del líder del equipo. En cierta ocasión, me quejé con el líder de mi equipo que sentía que no se me permitía tomar cierto curso de acción que me parecía adecuado. El líder del equipo vio que estaba irritado, de manera que me preguntó: «Bobb, ¿quién le dijo que no puede hacer lo que desea llevar a cabo?».

Le contesté: «Bueno, es que no lo puedo hacer».

De nuevo me preguntó: «Bobb, ¿quién se lo ha dicho?».

Respondí: «Nadie».

«Entonces, ¿por qué no lo hace y deja de hablar del caso».

Era una «estaca de elefante», un obstáculo que solo estaba en mi mente. A veces poner por escrito los supuestos obstáculos elimina el obstáculo imaginario de un miembro del equipo.

Patrones

Algunos obstáculos no son estacas de elefante, sino obstáculos genuinos para el desarrollo de nuestra organización. Al ir identificando estos obstáculos verdaderos en cada una de las esferas de objetivos, se empieza a descubrir un patrón. El obstáculo para una de las esferas de objetivos puede ser el mismo obstáculo que encontramos en una o más esferas diferentes de objetivos. Por ejemplo, la falta de apoyo adecuado en computación puede dificultar el trabajo en varias esferas de objetivos. Es probable que uno o dos obstáculos nos estén frenando todas las esferas del desarrollo del equipo. El equipo de liderazgo debe centrar su energía en afrontar estos obstáculos en múltiples esferas.

Los años de experiencia me dicen que es probable que haya tres obstáculos comunes con los que se enfrenta el liderazgo. Predeciría que un obstáculo sería la *falta de capital* o dinero. Como equipo líder hay que centrarse en conseguir ingresos que les permitan hacer lo que deben hacer. Otro obstáculo sería la *carencia de líderes disponibles*. El reto es capacitar a líderes que brinden el liderazgo que el equipo necesita para expandirse en el futuro. Un tercer obstáculo podrían ser las instalaciones. Se puede descubrir que todos y cada uno de los departamentos están saturados y aglomerados debido a la *falta de instalaciones*.

Tarea

¿Cuáles son los obstáculos en nuestro equipo? Dejemos de nuevo de lado este libro para ponderar la pregunta: «¿Cuáles son nuestros tres obstáculos primordiales en cada una de las áreas de objetivos?». Luego, revisemos todas las áreas de objetivos y preguntémonos: «¿Cuáles son los tres obstáculos primordiales en la organización como un todo?».

Obstáculo # 1 _____

Obstáculo # 2 _____

Obstáculo # 3 _____

Vayan a las «Preguntas para generar ideas» incluidas en el Apéndice E-2 y piensen en formas creativas de eliminar estos obstáculos.

CAPÍTULO 10

Séptimo paso en la Flecha: Recursos

Síntesis del capítulo

- Concentrémonos bien en nuestros puntos fuertes
- Patrones
- Utilicemos nuestros puntos fuertes para eliminar los obstáculos

¿A quiénes conocemos que puedan ayudarnos a poner en práctica nuestras ideas o lograr nuestras prioridades? ¿Cómo podemos contactarlos? ¿Qué seminarios, talleres, series grabadas y/o consultores serían para nosotros recursos sólidos?

Preguntémonos:
¿Cuáles son nuestros *tres* recursos principales?

Concentrémonos bien en nuestros puntos fuertes

Una escuela de desarrollo de liderazgo se centra en superar las debilidades. Se trata de un enfoque negativo. No tenemos que centrarnos en nuestras debilidades, sino en aprovechar al máximo los puntos fuertes de nuestro equipo. Situemos a las personas donde son más capaces para aprovechar al máximo sus puntos fuertes 95% del tiempo. Dediquemos 5% del tiempo a lidiar con sus debilidades.

Hace unos años asistí a un retiro de tres días con veinticinco directores ejecutivos de otras organizaciones. Peter Drucker, el famoso experto en gerencia, era el presentador. Uno de los puntos en los que insistió una y otra vez fue: «Descubran lo que hacen mejor, y háganlo». También hizo la observación de que «el papel de la organización es aprovechar al máximo los puntos fuertes de los miembros y hacer que sus debilidades resulten irrelevantes».

En esa época le dije (en la privacidad de mi mente): *Un momento, Peter, en esto no estoy de acuerdo con usted.* Me había especializado en ser generalista. Como consultor, había desarrollado competencia en muchas cosas de manera que podía desenvolverme en muchas direcciones y asesorar acerca de una amplia gama de temas.

Pero la lógica de Drucker comenzó a inquietar cada vez más mi mente. Unos tres meses después del retiro, dediqué una buena cantidad de tiempo a concentrarme en identificar mi punto más fuerte. Les pregunté a algunas personas de confianza: «¿Cuál consideran que es mi principal punto fuerte?». Me ofrecí a compartir con cada amigo lo que veía como su principal punto fuerte. Este ejercicio fue aclarando mi pensamiento y me ha permitido tomar decisiones sobre la base de mis puntos fuertes.

Hoy les transmito el sabio consejo del Dr. Drucker. Encuentren en qué son muy buenos y háganlo. El papel de su equipo consiste en última instancia en aprovechar al máximo el punto fuerte de cada uno de los miembros del equipo y conseguir que sus debilidades resulten irrelevantes.

Patrones

Al ir elaborando su lista de recursos potenciales a los que el equipo tiene acceso, comenzarán a observar patrones en sus recursos, del mismo modo que identificaron patrones en sus obstáculos. Repasen su columna de recursos en forma vertical y estudien los patrones —semejanzas, contrastes, elementos que se repiten— en su lista de recursos.

Modelos rápidos

Una vez identificados cuáles son sus puntos fuertes, construyamos a partir de estos. Tomemos lo que nuestro equipo llama experiencias de «modelos rápidos» (ver Apéndice B-6). Busquemos a alguna persona cuyos puntos fuertes se parezcan a los nuestros, o que los puntos fuertes de su equipo sean los mismos que los del nuestro, y vayan a visitarla. Así como el hierro se afila con hierro, aprenderán unos de otros y ambos fortalecerán sus propias organizaciones. Uno puede aprender más en dos días de observar a alguien que trabaja que lo que aprendería en una semana de seminarios o en la lectura de cinco libros sobre el tema.

Busquemos a personas cuyos puntos fuertes estén más consolidados que los nuestros, que los han estado utilizando por más tiempo, que han producido más resultados. Si el punto fuerte de nuestro departamento administrativo son los sistemas de computación, vayamos a encontrar a personas que son todavía más fuertes en tecnología informática. Al tomar como modelos a personas que son más fuertes que uno mismo, uno puede aprovechar al máximo los puntos fuertes que tiene.

Utilicemos nuestros puntos fuertes para eliminar los obstáculos

Defino el *liderazgo* así:

> *Liderazgo es saber qué hay que hacer a continuación, saber por qué es importante, y saber cómo utilizar los recursos apropiados para satisfacer las necesidades existentes*

Se deben eliminar algunos de nuestros obstáculos principales, porque están deteniendo o retrasando mucho el avance hacia nuestras prioridades. Parte de la razón de por qué las columnas de obstáculos y recursos son paralelas entre sí es que se desea poner de relieve su naturaleza interactiva. Como líderes, estamos aplicando sin cesar los mejores recursos a nuestros obstáculos más importantes. Identificar tanto nuestros obstáculos principales como nuestros recursos principales forma parte del proceso de resolver problemas y liberar a nuestro equipo para que siga avanzando.

Tarea

Tomemos unos momentos para pensar, reflexionar y orar. Pongamos por escrito respuestas posibles a la pregunta: «¿Cuál es mi punto más fuerte?». Hagamos una lista de diez o más, y luego comencemos a reducir la lista hasta llegar al principal punto fuerte.

_____

_____

_____

_____

_____

_____

_____

Ahora consideremos esta pregunta desde la perspectiva del equipo como un todo. ¿Cuáles son nuestros tres puntos fuertes principales en cada una de nuestras esferas de objetivos? ¿Cuáles son los tres puntos fuertes principales del equipo?

_____

_____

_____

Bienvenidos de regreso.
- Hemos elaborado la punta de nuestra Flecha con la identificación de las necesidades que nos preocupan mucho.
- Nos hemos centrado en nuestra organización con la declaración de propósito y objetivos.
- Hemos colocado algunas «plumas» en nuestra Flecha con la lista de nuestros hitos, ideas, obstáculos y recursos.

A continuación pasaremos al astil de la Flecha del Plan Maestro: ¡las prioridades!

El proceso de planificación

CAPÍTULO 11

Rumbo

Para pensar:

*Liderazgo es saber qué hay que hacer
a continuación, saber por qué eso es importante,
y saber cómo utilizar los recursos apropiados
para satisfacer las necesidades existentes.*

Rumbo	Organización	Dinero	Historial	Evaluación general	Ajustes
Estamos en el primer paso del proceso					

Pregunta para despejar la neblina:

¿Qué hacemos a continuación?

Síntesis del capítulo

- Prioridades (Metas o problemas)
- Estacas de elefante frecuentes
- Transiciones clave del equipo en la fase direccional
- Beneficios de una dirección clara
- Prioridades: Algunas normas básicas de procedimiento

- ¡Buenas noticias!
- Establezcamos margen de tiempo para las prioridades
  - Prioridades a corto plazo: de cero a dos años
  - Prioridades a mediano plazo: de dos a cinco años
  - Prioridades a largo plazo: de cinco a veinte años
  - Prioridades trimestrales: a noventa días

Prioridades

Bill Owen, consultor y amigo, y yo nos dirigíamos de Los Ángeles a Palm Springs en automóvil, para asistir a un retiro cuando de repente me dijo: «Bobb, he llegado a la conclusión de que uno puede vivir sin prioridades…» (Mi cabeza se volteó con tanta rapidez que casi me lesioné la cervical. No había esperado de él semejante comentario.) Prosiguió con sus reflexiones: «… si no se tienen sueños. Pero si se tienen y no hay prioridades, ¡lo único que queda es desesperanza!». De inmediato levanté la mano y le dije: «¡Ni una palabra más!». Tomé lápiz y papel y anoté aquel momento de brillantez. Su pensamiento captaba con exactitud la esencia de por qué es tan decisivo definir prioridades.

> *Se puede vivir sin prioridades*
> *(metas o problemas)*
> *si no se tienen sueños;*
> *pero si se tienen sueños*
> *y no prioridades,*
> *lo único que queda es desesperanza.*
> —*Bill Owen, consultor*

El paisaje desértico de Palm Springs que nos rodeaba solo sirvió para acentuar el impacto emocional de su afirmación. ¿Cuántas personas que conocemos viven vidas de desesperanza, vidas tan desoladas como el desierto, vacías, irrealizadas, áridas? Tienen una ilusión pero nunca se toman el tiempo para formular unas cuantas prioridades bien definidas —pasos a dar— para avanzar hacia esa ilusión. Viven en una desesperanza innecesaria.

En el curso de los últimos veinte años he hablado con muchos líderes que tienen grandes sueños pero sin un puente para convertirlos en realidad. Estas personas pasan por la vida con una fantasía que promete mucho. «¡Algún día voy a hacer realidad mi sueño!». Pero si uno les pregunta: «¿Cuál es el primer paso?», no tienen ni idea. Una serie de prioridades realistas son como una escalera para alcanzar sueños.

Para muchos, la frase «definir una meta» genera una reacción psicológica que les causa un trastorno visceral. Definir metas equivale a fracaso, en el plano emocional, no lógico. Nuestro equipo a menudo oye decir: «Cada vez que he establecido metas, he fracasado». En las páginas siguientes, trataré de ayudar a arrancar algunas estacas de elefante que impiden establecer una dirección clara, paso a paso, para nuestros sueños.

Estacas de elefante frecuentes
PRIMERA ESTACA DE ELEFANTE: «¡NO SOPORTO DEFINIR METAS! ¡PARA MÍ, LAS METAS EQUIVALEN A FRACASOS!».

- ¿Qué preferirían hacer: alcanzar metas o resolver problemas?
- ¿Qué encuentran más estimulante: las metas o los problemas?
- ¿Qué hacen mejor: definir metas o resolver problemas?

Alguien puede ser por naturaleza una persona que es mejor en solucionar problemas que en definir metas. De ser así, quizá debería leer el libro *Deje de poner metas* (ver la lista de recursos adicionales de parte del Masterplanning Group en la Parte II del Apéndice) para llegar a una comprensión más detallada del concepto que aquí solo se puede mencionar.

Si usted es uno de los millones de hombres y mujeres en todo el mundo que prefieren resolver problemas a definir metas, la simple palabra *metas* le produce la sensación de que alguien le ha chupado toda la energía del cuerpo. Calculo que entre un 60 y un 90% de la población del mundo prefiere resolver problemas a definir metas. Si usted es una de esas personas, esta sección está dedicada a usted.

Había estado enseñando cómo definir metas por más de veinte años cuando una mañana viví una experiencia «triunfal». Estaba trabajando con un equipo ejecutivo compuesto de unos 10 vicepresidentes en Dave

Ray y Asociados en Troy, Míchigan (área de Detroit). La compañía se especializa en tecnología, indicadores y sistemas de dirección sofisticados. El equipo ejecutivo lo componen en su mayoría ingenieros y personal de ventas. Les pregunté a cada uno de los miembros del equipo: «¿Cuál es su *principal punto fuerte*? ¿Qué es lo que *hace* mejor?».

Le pedí a cada uno de ellos que le dijera al equipo cuál era su principal punto fuerte de manera que los demás pudieran saber a quién recurrir en caso de necesitar esa pericia especial. Cuando comenzaron a responder, fue como si Dios hubiera escogido a cada persona para enseñarme una lección que no había aprendido en más de veinte años.

La mitad de las personas dijeron:

Lo que mejor hago es alcanzar metas.

Y la otra mitad dijo:

Lo que mejor hago es resolver problemas.

No habían hablado entre ellos antes. Fue como si yo necesitara esa lección objetiva «en vivo» para caer en cuenta de que algunas personas por naturaleza ven todo su mundo a través de los lentes de metas, y otras a través de los lentes de problemas.

¡Eureka! En un destello de perspicacia, se esfumaron veinte años de frustración tratando de enseñar la definición de metas a quienes prefieren resolver problemas. Las personas que se inclinaban a resolver problemas no eran torpes, ni incapaces de comprender la técnica de definir metas. Yo era el torpe por no haber comprendido de verdad a quienes prefieren resolver problemas. Esta comprensión abrió la puerta a centenares de lecciones que he aprendido acerca de quienes se inclinan a resolver problemas y de quienes se inclinan a definir metas desde esa mañana transformadora.

Una de esas lecciones se produjo cuando estaba trabajando con el equipo de Josh McDowell. Josh había hablado frente a millones de universitarios, había escrito muchos libros best sellers, tenía su propio programa de televisión y había producido más de doce videos diferentes.

Yo estaba enseñando a su equipo ejecutivo lo que el Masterplanning Group llama Programa de Liderazgo Ejecutivo. Este programa utiliza dos días cada trimestre durante dos años para enseñar a vicepresidentes a pensar como presidentes. El tema era: «Deje de establecer metas». Después de la presentación y de la discusión en equipo, Bob Nickol, un brillante vicepresidente de operaciones de treinta y ocho años, vino a darme las gracias. Me sorprendió e impresionó con este sencillo comentario: «Este ha sido uno de los días más liberadores de mi vida».

Intrigado, le pedí que me ayudara a entender qué quería decir. Respondió: «He aborrecido establecer metas desde tiempo inmemorial, pero me encanta resolver problemas. Cada vez que alguien pide (o insiste) que establezca metas, se me hace un nudo en el estómago. Me vuelvo irascible, malhumorado, le doy patadas al consabido perro y en general me convierto en alguien desdichado con quien es difícil convivir. Cuando me veo obligado a establecer metas, descubro que deseo *llegar tarde al trabajo y salir temprano*. Me falta la motivación y la energía naturales durante las seis o doce horas que dedico a producirlo». Si pudiera definir mi trabajo como solucionar problemas en vez de establecer metas, ¡desearía *llegar temprano y salir tarde*!

Esa mañana me sentí casi abrumado pensando en cuántos millones de veces al día se repite esta historia alrededor del mundo. ¿Cuánta energía se pierde con quienes prefieren resolver problemas y están obligados a formar parte de equipos que establecen metas? ¿Cuántos millones o incluso miles de millones de dólares desperdician a diario personas que prefieren resolver problemas, carentes de motivación, que se ven obligados a establecer metas?

Quienes prefieren resolver problemas se sienten como ciudadanos de segunda clase a la sombra de quienes prefieren establecer metas y la orientación de establecer metas ha pasado a formar parte normal en la cultura corporativa e incluso en muchas culturas nacionales. Quienes prefieren resolver problemas no son ciudadanos de segunda clase. Son el equipo de defensa que complementa al equipo de ataque (quienes prefieren establecer metas). ¡Ambos son absolutamente indispensables siempre que deseemos triunfar en los juegos de la vida!

Nota importante para los establecedores de metas:

Establezcan siempre metas para enfocar el futuro, pero alienten a los miembros de su equipo que prefieren resolver problemas a que enfoquen su futuro definiendo los problemas que resolverán en lugar de las metas que alcanzarán.

¿Sienten que les resulta más natural llenarse de energías con metas y que los problemas los agotan? O ¿se sienten que les resulta más natural llenarse de energías con problemas y que las metas los agotan? Si uno se identifica como establecedor de metas o resolvedor de problemas y luego trabaja dentro de las preferencias propias, tanto esa persona como cualquier equipo al que lidere experimentarán:

- Que la «energía natural» se aprovecha al máximo
- Que los conflictos, tensiones y ansiedades disminuyen
- Que la productividad se incrementa
- Que el espíritu de equipo, la moral y el respeto se incrementan
- Que la comunicación mejora
- Que la confianza se incrementa

Las implicaciones de permitir que quienes prefieren establecer metas las establezcan y que quienes prefieren resolver problemas los resuelvan, son enormes. Pensemos en las implicaciones de los beneficios mencionados para:

- Un equipo de deportes profesionales
- El equipo ejecutivo de una compañía de computación importante
- El equipo administrativo de un director de escuela secundaria local
- El personal de un gobernador, senador o congresista
- Cualquier equipo con el que uno decide jugar: ¡nuestro equipo!

Se podría plantear una pregunta legítima: «¿Cuál es la diferencia entre metas y problemas si ambos son mensurables?».

	Metas	Problemas
Definición	Tomar el sistema existente y agregarle algo nuevo.	Tomar el sistema existente y resolver algún problema que hay en el mismo
Ejemplo	Tomar el edificio existente y agregar una nueva ala o comprar otra propiedad.	Tomar la instalación existente y arreglar el aire acondicionado, repavimentar el estacionamiento o repintar el edificio.
Resultados	Enfoque claro. Alta motivación para quien establece la meta. Logro importante mensurable, una vez finalizado.	Enfoque claro. Alta motivación para quien resuelve el problema. Logro importante mensurable, una vez finalizado.

SEGUNDA ESTACA DE ELEFANTE: «NO SOY BUENO PARA ESTABLECER METAS».

Centrarse en metas *o* problemas realistas, mensurables. En esta sección vamos a animar a los lectores a que establezcan metas realistas o definan problemas realistas para resolver. No estamos hablando de prioridades fantasiosas, de tratar de impresionar a otros con las metas que se establezcan o problemas que se definan. Nuestro propósito es determinar metas o problemas realistas y mensurables.

TERCERA ESTACA DE ELEFANTE: «¿QUIÉN SABE EN REALIDAD QUÉ SUCEDERÁ DENTRO DE DOS A VEINTE AÑOS A PARTIR DE AHORA? ¿PARA QUÉ HACER PLANES?».

La función primordial de la planificación es proporcionar una dirección clara y única que ayude a que todos en la organización se centren en el mismo rumbo. Quizá no se alcancen todas las prioridades de largo plazo, pero aspirar a ello ayudará a avanzar en la dirección correcta.

La posibilidad de alcanzar todas las prioridades a veinte años plazo es quizá de 10%. No sería razonable esperar alcanzar el 100% de nuestras posibilidades. En el curso de veinte años cambiarán muchas variables asumidas en la planificación. Algunos recursos ya no existirán y otros aumentarán mucho. Surgirán nuevas oportunidades y necesidades. Con todo, proyectar hoy un plan a largo plazo sobre la base de variables realistas hará posible que iniciemos en lugar de que solo reaccionemos.

Transiciones clave del equipo en la fase direccional

Cualquier equipo pasará por varias transiciones cruciales cuando comienza a elaborar un Plan Maestro. Las siguientes tres son las más significativas:

PASADO/PRESENTE —> FUTURO

Pasaremos de depender del pasado, vivir en él o estar preocupados con él, o sentirse atascados en el presente, a centrarse en el futuro, solo con comenzar el proceso de planificación. Pasaremos de descansar en nuestros laureles a extendernos hacia el futuro, y ¡de la nostalgia y melancolía de reflexiones pasadas a las emocionantes posibilidades del futuro!

QUÉ ES —> QUÉ SI

Pasaremos de una aceptación resignada de nuestras circunstancias actuales —«Así lo hemos hecho siempre», «Esto es la realidad», «No sé qué otra cosa se podría hacer al respecto»— ¡a posibilidades, planes y sueños! Los miembros del equipo comienzan a entusiasmarse al ver lo que podría ser, lo que nuestra generación de liderazgo podría contribuir a la historia.

REACCIÓN —> INICIATIVA

Pasaremos de ahogarnos en lo urgente a centrarnos en lo importante. Al no seguir solo respondiendo a las quejas y exigencias de unos cuantos «gritones», podremos comenzar a introducir mejoras para todo el equipo. Pasaremos de sentirnos abrumados y «bajo la carga» a estar «encima de la carga» ¡con una sonrisa!

Beneficios de una dirección clara

Nuestra organización obtendrá numerosos beneficios por tener establecida una dirección clara.

Primer beneficio: Mayor confianza en pasar de estar centrados en el pasado a centrarse en el futuro

Formular una declaración de dirección para la organización es uno de los pasos más críticos, aterradores y satisfactorios en todo el liderazgo. Es un proceso de pasar de responder a iniciar, de apagar fuegos a rumbo claro. Es uno de los cambios más fundamentales que aporta el liderazgo. ¡Es avanzar de «solo ir pasando» a «ganar en grande»!

Segundo beneficio: Contexto más claro para una toma sabia de decisiones

Como equipo, una vez decidimos si vamos a seguir creciendo o frenar a propósito la curva de crecimiento, podemos tomar decisiones más sabias en cuanto a programas de construcción, contratación de personal, etc. Tendremos un contexto más claro para tomar decisiones.

Tercer beneficio: Mayor motivación cuando constatamos que estamos saliendo de una «neblina»

Cuando uno tiene un rumbo claro puede soñar, innovar y tomar decisiones. ¡Se vuelve emocionante! Quizá uno trabaja en una organización que carece de claridad, visión y rumbo. Como líder quizá esté diciendo: «¡Este lugar es una confusión! Nadie sabe lo que hace. Es como si nos estuviéramos ahogando en un mar de confusiones». Yo digo: «¡Excelente! Trate de crear una isla de claridad en ese mar de confusión».

Hagamos lo que se espera que hagamos sin importar lo que hagan la junta, el personal y nuestros iguales. Comencemos a crear una isla en la que tenemos claridad acerca de lo que hacemos. No tiene importancia si los demás líderes en nuestro distrito, región o nación no tienen un rumbo claro. Lleguemos a tener una idea clara acerca de *nuestro* rumbo.

El liderazgo eficaz es una de las consecuencias de un rumbo claro. Conocí a una persona que completó sus estudios en el seminario ganándose tres mil dólares diarios como consultor de la NASA… nada parecido a la persona promedio. Le pregunté: «Si pudiera saber solo una cosa acerca de una organización para predecir su éxito o fracaso, ¿qué querría saber?». Respondió: «Pediría conocer a su líder y al equipo de liderazgo. Luego pediría ver sus metas».

Cuando se formula un plan claro con el cual el líder, la junta y el personal concuerdan cien por ciento, ¡se desencadena una gran conmoción en cuanto al futuro!

Prioridades: Algunas normas básicas

LAS PRIORIDADES DEBERÍAN SER MENSURABLES... O NO SON MÁS QUE BUENAS INTENCIONES

Hay algo reconfortante —y motivador— cuando llegamos al final del año y podemos decir: «Hice lo que me propuse hacer». Cumplir con las prioridades propias no implica que seamos perfectos. Solo dice que logramos una cierta meta mensurable.

Estamos abocados al fracaso si no hacemos que nuestras prioridades sean mensurables. Las personas, a veces de manera inconsciente, incorporan el fracaso a sus prioridades al establecerlas como simples buenas intenciones. «Deseamos hacer lo mejor que podamos». «Quiero hablar más de mi fe». «Quiero vender lo más que se pueda». Todas estas son buenas intenciones, pero por definición no son prioridades porque no son mensurables.

Sin prioridades mensurables, no podemos determinar con precisión el avance logrado. No hay rendición de cuentas. Es fácil excusar la falta de avances con explicaciones vagas de complicaciones o impedimentos extraordinarios. «Hice lo mejor que pude en vista de las circunstancias».

Quizá alguien diga para sus adentros: «Bueno, Bobb, uno no lo puede medir todo». ¡Totalmente cierto! ¡Estoy cien por ciento de acuerdo! Pero hay muchas cosas que sí podemos medir, incluso en la esfera espiritual, que nos permiten saber si hemos avanzado. Las cosas más importantes en la vida *no* son mensurables, pero podemos tratar de medir la parte del proceso que controlamos. Por ejemplo, no podemos medir la respuesta de Dios a nuestras oraciones, pero podemos medir cuántos días oramos con regularidad. Controlamos cuánto oramos; Dios controla las respuestas.

LAS PRIORIDADES DEBEN ESCRIBIRSE CON LÁPIZ, NO EN PIEDRA

Otra cosa que me enseñó Bill Owen fue: *Las prioridades deben estar escritas en arena y nuestro propósito en concreto; no al revés.* Algunas personas colocan sus prioridades en concreto y su propósito en arena. Están siempre cambiando de rumbo, pero se aferran a esas prioridades.

Los tiempos cambian. Las circunstancias cambian. Las necesidades cambian. ¡La vida cambia de manera constante! Vemos una necesidad que nos motiva mucho, y decidimos hacer algo al respecto. Establecemos algunas prioridades para llegar a solucionar la necesidad. Con el tiempo, quizá haga falta revisar la prioridad porque los recursos o las oportunidades pueden haber mejorado o empeorado. No hay problema: las prioridades se escriben con lápiz. Démosle la vuelta al lápiz y borremos la prioridad. Redactémosla de nuevo para seguir avanzando hacia satisfacer la necesidad que queremos satisfacer.

Hay un antiguo proverbio chino que dice:

⟶

Si un hombre conociera el futuro
con tres días de antelación, su familia sería
rica por generaciones.

⟵

Nadie sabe qué sucederá mañana. La economía puede decaer, la economía puede mejorar. Pero, sobre la base de las realidades de hoy, definamos prioridades que sean realistas para nuestro equipo de liderazgo.

Las prioridades deben estar en lápiz o en procesador de palabras, fáciles de borrar. No debe asustarnos una prioridad (meta o problema) escrita con claridad y mensurable. Cuando redactamos una prioridad y la imprimimos para que otras personas puedan leerla, no está en concreto. No es algo que haya que hacer. No hay que sentirse como un fracasado total si no la logramos. Hay que ver las prioridades como blancos a los que apuntamos hoy.

LAS PRIORIDADES DEBERÍAN SER VISIBLES, DE LO CONTRARIO RESULTA FÁCIL SALIRSE DEL CAMINO

Hay que mantener visibles las prioridades. Muchas personas las definen, y luego las dejan en alguna gaveta. No hace falta tenerlas expuestas en una pared de la oficina para que todos las puedan ver, pero sí hay que tener la lista en algún lugar para que podamos recordar con frecuencia esas importantes prioridades para el futuro.

LAS PRIORIDADES DEBEN TENERSE CERCA DE UNO PARA REVISARLAS A MENUDO

Tengo conmigo mis prioridades de noventa días 99% del tiempo. Si alguien fuera a encontrarse conmigo en cualquier lugar, en cualquier momento, podría con toda libertad pedirme: «Déjeme ver sus prioridades de noventa días». Las probabilidades son que las tenga conmigo, y que estén actualizadas. Las prioridades de noventa días visibles me mantienen centrado todos los días. Cuando la lista de cosas que hacer está próxima a completarse, siempre me regreso a las prioridades de noventa días y me digo: «Muy bien, qué puedo hacer para seguir completándolas».

POR QUÉ LAS PERSONAS ESTABLECEN PRIORIDADES POCO REALISTAS

Una de las razones prevalecientes de por qué las personas establecen prioridades poco realistas es que *definen prioridades cuando están bajo los efectos de una emoción intensa* (p. ej. al final de una emocionante reunión de ventas). Se sienten como que pueden conquistar el mundo, por así decirlo. Definen prioridades nobles, apasionantes, pero no tienen ni idea de cómo alcanzarlas. Cuidado con definir nuestras prioridades cuando se está en un estado emocional intenso. Si sentimos que estamos «en las nubes» en cuanto a nuestras emociones, sigamos soñando, pero evitemos establecer prioridades. Esperemos a normalizarnos.

Otra razón por la que las personas establecen prioridades poco realistas es que *carecen de experiencia, no tienen un historial en ciertas esferas concretas.* Cuando doy conferencias acerca del proceso que estamos describiendo, hago una pequeña advertencia al equipo.

*Hasta que hayan ordeñado una vaca,
no se jacten de cuántos litros
pueden extraer en la primera hora.*

¿Han ordeñado alguna vez una vaca? Deseo contarles mi experiencia personal en esta noble tarea. Cuando tenía unos nueve años, me quedé a pasar la noche en casa de mi amigo Larry Gates. La familia de Larry tenía un par de vacas. Me dije: *Puedo ordeñar esas vacas; los granjeros lo han venido haciendo durante siglos; mi amigo Larry también lo hace cada mañana antes de desayunar. No debe ser difícil.* Como a las 4:00 de la mañana fui con Larry al establo. Lo observé. Lo estaba haciendo muy bien. Ya saben, sacar un chorro, sacar un chorro, sacar un chorro. Parecía fácil. Así que me senté en el pequeño taburete de tres patas cerca de la ubre. Comencé a estrujar, y en ese mismo momento la vaca me pasó por la cara su cola incrustada de estiércol. Por fin saqué el primer chorro… y cayó directamente al suelo. Después de casi media hora pude hacer caer tres chorros en el cubo vacío. Y mis antebrazos me dolieron días y días.

Tengamos cuidado al establecer prioridades en un área de actividad en la que no tenemos alguna experiencia. Con demasiada frecuencia nos adentramos en una situación nueva y establecemos prioridades que son muy poco realistas. Si no tenemos experiencia, establezcamos prioridades modestas.

Una tercera razón por la que muchas personas establecen prioridades ambiciosas poco realistas es que quieren *impresionar al director*. Los miembros del equipo desean impresionar o complacer al líder del equipo. Esto es natural y positivo. El líder puede establecer prioridades más ambiciosas que las que puede cumplir porque desea impresionar o complacer a la junta. Pero esta con frecuencia no es más que una victoria que dura poco cuando a los seis meses no se logra alcanzar la ambiciosa y poco realista prioridad. La persona siente que a los ojos de la junta ha fracasado.

Una cuarta razón por la que establecemos prioridades poco realistas es que queremos *motivarnos a nosotros mismos* con eso de «Tratemos de llegar a las estrellas, y por lo menos alcanzaremos la luna». Estamos tratando de motivarnos para hacer lo que pensamos que deberíamos poder hacer. Mi experiencia confirma que si alguien trata de llegar a las estrellas sin un cohete, acaba agotado tratando de llegar a saltos a la luna. Quizá despegue varias veces hasta medio metro o un metro del suelo, pero no llegará a la luna. Es mucho mejor ser realista. Establezcamos prioridades que nos alienten a nosotros y a nuestro equipo, no que nos desalienten.

¡Buenas noticias!

No hay que ser perfecto para producir un cambio positivo. No es necesario alcanzar todas las prioridades para producir un cambio positivo en un año.

La organización lo ha contratado por todo el año, no por día. No tienen que ser perfectos todos los días… ¡y no lo serán!

No tienen que sentirse «eufóricos» todos los días. Algunas personas, sobre todo personas con una «actitud mental positiva», se sobresaltan cuando digo que si tienen 250 días buenos al año —días en que uno se siente muy bien, en control de todo, listo para conquistar el mundo— les va muy bien. Tendrán días en que se sientan algo desalentados, no se sientan bien, deseen quedarse en casa para que las esposas les den unas palmaditas en la espalda y les digan: «Eres una persona excelente». ¡No hay nada malo en ello! Todos tenemos días así. ¿Por qué no admitirlo? Está bien no ser los superlíderes perfectos. Dejemos que miembros de la junta tengan algún día de desaliento, que también los tengan miembros del personal, y también nuestra esposa. Esta es la realidad, incluso para líderes de talla mundial.

Es aceptable no cumplir con todas las prioridades (metas o problemas) Hace unos años me fijé diez metas. ¡Me encanta fijarme metas! Al concluir el año, había alcanzado cinco de las metas. Tres todavía no las había logrado, pero estaba avanzando algo. Solo fallé en el cálculo de tiempo. En cuanto a dos de ellas, la situación había cambiado tanto que las abandoné. En el transcurso, agregué un par de prioridades más. Resultó ser un año muy bueno. Lo que trato de decir es que rara vez logro todas las metas que me fijo al comienzo del año.

Establezcamos margen de tiempo para las prioridades

En teoría, toda planificación comienza por el final. A no ser que sepamos dónde deseamos acabar, resulta imposible saber cuál es el paso más adecuado que se debe dar en el día. A algunos miembros de equipos les parece más fácil comenzar con mirar a la organización a veinte años plazo. Esa mirada a largo plazo de la organización a menudo es muy inspiradora. Introduce un entusiasmo que estimula la planificación a corto plazo.

Pero algunos equipos encuentran más fácil mirar a un plazo de cincuenta años. ¿Dirán en el futuro los miembros: «Agradecemos que la junta hiciera esto o aquello hace cincuenta años» o «Si la junta hace cincuenta años hubiera comprado esta propiedad…»? El que a nuestro equipo le resulte más fácil mirar a veinte o cincuenta años en el futuro o que prefiera comenzar donde está y avanzar paso a paso hacia el futuro, depende de nosotros.

En todo caso, deseo sugerir que en el proceso nos olvidemos de momento de las prioridades a noventa días, aunque en la Flecha aparecen como el paso siguiente. Si a nuestro equipo le resulta difícil comenzar con una visión de nuestra iglesia veinte o cincuenta años en el futuro, nuestro equipo ha descubierto que puede ser más fácil comenzar por las prioridades para los próximos dos años, pasar luego a las de cinco años, luego a las de veinte años para luego regresar a las de noventa días. En la Flecha del Plan Maestro se puede comenzar donde nos haga sentir cómodos, pero, por ahora, comencemos examinando las prioridades a dos años.

Prioridades a corto plazo: De cero a dos años

En los próximos cero a dos años, ¿cuáles son los tres blancos más importantes, mensurables y realistas a alcanzar?

HAY QUE ESTAR DE ACUERDO EN LAS DEFINICIONES

Como ya lo analizamos unas páginas atrás, los términos propósito, objetivos y prioridades significan cosas diferentes según dónde trabaje la persona. Éxito, felicidad y liderazgo también tienen significados diferentes para personas diferentes. Ahora vamos a considerar tres expresiones más para las cuales no existe un significado estándar cuando se emplean en el contexto de planificación: prioridades a corto plazo, mediano plazo y largo plazo.

Para algunos líderes, una prioridad a corto plazo es para dentro de dos años. Para otros, es un año, o noventa días o incluso cinco años. Los participantes en una actividad de futuristas podrían decir: «Nuestras prioridades a corto plazo son para dentro de cien años, las de mediano plazo son para dentro de doscientos y las de largo plazo para dentro de trescientos años». En el caso de un proyecto de seis meses, se podría decir: «Nuestras prioridades a corto plazo son para dentro de un mes, las de mediano plazo para dentro de tres meses y las de largo plazo para dentro de seis meses».

Toda empresa, corporación, organización o iglesia tiene que definir el tiempo que abarcan sus prioridades a corto, mediano y largo plazo. Para fines de nuestra planificación, nuestro equipo puede decidir por sí mismo qué tiempo abarca una meta a corto plazo. En organizaciones sin fines de lucro, y en particular en iglesias, nuestro equipo de consultores ha descubierto que la mayor parte de las juntas se sienten bien con un marco de un año o dos para las prioridades a corto plazo.

Advertencia. Una organización sin fines de lucro o una iglesia típica logrará en *dos años* lo que espera alcanzar en *un año*. La mayor parte de las prioridades en una organización se definen bajo el supuesto de que el personal ya estará contratado y capacitado, que el presupuesto será aprobado y que el ingreso será adecuado. Lo usual, sin embargo, es que los ingresos no se materialicen o no se puedan encontrar los miembros clave del personal que se tiene la intención de contratar o que toda una serie de otros acontecimientos imprevistos interfieran con el plan. Pasa un año y uno se encuentra comenzando con todo lo que se había planificado para llevar a cabo en la primera mitad del año. Lograr esa prioridad toma otro año. Como equipo de liderazgo, no hay que sentirse frustrados con el personal y con el equipo de voluntarios si las cosas toman más tiempo de lo previsto.

¿Qué debemos hacer hoy para que nuestros sueños sean una realidad?

Sea cual fuere nuestra definición de prioridades a corto plazo, sigue teniendo vigencia la pregunta: «En los próximos cero a dos años, ¿cuáles son nuestras *tres* metas principales mensurables y realistas?». Una prioridad a corto plazo tiene de un 50% a un 70% de posibilidades de que se materialice como se esperaba. Tenga en cuenta estos porcentajes en sus planes. ¡Las cosas cambian! La gente cambia, el dinero cambia, las economías cambian, las comunidades cambian. Y al cambiar esos factores, nuestros planes cambian.

Una prioridad a corto plazo es parte del fundamento de nuestros sueños de veinte años. Proyectémonos como líderes del equipo veinte años después. Imaginémonos sentados con un poco más de cabello canoso, o con un poco menos de cabello, revisando el año transcurrido y diciendo: «Saben, lo que nos preparó para estar donde estamos hoy fueron esas tres cosas que hicimos hace veinte años. ¿Recuerdan cuando compramos aquella propiedad que no pensábamos que íbamos a necesitar? ¿Recuerdan cuando construimos el primer módulo? ¿Recuerdan cuándo hicimos esto o aquello? Esas tres cosas conformaron la base de lo que hemos llegado a ser».

Cuando miramos a de aquí a veinte años, parece un tiempo muy largo. Pero cuando miramos los veinte años transcurridos, parece un tiempo muy corto. Imaginemos que hoy miramos veinte años hacia atrás y preguntemos: ¿Qué desearíamos haber hecho para que nuestra organización estuviera preparada para ese período de tiempo? ¿Qué verá la organización del futuro que hicimos bien hoy?

Decidamos nuestro plan de acción a corto plazo

Las prioridades a corto plazo contienen un máximo de tres prioridades por esfera de objetivos. Algunas esferas de objetivos pueden tener una sola prioridad mientras que otras pueden no tener ninguna, porque no se tiene la intención de abordar esas esferas en los dos años siguientes. Al completar el primer borrador de la Flecha del Plan Maestro, hay que preguntarse: «De todas las cosas que podríamos hacer en educación cristiana, de todo lo que podríamos hacer en administración, etc., ¿cuáles son las tres cosas principales que queremos hacer en los dos años próximos?». Esta es la pregunta sencilla y clara que estamos tratando de responder.

Algunos ejemplos de prioridades de corto plazo pueden ayudar (las prioridades siempre comienzan con un verbo de acción):

- Establecer un segundo culto el domingo por la mañana para septiembre del año entrante.
- Contratar un pastor asociado de tiempo completo para julio del año entrante.
- Dirigir un retiro para parejas este otoño.
- Iniciar una campaña de recolección de fondos para un nuevo edificio en dos años.
- Ser anfitrión de un seminario de «Capacitación de líderes» para todas las iglesias de la zona en abril, dentro de dos años.

Entre las prioridades personales se pueden mencionar:

- Perder 9 kilos.
- Leer la Biblia completa una vez cada año en los próximos dos años.
- Dedicar un día al mes a oración personal y planificación.
- Leer un libro cada semana.

Escribir las prioridades en términos mensurables en la Flecha permite que en dos años se pueda saber si se cumplieron o no. Tenga las prioridades como escritas a lápiz. Si nos enfermamos o aparecen nuevas responsabilidades, no debemos sentirnos demasiado frustrados cuando deben dejarse de lado algunas prioridades. Tener a la vista las prioridades como recordatorios cotidianos. Llevemos la Flecha con nuestro calendario o en el maletín. Revisémoslas a menudo, recordando borrar prioridades ya completadas para agregarlas a nuestra lista de hitos.

Tarea:

Ha llegado el momento de dejar de lado este libro para dedicarse a pensar acerca de nuestras respuestas a la pregunta: «En los dos próximos años, ¿qué tres cosas queremos lograr en cada una de nuestras esferas de objetivos que sean mensurables, estén a lápiz, y sean realistas?».

Prioridades a mediano plazo:
De dos a cinco años

En los próximos de dos a cinco años, ¿cuáles son los blancos más importantes, mensurables y realistas a lograr?

MANTENGAMOS LAS PRIORIDADES ESCRITAS A LÁPIZ

Del 60% al 80% del liderazgo tiene que ver con planes en alguna etapa de cambio. En la vida pocas cosas permanecen estáticas. Comenzamos a hacer algo, pero rara vez resulta en la forma exacta que planeamos. Lo incorporamos a la siguiente fase, y luego a la siguiente. Las prioridades alcanzarán claridad con cada evaluación. Solo porque una prioridad está escrita en un papel en un período de dos a cinco años no quiere decir que no podamos hacer ajustes sobre la base de realidades nuevas.

Recordemos, también, que las prioridades en nuestra Flecha del Plan Maestro son siempre intercambiables con ideas.

MANTENGAMOS FLEXIBILIDAD

¿Qué ocurre si dentro de tres meses vemos que lo que pensábamos que era una prioridad para entre dos y cinco años debería más bien ser una prioridad a noventa días? Otra prioridad que creíamos que iba a ser una meta a noventa días podría trasladarse al ámbito de dos a cinco años, ¿qué hacemos?

Las prioridades están a lápiz, ¿lo recordamos? Limitémonos a cambiarlas e informemos a la junta del cambio. Si les resulta aceptable, ¡delo por hecho!

TRABAJO DENTRO DE UN SISTEMA CERRADO

La Flecha del Plan Maestro es un proceso de planificación muy flexible, y al mismo tiempo, es un sistema cerrado. Una vez que se incorpora una idea en la Flecha, puede convertirse en una prioridad a veinte años, luego una prioridad entre dos y cinco años, luego una prioridad a dos años, una prioridad a noventa días y, por último, un hito. Las ideas están incluidas en la Flecha del Plan Maestro desde el comienzo hasta que pasan a ser hitos. Toda gran idea que tengamos puede convertirse en un hito si se va abriendo camino a lo largo del sistema en el tiempo apropiado. Esto podría ocurrir dentro de diecisiete años, pero no hemos perdido una gran idea.

Tarea:

Ha llegado el momento de responder a la pregunta: «¿Cuáles son nuestras tres prioridades principales por esfera de objetivos para los próximos dos a cinco años?».

Bienvenidos de nuevo. Ahora vamos a considerar las prioridades a largo plazo.

Prioridades a largo plazo: De cinco a veinte años

¿Qué tres prioridades mensurables y realistas estamos ilusionados en lograr entre cinco y veinte años a partir de ahora?

Hay que acordar un tamaño aproximado

Las prioridades a largo plazo tienen solo entre 10% y 20% de probabilidad de lograrse tal como se formularon en un principio. ¿Para qué, pues, tratar de proyectar una prioridad a veinte años? Para decirlo en forma práctica, porque permite que un equipo llegue a un acuerdo en cuanto a «tamaño aproximado», un rumbo general para el futuro.

Como examinamos al comienzo de este libro, el equipo de liderazgo sostendrá supuestos muy diferentes acerca del futuro de la organización. Tres miembros de la junta piensan: «En veinte años, la cantidad de miembros de la iglesia es probable que sea alrededor de cuatrocientos». Otros cuatro piensan: «Es probable que haya cuatro mil miembros». Otros cuatro por acá están pensando: «Pienso que para entonces nuestra iglesia podrá estar influyendo en unos cuatro millones de personas con un ministerio mundial con grabaciones, televisión, radio y distribución de libros y folletos».

Sin un acuerdo acerca de «dimensión aproximada, la organización sufrirá siempre de conflictos y tensiones. Sobre la base de sus supuestos divergentes acerca de la dimensión futura a largo plazo, uno va a decir: «Creo que deberíamos agregar un asistente de medio tiempo este año». Otro dirá: «Creo que necesitamos agregar cinco asistentes de tiempo completo».

Si pueden lograr un acuerdo acerca del tamaño aproximado, se podrá avanzar con claridad y confianza. Proyectar para dentro de veinte años con «amplios brochazos» ayudará. Si se puede lograr acuerdo sobre preguntas básicas como «¿Deseamos o no una escuela?» o «¿Qué crecimiento potencial podríamos tener?», se tendrá un contexto mucho más claro para la toma de decisiones de todos los días.

HAY QUE EVITAR COMPARACIONES CON NUESTRO PASADO Y NUESTROS IGUALES

Debemos compararnos con nuestro propio potencial y las necesidades que constatamos para así llegar a concebir un sueño realista para el futuro. Mientras soñamos, no digamos: «Bueno, comparado con el esto o lo otro, vamos muy bien» o «¡Hemos avanzado mucho en los últimos cinco años!». ¡Es cierto! Pero, no hay que mirar así la vida. Miremos nuestra situación y preguntemos: «¿Cuál es la dimensión de la necesidad en un radio de unos cuantos kilómetros de nuestra iglesia, o en el área de nuestra parroquia, o «¿qué es lo apropiado para nuestra iglesia? ¿Cuáles son las necesidades? ¿Qué deseamos hacer respecto a las mismas?».

Muchas veces me han hecho la pregunta: «Bobb, ¿cuán grande debe llegar a ser nuestro equipo?». Respondo: «No sé cuán grande debe llegar a ser su negocio, iglesia u organización. ¿Cuán grande es la necesidad?». Examinemos las necesidades que estamos viendo y el potencial para los servicios que podríamos proveer. No miremos al pasado. Si lo hacemos, es probable que nos volvamos orgullosos de a dónde hemos llegado. No miremos a nuestros iguales, porque es probable que ya estemos más avanzados que ellos. Miremos las necesidades y las oportunidades, y luego ¡decidamos cuán grandes deberían ser nuestros sueños!

Dejen de lado este libro y dediquen diez minutos a imaginar cómo sería la vida si pudiéramos hacer realidad todas nuestras prioridades. Luego ponderemos cuáles serán nuestras principales tres prioridades a largo plazo para cada objetivo.

Prioridades trimestrales: A noventa días

En los próximos noventa días, ¿cuáles son nuestras tres prioridades principales importantes, mensurables y realistas a lograr?

La mayoría de los líderes establecen prioridades trimestrales en su proceso normal de planificación. Yo lo suelo hacer basándome en mis prioridades a dos años plazo en la Flecha y subdividiéndolas en una versión ajustable de prioridades a noventa días, que anoto en la Flecha del Plan Maestro.

Tarea:

Consideremos cuáles serán nuestras tres principales prioridades trimestrales.

¡Felicidades por haber definido sus prioridades futuras! Ahora, hablemos acerca de las estructuras organizacionales y desarrollo de equipo para ir convirtiendo esas prioridades en hitos.

¡Ya es hora de que el cerebro tome un receso!

El tiempo de Dios es perfecto,
¡incluso cuando difiere de mis planes!

CAPÍTULO 12

Organización

Para pensar:

*La clave para desarrollar un gran equipo,
es colocar una clavija redonda en un agujero redondo
de más o menos el mismo tamaño.*

Rumbo	**Organización**	Dinero	Historial	Evaluación general	Ajustes
	Estamos en el segundo paso del proceso				

Preguntas para despejar la neblina:

¿Quién es responsable de qué?

¿Quién es responsable de quién?

¿Tenemos personas adecuadas en puestos adecuados?

Síntesis del capítulo

- Transiciones clave en el equipo en la fase organizacional
- Frecuentes estacas de elefante
- Beneficios de una organización clara
- Modelos históricos de organización

- Normas básica al diseñar un organigrama
- Términos clave en el organigrama
- El organigrama es un marco de referencia para …
- Segundo recurso: el organigrama
- Tercer recurso: Hoja de descripción de puestos

Advertencia: Hace unos años acepté desarrollar una serie en audiocasetes llamada «Plan Maestro para su iglesia». Antes de aceptar hacerlo, me planteé la pregunta: «¿Es realista que una persona recorra todo el proceso de la elaboración de un Plan Maestro sin que uno de nuestros consultores esté disponible para proporcionar objetividad?». La sección que me preocupaba no era la cuestión de rumbo, dinero ni cualquier otro componente, sino la organización.

Uno de los beneficios principales que proporciona un consultor es la objetividad. Resulta muy difícil ser objetivo cuando se forma un equipo. Se involucran familias: esposos, esposas e hijos. En el transcurso de los años se desarrollan lealtades. Tenemos en ciertos puestos a personas que hubieran debido salir tiempo atrás pero a las que el equipo quiere mucho. Todos saben que no están haciendo su trabajo, pero nadie sabe cómo liberarlas de esa responsabilidad. La química de un equipo es un sentimiento personal, subjetivo. Sin una perspectiva y asesoría externas, resulta casi imposible conseguir ser objetivos respecto al equipo de uno.

Hay que hacer un borrador del organigrama y la ubicación de los puestos. Luego, si se producen divisiones, presiones o frustración cuando se está comenzando a formar el equipo, inviten a uno de nuestros consultores para que vayan por un día para orientarlos en este paso organizacional. Si uno no consigue formar el equipo adecuado, ¡resulta muy difícil llevar a cabo los planes conforme al rumbo acordado!

Transiciones clave del equipo en la fase organizacional

Hay varias transiciones clave en los equipos durante el desarrollo de un equipo sólido. Cuando cada persona se siente como una clavija redonda en un agujero redondo de exactamente el tamaño justo se podrán ver los cambios siguientes:

Puedo hacerlo —> Deseo hacerlo

Cuando las personas encuentran el lugar exacto donde encajan, están en condiciones de pasar de «lo que pueden hacer si se les presiona lo suficiente» a «¡lo que desean hacer para producir un cambio positivo!». Desde el punto de vista de motivación, son muy diferentes. Colocar a personas en puestos donde de verdad encajen incrementa su nivel natural de energía de forma sustancial.

Problemas de moral —> Equipo motivado

Cuando quienes conforman un equipo descubren dónde encajan y tienen prioridades claras, se produce un cambio significativo en la actitud de todo el equipo. Pasan de verse decaídos, remolones y deprimidos a motivados, vigorizados y en plena forma.

Superestrellas —> Equipo de estrellas

Cuando cada persona conoce bien su puesto, se siente como parte del sueño y aporta todo lo que sabe, un equipo de personas se convierte en un equipo. Las superestrellas pasan a ser jugadores de un equipo de selección nacional. ¡Este es el avance principal!

Frecuentes estacas de elefante

Primera estaca de elefante: «Nunca he sido bueno en ubicar a las "personas adecuadas en el lugar adecuado"».

En esta sección vamos a ayudar a que sepan cómo «colocar clavijas redondas en agujeros redondos». En los próximos minutos van a aprender a definir un puesto y conseguir a la persona adecuada para el mismo.

Segunda estaca de elefante: «No necesito un organigrama grande (sesenta casillas) para la organización. Tengo poco personal de tiempo completo».

El organigrama de la organización debe incluir los planes para el futuro. Cuando uno comienza una organización, su nombre está en todas las casillas. A medida que va incorporándose personal de tiempo completo o voluntarios que puedan asumir alguna responsabilidad, se puede colocar el nombre de cada uno en la casilla correspondiente. Disponer de un organigrama completo de la organización ayuda a que los nuevos vean con exactitud dónde encajan.

Tercera estaca de elefante: «Los voluntarios son tan apáticos; ¿por qué molestarse?».

Hace muchos años aceptaba el mito de la «apatía de los voluntarios». Hoy, estoy bien convencido de que la apatía de los voluntarios no es una causa sino un síntoma. La causa de esa apatía es la incapacidad del liderazgo de organizar el trabajo y de entender cómo colocar «clavijas redondas en agujeros redondos del tamaño adecuado». Cuando se les asigna a los voluntarios la tarea adecuada, se entusiasman, se sienten motivados y saben orientar sus energías. Cuando se les pide que sean una clavija redonda en un agujero cuadrado, es comprensible que su reacción sea apática.

Imaginemos que cincuenta miembros calificados del personal o voluntarios acuden al líder para decirle: «Haremos todo lo que nos pida que hagamos siempre que lo quiera. Seremos cien por ciento positivos, entusiastas y centrados. Solo díganos en forma concreta qué tenemos que hacer en una forma que aproveche al máximo cada una de nuestras destrezas». ¿Se sentirían seguros de su capacidad para colocarlos en el puesto adecuado?

Hay dos formas de utilizar un organigrama de la organización. Una forma genera apatía; la otra genera entusiasmo. Supongamos que un voluntario llega donde uno para expresar su interés por involucrarse. Miramos el organigrama, vemos el puesto vacante que urge más llenar, y colocamos a ese voluntario en esa casilla. Si emparejamos mal la tarea y los talentos de la persona, se producirá apatía. Pero si miramos el organigrama de la organización para encontrar el puesto que armoniza mejor con sus intereses y capacidades, tendremos un voluntario entusiasta y capaz.

He descubierto que las organizaciones prósperas, dinámicas y en crecimiento tienen una cosa en común. Han encontrado la forma de hacer posible que los voluntarios trabajen en sus respectivos puntos fuertes, con lo cual su apatía desaparece. El resultado es un equipo muy motivado de miembros remunerados y voluntarios.

Beneficios de una organización clara

PRIMER BENEFICIO: INCREMENTA EL ESPÍRITU DE EQUIPO, LA UNIDAD

El organigrama de la organización aclara a todos quién es responsable de qué y quién es responsable de quién. Es como una lista de jugadores en un equipo deportivo. Todos saben cuál es su puesto y cuál es la relación del mismo con los demás puestos en el equipo. Este conocimiento es el que hace posible que las personas jueguen juntas con precisión, armonía y unidad.

El organigrama organizacional también fortalece la diversidad del equipo. Si todos tratan de hacer lo mismo, se tiene competitividad, no unidad. Una vez más, aprendamos de un equipo de fútbol o béisbol. Se asignan puestos, o tareas, diferentes a cada jugador. Cuando desempeñan sus papeles, el equipo puede funcionar como una unidad que triunfa. La unidad es resultado de la diversidad, no de la uniformidad.

SEGUNDO BENEFICIO: REDUCE EL AGOTAMIENTO

El agotamiento se ha convertido en una de las desoladoras realidades de nuestro tiempo. Demasiados líderes se encuentran al borde del agotamiento. Varios amigos íntimos míos han pasado por este devastador proceso. El organigrama de la organización es un instrumento clave para disminuir el agotamiento.

Todos los líderes que he conocido que se agotaron no sabían cómo formar un equipo. Intentaban hacerlo todo. Cuando les pido que dibujen el organigrama de su organización, aparece con claridad el problema. Era demasiado grande el «ámbito de control» de la persona.

El organigrama de la organización pone de relieve en forma visual la cantidad de personas por las cuales un individuo es responsable. «Ámbito de control» es un principio en el mundo de los negocios que explica gran parte de la experiencia del líder agotado. ¿Cuántas personas no pueden funcionar sin sus sugerencias y decisiones? Ese es nuestro ámbito de control

Durante la transición en la organización hay que prestar atención al ámbito de control que se espera de cada miembro del equipo de liderazgo.

Eso es aun más cierto en una organización que está creciendo con rapidez. Estas son algunas reglas generales referentes a cuántas personas debemos pedir que un líder dirija:

7:1 Equipo ejecutivo/de liderazgo maduro

Un ejecutivo maduro suele poder dirigir un equipo de liderazgo de siete personas. Si queremos tener en el equipo líderes muy productivos, hace falta conseguir personas que vivan una vida saludable y balanceada, personas que estén creciendo en lo profesional y en lo personal. Hará falta invertir tiempo para ayudarlos a crecer y funcionar como equipo. No se puede invertir esa clase de tiempo con veinte personas, pero sí se puede con siete. Si se tiene toda una sala llena de obreros que hacen siempre la misma cosa, es posible poder dirigirlos día a día en una proporción de 20:1, 30:1, o quizá incluso más. Pero cuando se trata de desarrollar sus destrezas de liderazgo, la mayor parte de los líderes pueden dirigir solo siete personas.

5:1 Personal nuevo

Si el equipo que tenemos carece de experiencia, exigirán más del líder que en el caso de un equipo avezado. Por consiguiente, con personal nuevo, el ámbito de control o supervisión del líder debería ser menor. Digamos una proporción de 5:1.

En una situación en que se comienza de cero, la tendencia es que el director ejecutivo asuma responsabilidad por más personas de lo recomendable. «Bueno, no dispongo de los líderes adecuados, y por esto se me reportan diez personas, y todas son nuevas». Antes de no mucho tiempo se producirá agotamiento en una organización en crecimiento cuando todos se reportan a una sola persona.

3:1 Gestor voluntario

Aunque una persona quizá sea superintendente de una escuela en el trabajo cotidiano y supervise a varios centenares de maestros, cuando esa persona trabaja como voluntaria, no hay que pedirle que dirija a otras siete personas. Un voluntario que trabaja entre cinco y diez horas a la semana, no puede dirigir a muchas personas. La cantidad máxima, como regla general, sería una proporción de 3:1. Pidámosle a un voluntario experimentado que dirija a tres personas, no a siete.

TERCER BENEFICIO: DISMINUYE LA FRUSTRACIÓN, LA PRESIÓN Y LA TENSIÓN SI SE ESTABLECEN LOS MISMOS SUPUESTOS EN CUANTO A PAPELES Y RESPONSABILIDADES

Según Jerry Ballard, «Toda comunicación deficiente es el resultado de supuestos que difieren entre sí». La comunicación deficiente conduce a frustración, presión y tensión. Cuando un organigrama aclara quién es responsable de qué y quién es responsable de quién, disminuye en forma drástica la cantidad de supuestos que difieren, con lo cual disminuye en forma drástica la frustración, la presión y la tensión dentro del equipo.

Modelos históricos de organización

Si estamos presentando un organigrama a un equipo de liderazgo, pensemos en utilizar estos tres pasajes bíblicos como modelos bíblicos de organización.

LA DIVISIÓN DEL TRABAJO DISMINUYE EL AGOTAMIENTO: ÉXODO 18:13-26

Moisés estaba trabajando día y noche. Su suegro, Jetro, se le acercó para advertirle: «Si te descuidas, Moisés, te vas a agotar. Estás trabajando desde temprano en la mañana hasta tarde en la noche. Te estás ocupando de todas las personas que tienen algún problema. Lo que necesitas es dividir a las personas. Que algunas de ellas se reporten a ti y supervisen a otros, y que esos supervisen a otros, hasta que cada diez personas tengan un supervisor. Prepara estatutos (políticas o procedimientos) por los que se regirán estos líderes. Si divides así tu trabajo, evitarás agotarte o que te dé un ataque al corazón, y serás un mejor esposo para mi hija y un mejor padre para mis nietos».

Resulta claro, ¿verdad? Si seguimos leyendo Éxodo, veremos cómo se definieron con claridad esas políticas y procedimientos para tomar decisiones. Entonces Moisés se sintió libre para abordar los asuntos que nadie más podía enfrentar.

NINGUNA TAREA DEMASIADO GRANDE: EL MODELO DE NEHEMÍAS

Reconstruir los muros de Jerusalén fue una enorme tarea, más o menos equivalente a levantar la Gran Muralla China. Nehemías identificó todas las tareas necesarias para reconstruir el muro y luego dividió la fuerza de trabajo para que realizaran todas las tareas (Nehemías 2-6).

ACTITUD DE ORGANIZACIÓN: 1 CORINTIOS 12:14-27

Este texto clásico del apóstol Pablo describe las partes esenciales de un cuerpo humano como modelo de organización. Cada una de las partes es importante y necesaria. «El ojo no puede decir a la mano, "no te necesito"» (v.21).

Normas básica al diseñar un organigrama

Seguir unas pocas normas básicas puede ayudar a evitar numerosos escollos a la hora de elaborar un organigrama.

Una persona por casilla. ¡Nada de cocapitanes! Muy raras veces funciona bien una cocapitanía, un arreglo en que se comparte la responsabilidad. No queremos que haya dos personas responsables por una función concreta. Competirán, o uno dirigirá y el otro seguirá.

Una casilla por persona/Una persona a agradar. Cuando una persona se reporta a dos personas, se crea una situación de mucho estrés para aquel individuo. Resulta común que a un asistente se le pida que se reporte a dos ejecutivos. Esto puede funcionar bien si definimos con claridad cuándo el asistente se reporta al ejecutivo número uno (p. ej., lunes, miércoles, viernes o las mañanas) y cuándo se reporta al ejecutivo número dos. Si una persona se reporta a dos ejecutivos al mismo tiempo, se generará mucha presión cuando ambos ejecutivos deseen algo para los mismos momentos.

A sueldo o voluntario. A menudo un líder de equipo preguntará: «¿Debo tratar a un voluntario o a una persona de tiempo parcial de manera diferente que a un empleado de tiempo completo con sueldo?». La diferencia principal entre un empleado a sueldo y un voluntario es la cantidad de tiempo que cada uno de ellos tiene que dar. Una persona a sueldo da entre 40 y 60 horas por semana a cambio de la remuneración. El voluntario ofrece menos de 20 horas a la semana. Hay que tratar a ambos de la misma manera. Hay que tratar a los voluntarios como si fueran personal remunerado. Solo que están disponibles menos horas por semana.

Siempre que estemos pasando revista a una organización, comencemos desde arriba. No olvidemos nunca:

Toda unidad en una organización es un reflejo directo del liderazgo que para bien o para mal ha recibido.

Esto es así ya sea que se trate de un departamento, una división, una iglesia, una denominación o una importante fábrica de manufactura. Toda organización es reflejo directo de su liderazgo. Así que, siempre que pasemos revista, comencemos con la junta, para pasar luego al director ejecutivo y así sucesivamente en forma descendente.

HAY QUE INSTRUIR A LOS DEPARTAMENTOS

¿De qué soy responsable? ¿De qué son responsables los demás? Estas preguntas son razonables, responsables. Cuando vemos nuestra relación con otra persona a través de lentes de competición, generamos una relación malsana en el equipo.

Una forma de evitar este protagonismo competitivo en un equipo es instruir a los departamentos. Las personas tienden a pensar que los puestos «altos» en un organigrama son los más importantes. Cuando se instruye a los departamentos, se ayuda a desactivar reacciones competitivas.

Términos clave de un organigrama

A diferencia de otros términos en planificación (propósito, objetivo, prioridades), las palabras y los conceptos que se emplean en la elaboración de un organigrama son bastante estándar. La mayor parte de los ambientes de empresa —educativos, militares, corporativos— utilizarán estos términos para significar en gran parte la misma cosa.

RESPONSABILIDAD PRIMORDIAL

El organigrama es ante todo un «cuadro» de relaciones basadas en responsabilidad. Es un gráfico de «responsabilidades primordiales». El director de educación cristiana puede cantar en el coro, y el director del coro puede enseñar una clase de adultos en la Escuela Dominical. La cooperación y participación entre casillas que no sean la que uno dirige, se asume que es parte de la vida. No se grafica en el organigrama, pero está implícito.

Al final del año, no vamos a preguntarle al director de música por qué no obtuvo mejores resultados en educación cristiana, ni al director de educación cristiana por qué el coro no cantó mejor. Las preguntas deben ir dirigidas a quien tiene la *responsabilidad primordial* en ese asunto concreto. Es su nombre el que aparece en el organigrama que indica de qué es responsable.

PUESTO DE LÍNEA

Un puesto «de línea» en un organigrama indica que esa persona tiene como primera responsabilidad establecer prioridades en este departamento. Un director de educación cristiana puede ser responsable de sus prioridades en cuestiones de educación cristiana de acuerdo con el pastor y sujetas a la aprobación de la junta. Un puesto «de línea» tiene la responsabilidad de definir y cumplir las prioridades. En el caso de un puesto de «línea» el trazo que conecta con el organigrama se ubica en la parte alta de la casilla.

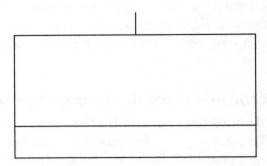

PUESTO SUBALTERNO

La diferencia básica entre un puesto «de línea» y puesto «subalterno» es la responsabilidad por definir prioridades. El primero define sus propias prioridades; las prioridades del segundo las establece otra persona. Un puesto típico de «subalterno» seria una secretaria, un asistente administrativo, un asistente ejecutivo, un asistente personal o un asistente de investigación. Su foco o responsabilidad primordial es apoyar las prioridades del líder del equipo. El trazo que conecta el puesto de «subalterno» se ubica al lado de la casilla.

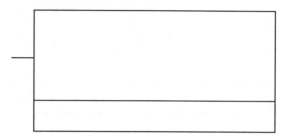

PUESTO DE LÍNEA/SUBALTERNO

En esta clase de puesto la persona tiene como primera responsabilidad apoyar pero es responsable de sus propias prioridades. Un ejemplo sería un departamento de servicios administrativos. Ese departamento tiene sus propias prioridades. El director de servicios administrativos debe fijar con suma claridad prioridades mensurables. Pero, todas estas prioridades son para apoyar al resto del equipo. Compare esto con un asistente administrativo al que se contrata para apoyar a un gerente pero se espera que establezca sus propias prioridades.

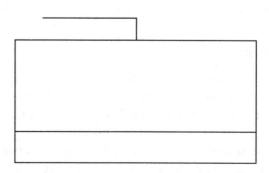

Planificación proyectada (en la mesa de elaboración)

El organigrama reflejará por encima de todo lo que hay en la organización. Se puede plasmar la planificación y puestos futuros que se piensa crear utilizando una casilla de puntos.

Línea de puntos entre casillas

A no ser que haya alguna necesidad particular de ello, *no hay* que dibujar líneas de puntos entre todos los puestos en el organigrama. Se presume que los directores de departamentos tendrán comunicación frecuente, relaciones amistosas y ninguna autoridad unos sobre otros. Pero digamos, por ejemplo, que tenemos una compañía consultora, y el contador o el abogado llegan a asesorar al director ejecutivo. Puede haber un puesto de contable, legal o de planificación en el organigrama, y una línea de puntos conectaría el puesto con el director ejecutivo. Una línea de puntos indica que hay comunicación significativa pero sin ninguna autoridad.

Puesto «interino»

Si se nombra a alguien en un puesto con carácter temporal, se podría utilizar el término de «director interino» o «coordinador interino». Hay que informar al equipo que el término «interino» significa «Vamos a probar por un tiempo». A la persona nombrada quizá no le guste el puesto; quizá no se desempeñe bien en el mismo; o la persona nombrada y el líder del equipo pueden concordar en que es mejor volver a como estaban las cosas antes». A la persona se le permite regresar al puesto anterior sin que ello implique fracaso ni cause vergüenza.

El organigrama es un marco de referencia para:

CONTRATAR, DESPEDIR O REUBICAR

El organigrama es un instrumento fundamental en la planificación. Es la base o contexto para contratar, despedir o reubicar a personas dentro de la organización. «De todos los puestos en nuestro organigrama, ¿para cuál tenemos que contratar primero?». El organigrama ayuda a visualizar los pasos siguientes en la contratación.

«Si dejamos que se vaya esta persona, ¿qué impacto tendrá en la organización?». Los organigramas ayudan a ver el impacto de despedir subalternos. Hay que pasar revista a todos los puestos en el organigrama y evaluar al personal. Asignar colores al personal. Verde significa que es la persona adecuada en el puesto adecuado, a largo plazo. Amarillo significa que quizá haya que cambiar. Rojo significa que ya tenía que haber salido días, semanas e incluso años atrás. Este gráfico con colores es obvio que es para uso exclusivo del líder. No debe mostrarse ni al personal ni al público.

Al evaluar a las personas y sus puestos, se puede estudiar la posibilidad de reubicar a algunos en puestos más apropiados. El organigrama ayudará a visualizar los cambios antes de comenzar a reubicar a personas o a reorganizar la oficina. Primero se debe imaginar los cambios de personal sobre el papel. Resulta mucho más fácil, tanto para el líder como para el equipo, reorganizar los nombres en papel, en la intimidad de su oficina, que comenzar a trasladar oficinas y escritorios, y luego cambiar de idea.

HAY QUE ESTABLECER PRIORIDADES

Una vez que se sabe de qué es uno responsable, se puede decir: «Muy bien, ahora puedo comenzar a establecer prioridades en esto». Por ejemplo, si se es responsable de contabilidad y teneduría de libros se puede preguntar: «¿Qué tres cosas realistas y mensurables debemos lograr en el ámbito de contabilidad y teneduría de libros?». No hay que preocuparse por el ámbito de responsabilidad de otra persona.

FLUJO DE COMUNICACIÓN EN LA ORGANIZACIÓN (INFORME)

¿Quién es responsable de decir qué a quién? El organigrama comunica el flujo de comunicación en la organización o qué puestos de liderazgo serán responsables de mantener debidamente informado a su personal.

Cuando se hacen anuncios, sabemos qué personas deben saberlo. Podemos determinar quién transmitirá información a miembros del equipo en todos los niveles.

CAPACITACIÓN DEL LIDERAZGO

Un jefe de departamento no necesita la misma formación que un jefe de división o el vicepresidente. Un pastor principal no necesita lo mismo que un pastor de jóvenes. El organigrama ayuda a ver qué puestos necesitan la misma capacitación y qué puestos necesitan niveles diferentes de formación.

TRANSICIÓN

Reorganizar un equipo puede generar mucha inestabilidad e inseguridad. La junta, el director ejecutivo y el equipo ejecutivo pueden experimentar elevados niveles de frustración durante una transición debido a las exigencias permanentes de las personas y sus necesidades. La transición puede a veces limitarse a un cambio de sitio de las oficinas, o puede ser la reestructuración del personal y sus responsabilidades.

Cuando estamos pidiendo a las personas que hagan cosas nuevas y asuman nuevas responsabilidades, se da la sensación de vivir en dos lugares. Se vive con la estructura anterior de la organización mientras que al mismo tiempo hacemos cambios hacia una nueva.

No hace mucho reubicamos nuestra oficina. Por unos días, la mitad de nuestras cosas estaban en la antigua oficina y la otra mitad en la nueva. Aunque sabíamos que lo nuevo iba a ser mejor, una mejora en muchos aspectos, seguíamos viviendo a medias en la antigua oficina.

El cambio suele ir acompañado de dificultades. Las personas que han vivido mucho se van acostumbrando a ciertas expectativas. El cambio genera confusión. Toma tiempo pasar de la «vieja casa» a la «nueva».

Pensemos en el nuevo organigrama como un constructor pensaría en un plano. El plano es el diseño ideal, el modelo que se debe utilizar para construir una nueva estructura. Antes de hacer cambios de personal, «practiquen» en una hoja de papel. Diseñemos un organigrama y utilicémoslo para imaginar cómo funcionarán las relaciones del equipo. Imaginemos a la persona A rindiendo informes a la persona B. El organigrama es un cuadro dinámico de cómo varias personas y puestos se están relacionando en una organización. Retrata cómo funciona un equipo. El primer recurso en planificación es la Flecha del Plan Maestro. El segundo recurso es un organigrama.

Segundo recurso: El organigrama

Un organigrama puede estar al revés, de lado, en forma de flor o circular, siempre que responda a tres preguntas críticas:

1. ¿Quién es responsable de qué?

2. ¿Quién es responsable ante quién?

3. ¿Tenemos a la persona adecuada en el puesto adecuado?

Cuando Cheryl, mi esposa, era directora de un equipo femenino, tenían un organigrama en forma de margarita. Cada pétalo de la flor era un área de responsabilidad con una persona encargada de la misma. ¡Una margarita! Pero ¿saben qué? Respondía a las tres preguntas críticas. La margarita era adecuada.

Organigrama en forma de margarita

He visto organigramas diseñados al revés para demostrar un liderazgo de servicio. Quien sabe de organigramas, entiende que el organigrama estándar implica tener un servidor a la cabeza. No hace falta ponerlo al revés, pero si deciden hacerlo, está bien. He visto organigramas colocados de costado de manera que el líder está en el extremo del lado derecho, brindando liderazgo a todo el equipo. He visto organigramas diseñados en círculos concéntricos, mostrando niveles progresivos.

Cualquier diseño de organigrama es aceptable si responde las tres preguntas críticas mencionadas antes. Si el organigrama no responde a estas tres preguntas críticas, no importa lo bien que se vea, va a haber confusión organizacional.

Los niveles de un organigrama indican niveles de responsabilidad, no niveles de importancia ante Dios. Algunas personas que son nuevas en cuanto a interpretación de organigramas dan por sentado que los nombres en la parte alta del mismo son en cierto modo superiores a los que están en la parte baja. ¡De ningún modo! Es solo un medio de ilustrar un nivel más alto de responsabilidad. La persona en la parte alta es en última instancia responsable por todas las demás que se incluyen en el organigrama. Por tanto, cuando más alto es el nivel, tanto mayor es la responsabilidad. Mi amigo y mentor Bill Bullard lo dice así: «El privilegio del rango es ocupar un puesto más visible en la trinchera».

Un ejemplo de organigrama puede ayudar a aclarar los términos. Voy a repetir algunos elementos de la dinámica de preparar organigramas que podrían incluirse en el organigrama del lector (véase el organigrama en la página 112).

Los niveles verticales del organigrama podrían ser los siguientes:

El nivel «A» podría ser la junta directiva, diáconos, ancianos, sesión.

El nivel «B» podría ser el presidente, pastor principal, director ejecutivo.

El nivel «C» podría ser un consultor, una agencia o servicio externos, con una relación de línea punteada.

El nivel «D» podría ser un coordinador administrativo, que es un puesto subalterno. Es un puesto de apoyo para el equipo, pero asume responsabilidad en cuanto a definir sus propias metas.

El nivel «E» podría ser una secretaria o asistente. Se puede ver cómo la línea va hacia el lado de la casilla. Es un puesto subalterno.

Los niveles «G, J, K, L» son puestos de línea. Definen sus propias prioridades. Ejemplos: líder de adoración y alabanzas, director de educación cristiana, líder de jóvenes.

El nivel «F» es una casilla de línea punteada y quiere decir quizá algún día, pero no de inmediato.

Los niveles «H, M» son como puestos subalternos, quizá secretarias de los gerentes respectivos.

Los niveles «I, N, O» son básicamente responsables ante sus gerentes respectivos.

Primer organigrama

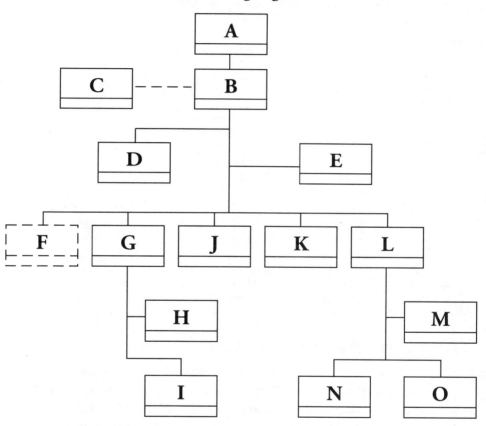

Sigue a continuación un ejemplo de organigrama para una iglesia. No quiere decir que todos tengan que organizar sus iglesias de este modo. Es solo un modelo que cada uno puede adaptar para sus propios fines. Sin embargo, es fundamental ver que *tenemos las mismas funciones y responsabilidades en una iglesia ya sea que el cien por ciento del personal sea remunerado, cien por ciento voluntario o una combinación.* (Véase en el

Apéndice C-1 ejemplos de hojas de descripción de puestos). Ahora trataré de explicar en forma breve la lógica de este organigrama.

En un nivel básico, en la mayoría de las iglesias se tiene una junta (diáconos, ancianos, sesión, etc.) con el pastor que rinda cuentas a la misma. Luego se tienen seis puestos básicos (nuestro organigrama incluye también una escuela, que es, claro está, opcional).

Organigrama genérico (iglesia)

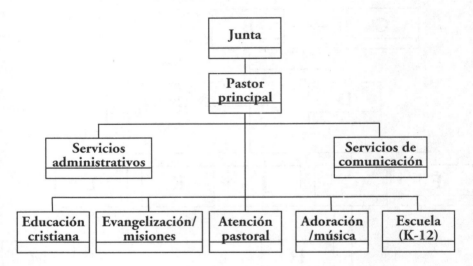

DIRECTOR DE SERVICIOS ADMINISTRATIVOS

Se trata de un puesto «subalterno/de línea». Podría ser una persona con salario en una iglesia grande, o un voluntario en una más pequeña. Es la persona que ayuda a todo el equipo con todas las responsabilidades administrativas. Bajo el director de servicios administrativos tenemos todos los puestos por los que él es responsable:

- Contabilidad y teneduría de libros
- Servicios de computación
- Centro de información
- Mantenimiento de edificios y terrenos
- Personal

- Compras
- Investigación
- Recepción

DIRECTOR DE SERVICIOS DE COMUNICACIÓN

También este es un puesto «subalterno/de línea». Es un concepto muy nuevo para la mayor parte de las iglesias, incluso grandes. Nuestro equipo ha trabajado con una amplia gama de iglesias de denominaciones e independientes, ninguna de las cuales tenía un puesto semejante cuando comenzamos a trabajar con ellas. El director de comunicación es responsable por:

- Servicios creativos (material gráfico, escritos, corrección de pruebas, etc.)
- Recaudación de fondos (*pedir* dinero)
- Relaciones públicas (*contar* la historia de la iglesia a la comunidad)
- Mercadeo (*vender* grabaciones pastorales, entradas para retiros, etc.)

A menudo me preguntan, sobre todo en iglesias pequeñas, «¿Qué quiere decir con mercadeo? ¿Qué tendríamos que promocionar?». A muchas iglesias les gusta poner a disposición grabaciones de su pastor. Algunos ponen a disposición grabaciones musicales. Siempre que ponemos a disposición algún recurso, estamos vendiendo. Hay que asegurarse de que el paquete tenga buen aspecto, que el nombre de la iglesia sea correcto, y también los derechos de autor. Envolver algo para venderlo es mercadeo. Muchas iglesias venden entradas para eventos. Quizá sea el retiro anual de parejas, o una cena para enamorados, o un fin de semana en la nieve para jóvenes. Siempre que tratamos de interesar lo suficiente a la gente para que gasten dinero para asistir a un evento, estamos mercadeando.

¿Por qué una iglesia querría un puesto de comunicaciones? Quisiera sugerirles que podría haber personas en sus iglesias, sobre todo en iglesias grandes, que trabajan en compañías grandes de publicidad. Cuando piensan en la iglesia, no hay muchas oportunidades para que utilicen sus dones y destrezas. La persona dice: «No soy administrador. No canto en el coro. No soy un buen maestro. En lo que soy mejor, no puedo ponerme al servicio de la iglesia». Si hemos incluido ese puesto en el organigrama, y se lo presentamos a la clase de nuevos miembros, es posible que podamos encontrar a alguien a quien realmente le guste el mercadeo.

DIRECTOR DE ADORACIÓN Y ALABANZA

- Audio/visual
- Grupo teatral
- Encargados de saludar a los que llegan
- Directores musicales (coro, banda, orquesta)
- Encargados del estacionamiento
- Eventos especiales (bodas, funerales, etc.)
- Ujieres
- Directores de adoración

DIRECTOR DE EDUCACIÓN CRISTIANA

- Atención de bebés
- Guardería/niños pequeños
- Preescolar
- Primaria
- Secundaria
- Universitarios
- Adultos (hombres, tercera edad, adultos solteros, mujeres)

DIRECTOR DE ATENCIÓN PASTORAL

- Fondo de ayudas
- Consejería
- Grupos de visitas a hospitales
- Equipos de compañerismo
- Consejería pastoral
- Equipos de recuperación
- Visitas

DIRECTOR DE EVANGELIZACIÓN

- Actividades transculturales
- Actividades de evangelización

- Misiones (tanto domésticas como internacionales)
- Viajes misioneros de corta duración

Y luego la relación con línea punteada sugiere: «Algún día podríamos tener una escuela».

Este organigrama se puede adaptar a las necesidades propias. Es solo un ejemplo de una forma de organizar una iglesia que ha servido para muchas otras.

Se puede ver un paralelismo cercano entre los objetivos en la Flecha del Plan Maestro y los puestos en el organigrama. Es posible que cada objetivo pudiera convertirse en un puesto.

Nota: Las organizaciones sin fines de lucro y las corporaciones con fines de lucro suelen tener estructuras muy similares. Hay una junta directiva, un presidente, un vicepresidente de servicios administrativos (operaciones), un vicepresidente de comunicaciones, y entre cuatro y cinco responsabilidades de línea. Es frecuente, aunque no siempre es así, que las responsabilidades de línea estén divididas con criterio geográfico.

Advertencia: No hay que diseñar el organigrama basado en las personas actuales. Debe diseñarse primero el organigrama para luego identificar la mejor persona para asumir la responsabilidad en cada casilla.

Tercer instrumento: Hoja de descripción de puesto

Hoja de descripción de puesto

Persona asignada: _____

Fecha de vigencia: _____

1. Título del puesto:

2. Propósito del puesto: Una sencilla formulación de por qué existe este puesto.

3. Se reporta a: ¿Quién es el líder de equipo de esta persona? ¿A quién tiene que rendir cuentas?

4. Relación muy cercana con: ¿Quiénes son sus iguales? ¿Quiénes son las otras personas en más o menos el mismo nivel?

5. Responsable por: ¿Quién se reporta a esta persona?

6. Responsabilidades constantes:

_____

_____

_____

_____

Estas son las cosas que se esperan como parte constante de las actividades de cada día.

7. Principal punto fuerte/dones/talentos requeridos: Hay que enfocarse en las características personales, lo principal que se está buscando en la persona que ocupará la posición.

8. Papel que se prefiere:_____o_____ (Véase el Apéndice II.)

9. Tres prioridades mensurables más importantes (metas o problemas) para el año que viene:

   A.

   B.

   C.

   El líder del equipo debe establecer cuáles son las tres prioridades principales mensurables. Cuando concuerdan todos los involucrados, uno ha logrado evitar mucha mala comunicación y frustración en el primer año. Estas prioridades se convierten en la base para evaluar al final del año el desempeño de la persona. Hay que asegurarse de que las prioridades sean realistas, mensurables, escritas a lápiz y que estén siempre visibles.

10. Presupuesto disponible: $_____

    El salario es la remuneración que se le da a una persona por el trabajo que ha hecho. «Presupuesto disponible» es la cantidad de dinero del que disponen para realizar las tareas que tienen asignadas. Es importante dar a conocer dicho monto tanto a la persona que tiene salario como al voluntario. Si alguien desconoce de qué recursos dispone para su trabajo, resulta muy difícil planificar.

11. Salario/honorario aproximado: $ _____ por _____

Se indica un monto aproximado, sabiendo que es probable que el salario se decida dentro de un cierto rango según la capacidad del candidato.

12. Cantidad de tiempo que cada puesto requiere:

_____ horas/sem. _____ semanas _____ meses

Es fundamental que queden bien claros estos supuestos. Si la junta presupone que este puesto requerirá de cincuenta a sesenta horas por semana, y la persona da por sentado que son cuarenta, se puede generar mucha frustración.

También se querrá tener mucha claridad acerca de por cuánto tiempo pensamos que esta persona estará en este puesto, ¡lo ideal! ¿Se trata de un nombramiento por un año o es por cinco años? Si le pedimos a alguien que trabaje en forma voluntaria por los próximos quince años, es una cosa. Si le pedimos que asuma el puesto por los próximos seis meses, es una asignación muy diferente.

Advertencia: Hay que expresar esto en término de esperanza. Por ejemplo: «Esperamos que pueda quedarse con nosotros para siempre», en vez de: «¡Aquí tendrá trabajo para siempre!».

13. Beneficios para la persona responsable: ¿Qué tiene este trabajo que lo hace apasionante, satisfactorio y esperanzador? ¿Qué extras ofrece el puesto? ¿Seguro de enfermedad? ¿Vacaciones pagadas?

14. Información general: Límites de autoridad, requisitos especiales. Esta sección incluye cualquier política que afecte este puesto, cualquier limitación en cuanto a gastos, cualquier consideración futura, cualquier información adicional que se desee aclarar e incluir en esta descripción del puesto.

No hay que adoptar este formato de descripción de puesto, siéntase en libertad de adaptarlo. Este instrumento se ha utilizado con éxito en muchos casos, pero para que resulte útil debe satisfacer las necesidades concretas de cada uno. Es útil por igual para personal asalariado como voluntario.

Tarea

El organigrama ayuda a saber quién es responsable por qué, y quién es responsable por quién. Para tener a la persona adecuada en el puesto adecuado hacen falta dos instrumentos prácticos:

1. Un organigrama claro
2. La hoja de descripción del puesto

Puede parecer complicado cuando se lee por primera vez, pero la tarea consiste en:

- ☐ elaborar un organigrama,
- ☐ elaborar una hoja de descripción de puesto para cada uno de los puestos clave que se reportan a su persona
- ☐ conseguir la persona adecuada para el puesto adecuado.

Una vez definido quién es responsable por qué, quién es responsable por quien, y conseguida la persona adecuada para el puesto adecuado, la química en el equipo será fenomenal. Comenzará a formarse un equipo emocionante y productivo.

¡Tiempo para dejar descansar el cerebro!

Pastores perfectos

Hace un tiempo circuló en cadena una carta humorística, que comenzaba con una descripción del pastor perfecto.

Los pastores perfectos tienen veintinueve años, con cuarenta años de experiencia en el ministerio.

Los pastores perfectos suelen condenar el pecado sin herir los sentimientos de nadie.

Los pastores perfectos nunca predican más de veinte minutos.

Los pastores perfectos hacen quince visitas al día y están siempre en la oficina cuando uno los necesita.

Los pastores perfectos, por encima de todo, siempre son bien parecidos y... un pastor perfecto está siempre en la iglesia al otro extremo de la ciudad.

La carta concluía como sigue:

Si su pastor no da la talla, envíe esta carta a seis iglesias más que también están cansadas de sus pastores; luego envuelva a su pastor y envíelo a la iglesia que encabeza la lista. En una semana recibirá ciento sesenta y cuatro pastores, y uno de ellos debe satisfacer sus necesidades.

Tenga fe en esta carta. No interrumpa la cadena. ¡Una iglesia interrumpió la cadena y recuperó a su antiguo pastor.

CAPÍTULO 13

Dinero

Para pensar:

*Cuando sus salidas
exceden sus entradas
su mantenimiento
será su ruina.*

Rumbo	Organización	**Dinero**	Historial	Evaluación general	Ajustes
		Estamos en el tercer paso del proceso			

Preguntas para despejar la neblina:

¿Cuáles son nuestros ingresos, gastos y resultado final proyectados?

¿Podemos permitírnoslo? ¿Cómo?

Síntesis del capítulo

- Estacas de elefante frecuentes
- Beneficios de entender de las finanzas
- Una perspectiva general del dinero

- Hay que generar ingresos, controlar gastos, manejar las reservas, comprar con prudencia
- Informes financieros: Treinta minutos al mes
- Cuarto instrumento: Lista de verificación de la salud financiera

Nota:

Desde el punto de vista contable, «efectivo» es un término bien específico. Toda esta sección pudiera llamarse «finanzas».

Estacas de elefante frecuentes

PRIMERA ESTACA DE ELEFANTE: «NO ENTIENDO NADA DE FINANZAS».

Quiero tranquilizarlos que no estoy tratando de que lleguen a ser contadores públicos certificados ni destacados expertos en finanzas. En esta sección trataré de ayudar a que consigan una perspectiva general, un panorama general de las finanzas. Hay que saber «¿De qué hay que estar pendiente como líder?», no «¿De qué debo estar pendiente como contador?».

Se necesita una comprensión básica de cuatro factores financieros:

1. Generación de ingresos

2. Control de los gastos

3. Administración del dinero

4. Cómo comprar con sabiduría

Para ser un líder efectivo, se debe estar consciente de los cuatro de una manera general. De no ser así, se debe tener un empleado que lo esté.

SEGUNDA ESTACA DE ELEFANTE: «NO SOY UNA PERSONA DE NEGOCIOS».

En tiempo reciente he dedicado bastante tiempo a reflexionar acerca de qué significa ser una persona de negocios. He llegado a la conclusión de que la mayor parte de los líderes profesionales no son en el fondo personas de negocios. Rara vez los médicos son en el fondo personas de negocios. Los profesores no son en el fondo personas de negocios. Los artistas no suelen ser en última instancia personas de negocios.

Y, lo sorprendente es que la mayor parte de las personas con las que he trabajado y son dueños de sus propias compañías no son en el fondo personas de negocios; son vendedores, maestros o lo que sea, que solo da la casualidad de que dirigen un negocio. Con frecuencia no son quienes toman cada una de las decisiones sobre la base de su efecto en los beneficios finales al fin de cada mes.

No hay que ser un experto en un área determinada para poseer el conocimiento básico necesario para tomar decisiones importantes en la vida. El que uno no sea persona de negocios no quiere decir que no pueda tener ciertos conocimientos básicos acerca de lo que vamos a estar hablando en esta sección.

Beneficios de entender finanzas

LOS SISTEMAS DE FINANZAS PRECISOS AYUDAN A EVITAR PROBLEMAS FINANCIEROS

Puede que no seamos personas de negocios, pero en nuestro ministerio puede haber una faceta de negocios. Ted Engstrom, Presidente Emérito de Visión Mundial, dice que cualquier organización cristiana necesita mantener un delicado equilibrio entre negocio y ministerio. Actuamos dentro de la tensión dinámica de estos dos factores. Si pensamos por un minuto que no somos un negocio, dejemos de pagar las cuentas. No pasará mucho tiempo antes de que se nos recuerde que sí somos un negocio, un negocio responsable, incluso como iglesia. Por otra parte, si nos centramos en los beneficios económicos y solo en ellos, nuestro ministerio comenzará a sufrir también debido a ese desequilibrio.

LOS SISTEMAS FINANCIEROS CLAROS NOS PROPORCIONAN EL DEBIDO CONTEXTO PARA TOMAR DECISIONES FINANCIERAS PRUDENTES

¿Tenemos con qué pagarlo? ¿Cómo? Si no podemos responder a estas dos preguntas, entonces no tenemos un contexto claro para tomar decisiones financieras. Necesitamos sistemas sencillos que nos provean información adecuada para la toma diaria de decisiones.

LOS SISTEMAS FINANCIEROS ADECUADOS DAN UNA SENSACIÓN DE ESTABILIDAD A LA ORGANIZACIÓN

Si no se sabe cuál es la situación financiera, no tenemos una base sobre la cual construir. ¿De cuánto efectivo disponemos? ¿Cuáles son nuestras deudas y obligaciones? ¿Cuáles son nuestras expectativas razonables para los próximos dos meses? Las respuestas a estas preguntas nos permiten planificar y tomar decisiones significativas en cuanto al futuro.

Una perspectiva general del dinero

Echemos un vistazo a la dinámica de una perspectiva del dinero por parte de un ejecutivo principal. Los conceptos presentados pueden mejorar en mucho la comprensión de la condición financiera de la organización y ayudar a tomar decisiones sabias y oportunas para el desarrollo del grupo.

Hay una interacción constante e interdependiente con las realidades del rumbo, la organización y el dinero. Cuando nuestro rumbo cambia frente a oportunidades nuevas, cuando nuestra organización cambia al agregársele personal, también tiene que cambiar el dinero. Estas tres variables están interactuando de manera constante en una organización dinámica. Al tomar nuevos rumbos, se necesitan más personas y más dinero. Al renunciar a prioridades que se habían proyectado, se requieren menos personas y menos dinero.

Demasiados grupos basan todo su proceso de presupuesto en la historia en vez de hacerlo en el rumbo que van a tomar. Lo que se suele hacer es tomar el presupuesto y reporte financiero del último año. «¿Cubrimos el presupuesto?». De ser así, decimos: «Aumentemos algo el presupuesto del año pasado y asignemos más dinero a este o aquel programa». ¡Ni por un momento pensamos hacia dónde queremos que se oriente la organización como un todo! Nos encerramos en una actitud de mantenimiento al limitarnos a un presupuesto basado en el ingreso y gasto del año y no basado en hacia dónde nos dirigimos.

Cuando iniciamos el proceso presupuestario cada año, recordemos la secuencia del proceso Rumbo-Organización-Dinero-Historial-Evaluación general-Ajuste. Comencemos con el rumbo. ¿Hacia dónde nos dirigimos?

¿Qué deseamos lograr? ¿Qué es lo más importante para nosotros? Luego, miremos a la organización. Para lograr estas prioridades, ¿cuánto personal hará falta? Luego, y solo luego, comenzamos a definir el presupuesto para el año venidero. Comencemos el proceso presupuestario con una mirada prolongada a nuestro rumbo, a las oportunidades y necesidades de la organización. El paso en cuanto al dinero es tercero en la secuencia.

Hay que generar ingresos, controlar gastos, manejar las reservas, comprar con prudencia

Estas cuatro variables requieren atención y equilibrio constantes. Son las fuerzas dinámicas primordiales que conforman el panorama de las finanzas de parte de un director ejecutivo.

GENERAR INGRESOS

Hay por lo menos cuatro formas básicas de las que disponemos para generar más ingresos:

1. Pedir dinero.

   En una organización sin fines de lucro o una iglesia, se dan oportunidades para pedir dinero.

2. Vender productos, servicios o bienes.

   En un negocio lo más probable es que se venda un producto o servicio por dinero.

   En el contexto de una iglesia, se podría vender tierra o edificios que se haya decidido no utilizar. Se podrían vender grabaciones, libretas de apuntes y cuadernos de ejercicios. Se puede cobrar por algunos servicios, como coordinación de bodas o uso de instalaciones.

3. Ganar dinero por inversiones.

   Una inversión prudente de los fondos de reserva generará ingresos por intereses. Invertir contribuciones para formar un fondo para construir es mejor que dejar inactivo en una cuenta corriente sin interés.

4. Tomar prestado.

   Alguna vez puede resultar apropiado tomar prestado contra bienes. En este caso convendrá sopesar el valor de oportunidades nuevas o ampliadas con la carga de una deuda. En la mayor parte de los casos no se querrá poner en riesgo el bienestar de los programas actuales por tomar préstamos excesivos. Al igual que en el caso de bienes personales, es mejor no tomar prestado o asumir una deuda para artículos para los que se puede ahorrar por un período corto de tiempo. Muchos artículos que se necesitan en una iglesia se pueden financiar por medio de una promoción a corto plazo ante la congregación. A las personas les gusta ver que un proyecto se realiza y que participaron en ello. Se puede tomar prestado solo para artículos importantes que a largo plazo aumentan de valor, como edificios. Muchas personas sienten que no es justo tomar nunca prestado para nada. Se puede decir mucho a favor de permanecer libre por completo de deudas.

HAY QUE VIGILAR LOS GASTOS

Revise los gastos en forma regular. ¡Esto es práctico y elemental! Se podría tener «un hueco en la bolsa» y ni siquiera darse cuenta de que se pierden monedas. En el presupuesto anual hay que proyectar cuáles son los gastos que se esperan. De este modo el presupuesto se convierte en la guía para los gastos y en el estándar según el cual se vigilan los gastos.

ADMINISTRAR LAS RESERVAS

Aparte de colocar algunos de los fondos en cuentas que ganan interés, también se puede fortalecer la organización mediante la inversión de fondos en proyectos de la organización que han dado muestras en el pasado de ayudar a crecer más o a ser más fuertes. Estos beneficios pueden ser operaciones más efectivas (tales como un computador nuevo y más rápido), más personas (otros recaudadores de fondos en el grupo), y alguna inversión que siempre atrae a nuevos clientes/donantes para la organización. Esencialmente, estamos invirtiendo algunas de nuestras reservas en el crecimiento y desarrollo de la organización misma, y no solo en inversiones externas que solo ganan dinero.

COMPRAR CON PRUDENCIA

Algunas personas son sabias a la hora de comprar artículos grandes. Piden ofertas de dos o tres proveedores potenciales, esperan la temporada de descuentos, y saben a qué persona tienen que preguntar para encontrar los artículos adecuados. ¡Algunos se conforman con pagar el precio normal!

En el caso de artículos pequeños no resulta tan importante; ahorrar unos pocos centavos en dos artículos no vale la pena el esfuerzo. Pero en artículos que consideramos grandes (dependiendo del tamaño de la organización), con frecuencia se pueden ahorrar centenares, millares o millones de dólares solo con buscar a una persona que sabe comprar bienes/servicios. Como dijo un sabio, «¡Un centavo ahorrado es un centavo ganado!». U otra persona: «¡Un centavo ahorrado son dos ganados antes de los impuestos!».

ESCUCHAR LOS CONSEJOS EXPERIMENTADOS

En todas las esferas en las que hay dinero involucrado, se debe escuchar con atención a quienes tienen un buen historial en ese terreno. A quien no tiene esta clase de historial apenas se le debe escuchar. Tampoco hay que arriesgarlo todo. Si lo que aconsejan va en contra de nuestro mejor criterio, ¡hay que esperar!

Podríamos tener al mejor experto en finanzas del mundo que nos recomiende algo que parece casi imposible. No hay que renunciar a nuestro pensamiento y sentido común. Una idea puede parecer excelente al «experto», pero si encontramos que no tiene sentido, no hay que hacer la inversión. Sigamos haciendo preguntas que puedan ayudar a disipar las sensaciones incómodas que quizá estemos experimentando. No tomemos decisiones en cuanto a una recomendación a no ser que nos sintamos cómodos con ella.

Informes financieros: Treinta minutos al mes

Dependiendo de la fase en que se encuentra la organización, del tamaño de la misma y de la madurez del grupo ejecutivo, variará mucho el tiempo que toma preparar la información financiera que se necesita para dirigir al grupo. Si la fase es de arranque, tomará más tiempo cada mes reunir toda la información que uno pudiera desear. Quizá la cantidad de dinero sea menor, pero la cantidad de decisiones financieras que haya que tomar quizá sea mucho mayor. Una vez que todo está en marcha, un gran porcentaje del presupuesto se invierte en asuntos recurrentes que no tomarán casi nada de tiempo (por ejemplo, una rápida regla general es que una iglesia local ya asentada gasta por año más o menos el 85% de su presupuesto total anual en gastos fijos).

En una reunión con la junta no debería tomar más de unos 30 minutos al mes abordar estos asuntos. He estado en reuniones de juntas en las que gran parte de la discusión ha girado en torno a finanzas. Sé lo frustrante que es criticar lo que se hizo, proyectar en torno a un futuro nebuloso, debatir lo que se pudiera hacer o no si la situación fuera esta o aquella. Si la junta dispone de la información esencial necesaria para tomar sus decisiones, no hay necesidad de discutir mucho. Todo lo que hace falta es un sistema contable simple que proporcione la información básica que se requiere.

Se debe establecer un sistema de reportes financieros actualizados fácil de mantener. «¿Qué *tengo* que saber para hacer lo que *tengo* que hacer? Si no se tiene que recibir información semanal, la mensual basta. Ahorrará a alguien mucho tiempo, energía y dinero. Si hay que estar informados de algo todas las semanas, entonces debe pedirse cada semana.

REPORTES FORMALES: RENDICIÓN DE CUENTAS

Hay una gran diferencia entre informes formales e informales. Los primeros son para rendir cuentas, como la Declaración de la Renta o los informes bancarios.

REPORTES INFORMALES: CONTEXTO PARA TOMAR DECISIONES

Los reportes financieros informales nos proporcionan la información que se requiere para la toma de decisiones, y nada más. Nos proveen un contexto para tomar decisiones, y este es su único fin. Un día me reuní con la directiva de una organización, y el fundador estaba presente. Era un señor de cabello blanco que había prosperado en sus finanzas. Estaban presentes con él algunos ejecutivos jóvenes, ávidos de aprender. Uno de ellos tenía un paquete de informes computarizados de unos diez centímetros de grosor. Colocó el paquete sobre la mesa desde una altura suficiente para que sonara al caer. Luego anunció con orgullo, casi con arrogancia. «¡Aquí está el informe financiero!». El anciano señor como que hundió la cabeza en las manos, puso los ojos en blanco, y fingió de repente un dolor de cabeza.

Dije: «Señor, ¡tengo la sensación de que quizá está pensando que este reporte no es de fácil lectura! ¿Se lee la mayor parte?». Respondió: «¡No leo nada de eso!» Pude ver que el joven se deshinchaba como un globo pinchado. Averigüé un poco más: «Dígame, si no quiere leer este informe financiero, ¿qué *desea* ver?». Respondió: «Bueno, que todos los días me pusieran una pequeña nota sobre el escritorio sobre cuánto dinero ingresó; de veras que es todo lo que me interesa».

Había una diferencia como entre el día y la noche entre la formalidad de un informe de un computador y la informalidad de esa pequeña nota. El anciano había descubierto que en su negocio podía tomar decisiones acerca de la organización a partir del dinero que ingresaba cada día. Así era como administraba su negocio.

HAY QUE PEDIR EXPLICACIONES DE INFORMES Y CIFRAS

No se debe aceptar nunca que presenten «solo datos». Antes de aceptar cualquier informe financiero, dígale a la persona que lo está preparando: «Mientras prepara el informe, ¿podría tomar notas de cualquier idea que le venga en mente que yo deba tener presente? Siga preguntándose qué le dice ese hecho acerca de la organización y nuestra situación financiera».

En la preparación del informe, la persona tiene la posibilidad de captar pequeños detalles que el director podría no percibir. Una vez que tengamos personas que trabajan con nosotros de manera regular (un contador, un tenedor de libros), si caemos en la cuenta de que temen lo que tememos y se alegran de lo que nos alegramos, llegaremos muy pronto a confiar en su juicio mes a mes. Pero si temen cuando nosotros nos sentimos felices, y nos alegramos cuando ellos temen, descubriremos pronto que debemos analizar el reporte nosotros mismos. No podemos confiar en sus apreciaciones porque las nuestras y las suyas difieren mucho.

GESTIÓN POR EXCEPCIÓN

Gestión por excepción significa en esencia que le damos un rápido vistazo a las cifras del informe. Si todo parece encontrarse dentro del ámbito normal, no nos preocupamos mucho del informe. Pero cuando alguna cifra nos parece que se sale del ámbito normal, centramos la atención, por todo el tiempo que se requiera, en esta excepción. Hasta que encontremos sentido de por qué es una excepción en relación con lo que esperábamos, ¡sigamos investigando! Hay que pedir las cantidades reales solo cuando uno halla una diferencia importante entre lo que se había proyectado y lo que contienen los resultados de hecho.

SITUACIONES QUE REQUIEREN MÁS DE TREINTA MINUTOS AL MES

Hay situaciones que requerirán más tiempo y atención a los detalles financieros.

FASE DE ARRANQUE

Nos podemos encontrar en un agujero financiero muy pronto si no disponemos de reservas de dinero como respaldo. Por consiguiente hay que prestar atención a todos y cada uno de los aspectos financieros en la fase de arranque del desarrollo de una organización.

ANTES DE CUALQUIER DECISIÓN «IMPORTANTE»

Debemos profundizar en los datos financieros reales antes de tomar decisiones importantes (las cantidades de dinero que se consideran «importantes» dependen del tamaño de la organización).

Antes de gastar, digamos de un 5 a un 10% de nuestro presupuesto anual en alguna compra importante, deberíamos verificar cuáles son las realidades financieras actuales. Se puede necesitar algo más que media hora para profundizar en las cifras actuales para responder a la pregunta: «¿Podemos gastar esto en estos momentos?».

Cuarto instrumento: «Lista de verificación de la salud financiera»

A estas alturas, puede servir pasar revista a la siguiente lista de verificación de elementos que deben darse para que nos podamos sentir seguros en lo financiero.

☐ 1. Las personas encargadas de las finanzas son las adecuadas. Disponemos de sabia asesoría externa.

Es fundamental distinguir entre preparar información financiera y tomar decisiones financieras. El tenedor de libros puede preparar nuestra información financiera. El contador puede preparar información financiera básica, y quizá algunas recomendaciones.

Pero es el líder del grupo o el contralor quien básicamente toma las decisiones financieras.

Ni el director ejecutivo, ni el personal ni la junta disponen del tiempo para dominar todos los detalles financieros, ni tendrían porqué. Alguien tiene que supervisar las finanzas. Necesitamos a la persona adecuada para que esté a cargo del dinero y el equipo de finanzas adecuado para trabajar con esa persona.

Incluso con un gerente financiero y un comité de finanzas adecuados, careceremos de la objetividad que puede aportarnos un grupo externo. Se puede añadir credibilidad a nuestro grupo financiero si se cuenta con una firma externa que revise nuestros sistemas y registros. Con frecuencia, una firma externa hará recomendaciones útiles para el manejo del dinero con más eficiencia.

☐ 2. Se han establecido controles internos adecuados.

Lo ideal es tener al menos dos personas, no una sola, encargadas de estar atentos al dinero. No conviene dar oportunidad a la tentación ni a las acusaciones. Hay que proteger la integridad financiera de la organización por todos los medios. Si existen los controles suficientes en el manejo del dinero, nadie podrá acusar al personal de irregularidades financieras. La rendición de cuentas en una iglesia suele corresponder a un encargado de finanzas y a un comité de finanzas.

Lo aconsejable es que haya dos personas presentes en el momento de contar dinero en efectivo para verificar la suma total que se va a depositar. Hay que tener personas diferentes que intervengan en hacer los depósitos de fondos o en desembolsarlos. Hace falta tener a una tercera persona para reconciliar el monto depositado y los fondos desembolsados. De este modo todos quedan protegidos. Un comité de finanzas puede reunirse, preparar el presupuesto y hacer recomendaciones a la junta.

¡UNA PALABRA PARA EL PRUDENTE!

Lo que sigue no pretende asustar a nadie en forma alguna sino ayudar a entender la necesidad de tener frenos y balances, incluso en el entorno de una iglesia. En los últimos años he visto a dos tesoreros de iglesias desfalcar $30.000 y $40.000 respectivamente. El tesorero de un distrito desfalcó unos $600.000 en un período de entre seis y diez años. No se trataba de personajes de aspecto sospechoso de bigotes con puntas retorcidas, con largos historiales delictivos. Eran «personas cristianas, de confianza, de oración», ¡de los que menos se esperaba un desfalco! Eran personas buenas que necesitaban dinero; personas sobre las que no se ejercían controles y tuvieron la tentación de cruzar la línea. Disponer de controles adecuados es una clave decisiva para la integridad financiera.

☐ 3. Se ha definido el presupuesto.

☐ 4. Se han completado las proyecciones de flujo de caja.

A partir de las tendencias mensuales en los últimos tres años en cuanto a ingresos y gastos, y teniendo en cuenta cualquier cambio significativo en cuanto al presupuesto en comparación con los últimos tres años, ¿qué ingresos y gastos proyectamos para un mes concreto de este año? La respuesta a esta pregunta permite tomar decisiones financieras realistas sobre la base de una «proyección del flujo de caja». Pasar revista a los últimos tres años ayuda a identificar las tendencias temporales en ingresos, gastos, y saldos finales sobre una base diaria, semanal, mensual o cualquier otro período que se requiera.

Si los datos financieros de los últimos tres años no son exactos, las proyecciones no serán acertadas. Pueden estar en problemas y ni siquiera saberlo. Las proyecciones pueden estar cumpliéndose, pero no estar basadas de veras en la realidad. Si se puede establecer una proyección válida para comenzar, la proyección del flujo de caja proporcionará una perspectiva que permitirá tomar decisiones financieras buenas. Si se tiene una historia de entre tres a cinco años, en la mayor parte de las organizaciones se puede comenzar a definir proyecciones de flujo de caja válidas.

En una iglesia típica, los ingresos y gastos no suelen ser una línea recta. Una duodécima parte del presupuesto anual no es un cuadro preciso del ingreso y gasto de un mes. En un gráfico el ingreso puede verse muy alto en otoño, alrededor de Navidad. De enero a abril de ordinario presentará un descenso desde diciembre. Los meses de verano serán los más bajos. La línea gráfica de ingresos subirá y bajará a lo largo del año.

Las proyecciones mensuales deben bastar en la mayoría de los casos. Una organización grande que maneja presupuestos semanales de seis números quizá necesite proyecciones semanales.

Los gráficos de gastos, al igual que los ingresos, suben y bajan con cada estación. Algunos meses se espera que sean más elevados que otros. Por desdicha, los ingresos y los gastos no suelen aumentar y disminuir en forma paralela. Si podemos proyectar los ingresos y gastos mensuales a partir de la experiencia, podremos tomar decisiones futuras con confianza incluso durante períodos de escasez financiera. Las proyecciones de flujo de caja permiten prever las variaciones estacionales. Hay que reservar fondos durante los meses mejores para ayudar a amortiguar los meses bajos.

☐ 5. Se han completado los estados de cuentas de ingresos.

Hay que preparar un estado mensual de ingresos y gastos que refleje la situación financiera en comparación con el presupuesto hasta la fecha.

☐ 6. Se ha completado el estado de situación.

Hay que preparar un resumen de todos los bienes, obligaciones y capital, de preferencia cada mes.

☐ 7. Se ha completado el informe anual.

Hay que resumir la situación financiera al final del año, indicando con gráficos y cuadros las principales fuentes de ingresos y gastos. Se deben mostrar los datos estadísticos al final del año en comparación con algunos años anteriores y proyecciones de los próximos años, señalando las tendencias que merecen atención. Hay que informar acerca del avance y la salud general de la organización. También se podrían proyectar los sueños y prioridades para el año siguiente.

☐ 8. Se han preparado cuadros, gráficos y sumarios.

Nada tiene sentido sin un contexto. Un solo gráfico sintetiza páginas de datos y permite captar de inmediato un panorama general de la situación financiera de la organización.

Un gráfico o cuadro ayuda a visualizar datos dentro de un contexto definido. Un informe financiero no es significativo sin una comparación con lo que se esperaba o necesitaba. Lo mismo se puede decir de los gastos.

Algunas personas prefieren cifras a gráficos. Para otros: «un cuadro vale más que diez mil números».

Cuando estamos trabajando con personas visionarias, presentémosles recursos visuales. Las personas visionarias tienden a pensar en forma conceptual, a pensar en el futuro y dirigir al grupo. A las personas visionarias les gustan los recursos visuales. Una mirada a cinco hojas de recursos visuales por unos tres minutos les mostrará a las personas visionarias cómo está la situación con más rapidez que si hubieran pasado tres horas mirando cifras.

En vez de entregar a la junta un voluminoso informe computarizado, entreguémosles diez gráficos. Hay que procurar que esté presente alguien que pueda responder a preguntas sobre detalles referentes a las cifras. ¡Una marca por mes en un cuadro cambia todo el contexto financiero para la toma de decisiones!

Preparemos un cuadro o gráfico que refleje los ingresos y gastos presupuestados en comparación con los ingresos y gastos mensuales reales. Las tendencias resultarán muy claras con la ayuda de una línea en el gráfico que muestre la situación financiera a lo largo del año. Cuando se dispone de este cuadro o gráfico, cada mes solo hay que agregar una breve línea al gráfico para que se haga visible al avance de cada nuevo mes. Cada mes es un nuevo informe, pero lo único que hicimos fue agregar un puntito o una línea muy corta.

Si la línea que muestra la tendencia ha ido subiendo durante meses y de repente desciende un 30% por debajo de la proyección hecha, hay que detenerse a examinar a fondo las razones. Los ingresos han bajado, los gastos han subido, y por esta razón no se hacen más gastos por un tiempo.

Los *índices clave* a menudo resultan útiles en gran manera. Un índice es la forma en que interactúan dos números. Por ejemplo: ¿Cuál es el ingreso por miembro de la iglesia, o cuántas unidades de donaciones hay en comparación con unidades potenciales?

Un *problema financiero* es la distancia entre dónde proyectamos que estaríamos y dónde estamos de hecho. Una tarde me encontraba en la oficina del pastor principal de una iglesia muy grande. Cuando llegó el pastor, sus ojos denotaban temor. Lo primero que me dijo no fue: «Hola, Bobb», sino «Bobb, ¡solo en este mes tenemos un déficit de $50.000!». Mi respuesta pareció sorprenderlo cuando me limité a preguntarle: «¿Comparado con qué?».

«¿Comparado con qué? ¡Ya dije que este mes tenemos un déficit de $50.000!».

Le indiqué que lo había oído la primera vez, y repetí la pregunta: «¿Comparado con qué? Si proyectaron que iban a estar con un déficit de $100.000, el resultado hubiera sido muy bueno; si proyectaron un déficit de $50.000, dieron en el blanco; si proyectaron que este mes acabarían sin ganar ni perder, tienen problemas. Así que: «¿Comparado con qué?».

«Ah», respondió. «Habíamos proyectado un déficit de unos $46.000».

Le insistí en que un déficit de $4.000 para una iglesia de su tamaño no era significativo en esta parte del año, y pasamos a otros temas habituales de conversación.

Si los informes financieros revelan un balance negativo, pero esto es lo que se había proyectado, es probable que no estén en problemas. Si han estado en una situación financiera parecida en esta época del año en los tres últimos años, pero tres meses después siempre han llegado a un balance positivo, pueden tener una confianza razonable de que lo mismo les ocurrirá este año. Se encuentran donde proyectaron que estarían. Si proyectaron que tendrían $50.000 en la cuenta bancaria, y tienen $50.000 en facturas por pagar, entonces están en problemas. Hay una gran diferencia entre las proyecciones y la realidad.

☐ 9. Está definida la política financiera.

Una política es lo que siempre hacemos o nunca hacemos. La política financiera es lo que siempre hacemos o nunca hacemos cuando tiene que ver con dinero.

Parece sencillo, pero la junta y el director ejecutivo tienen que establecer alguna política financiera con la que todos concuerden. «Pagamos nuestras deudas en treinta días. Nunca tomamos prestado más de X por ciento de nuestro capital neto», son dos ejemplos de política o decisiones tomadas con antelación.

Establecer una política ayuda a mantener la coherencia en una organización. La política ayuda a que las personas sepan qué dinero se puede gastar bajo qué condiciones, con qué autoridad, hasta qué cantidad. Todos los líderes en nuestro personal deben conocer el proceso y las políticas en cuanto a tomar fondos para una actividad o proyecto.

Para establecer una política adecuada se requiere tiempo para pensar con suma atención. La fuente de la política para el grupo debe ser el nivel más elevado de sabiduría del liderazgo. Lo más frecuente es que la política financiera de una organización la establezca la junta.

☐ 10. Se han establecido y comunicado los límites de autoridad de cada empleado.

La junta, o el director ejecutivo, debe establecer un límite para la cantidad de dinero (presupuestado y no presupuestado) que un empleado puede gastar sin la aprobación de otra persona. Todos los miembros del personal deben saber qué pueden gastar o no.

• El límite de cada uno de los miembros del personal puede variar con respecto al de los otros.

• El límite de cada uno de los miembros del personal se incrementará con el tiempo.

Digamos que un miembro nuevo del personal podría gastar $100 dólares sin aprobación adicional. Cinco años más tarde ese mismo empleado podría estar autorizado a gastar $1000 o $5000 dentro del presupuesto, sin aprobación de nadie más. La confianza que el grupo de liderazgo tiene en cada miembro aumentará con los años debido a la acumulación de decisiones sabias.

Cada empleado debe conocer sus límites desde el primer día de trabajo. Como parte de la orientación, a cada empleado se le debe informar de cuál es su límite de gastos. Se le puede decir algo así: «Cuando esté representando a nuestro grupo, puede gastar hasta $500, si se ha presupuestado, sin pedir ninguna aprobación. Por encima de esta cantidad, debe consultar con el comité de finanzas o el vicepresidente de servicios administrativos. Este límite puede incrementarse con más años de experiencia y una credibilidad comprobada».

Si una junta no fija límites, algún miembro cándido puede asumir compromisos financieros con los que la organización no puede cumplir. Digamos que un nuevo empleado ha visto un terreno que le gustó y le dijo a su dueño: «Le vamos a comprar ese terreno. Me parece que es una buena compra». Regresa a la oficina e informa al grupo de lo hecho, y el grupo no quiere ese terreno. No pueden permitirse la compra. ¿De quién es el problema? El miembro del grupo puede comprometerse, pero el problema ya es de la junta. Está en juego la integridad de toda la organización. Para el dueño del terreno, el nuevo empleado representaba a toda la organización cuando se comprometió en forma verbal sin autorización y con imprudencia.

Tarea

A modo de repaso en síntesis, verifiquen la siguiente lista para ver cuántos elementos están presentes en el caso de su grupo.

☐ Las personas encargadas de las finanzas son las adecuadas. Disponemos de sabia asesoría externa.

☐ Están establecidos controles internos apropiados.

- ☐ Se ha definido el presupuesto.
- ☐ Se han completado las proyecciones de flujo de caja.
- ☐ Se han completado los estados de cuentas de ingresos.
- ☐ Se ha completado el estado de situación.
- ☐ Se ha completado el informe anual.
- ☐ Se han preparado cuadros, gráficos y sumarios.
- ☐ Está definida la política financiera.
- ☐ Se han establecido y comunicado los límites de autoridad de cada empleado.

Si disponemos de todos estos elementos, ya estamos bien ubicados en la sección de dinero de nuestro Plan Maestro. Si no disponemos de ninguno de estos elementos, se pueden prever consecuencias negativas. Utilicemos esto como una lista de comprobación para asegurarnos de que todo lo relativo a finanzas está en orden.

Antes de pasar a la sección del historial, resumamos en qué punto de todo el proceso nos encontramos.
- ✔ Se ha llenado la Flecha.
- ✔ El organigrama está hecho, y se han preparado las hojas de descripción de puesto para todas las personas que se le reportan.
- ✔ Se ha ingresado a un cuaderno la información financiera.

¡Tenemos un Plan Maestro! ¡Felicidades!

¿Están comenzando a percibir por qué se necesitan estas tres dimensiones (rumbo, organización y dinero) en un Plan Maestro? Cuando ponen por escrito estos tres pasos, son de los pocos grupos en el mundo que disponen de un plan escrito con un plan claro en cuanto a rumbo, un plan claro de organización y un plan claro de dinero.

¿Necesita nuestra cabeza un breve descanso?

Ahora, para *mantener* funcionando bien estos tres pasos, avanzaremos a las tres secciones siguientes: Historial, Evaluación general y Ajuste.

La pareja

El novio encorvado por la edad, se apoyaba en el bastón
Sus pasos inciertos necesitaban orientación.
Mientras que al fondo del pasillo de la iglesia
Con una pálida sonrisa sin dientes
La novia en silla de ruedas llegaba.

Y ¿quién es esa pareja que se está casando?
Lo descubrirás cuando lo hayas estudiado de cerca.
Que esta es esa extraña pareja muy conservadora
¡que esperó hasta tener con qué casarse!

James Ryle, pastor
Boulder, Colorado

CAPÍTULO 14

Historial

Para pensar:

Por complicados y costosos que sean,
todo historial tiene como fin
responder a una sencilla pregunta:
«¿Estamos donde habíamos previsto estar?».

Rumbo	Organización	Dinero	Historial	Evaluación general	Ajustes
			Estamos en el cuarto paso del proceso		

Preguntas para despejar la neblina:
¿Estamos donde habíamos previsto estar?

Síntesis del capítulo

- Estacas de elefante frecuentes
- Beneficios de mantener un historial
- El historial presupone que hay prioridades
- Quinto instrumento: Informe del equipo. Seis preguntas al reportar
- Informes escritos
- Reuniones con el personal/Informes del equipo

Estacas de elefante frecuentes

PRIMERA ESTACA DE ELEFANTE: «¿POR QUÉ ESCRIBIR UN INFORME COMPLICADO? LO HARÉ DE PALABRA».

Un informe escrito documenta el avance logrado. Nos ayuda a recordar lo que hemos hecho. Al terminar el año, podemos mirar hacia atrás y decir: «¡Hemos avanzado mucho!». Además, disminuye la comunicación deficiente.

«¿No? ¡Pensé que se lo había dicho!».

«No, no me lo dijo».

«Bueno, aquí tiene el informe que presenté».

«Ah, sí, lo había olvidado! Está bien».

SEGUNDA ESTACA DE ELEFANTE: «LOS MIEMBROS DE MI PERSONAL DE TODOS MODOS NO ENTREGARÁN INFORMES. ¿PARA QUÉ PEDIRLOS?».

Si algunos miembros del personal no presentan de vez en cuando sus informes, no podemos ayudarlos a triunfar. No sabemos en qué punto se encuentran. Esta es una dimensión fundamental para brindar sólido apoyo al personal y para un avance sustancial en el logro de las prioridades.

TERCERA ESTACA DE ELEFANTE: «A DECIR VERDAD, NO SÉ QUÉ PONER EN UN INFORME».

En casi todos los ambientes de trabajo hay seis preguntas profundas que podemos formular para conseguir la información que necesitamos para ayudar de verdad a nuestro personal. Más adelante presentaremos y explicaremos en detalle estas seis preguntas.

Beneficios de mantener un historial

PRIMER BENEFICIO: AUMENTA LA CLARIDAD DE LA COMUNICACIÓN Y DISMINUYE LAS FRUSTRACIONES

Una de las preocupaciones que expresan más a menudo nuestros clientes es la falta de una clara comunicación, tanto interna como externa.

Siempre que hay personas que trabajan juntas, se dan problemas de comunicación. Los sentimientos frecuentes que expresa el personal incluyen: «¡Todos están enterados de ello menos yo!» o «¿Por qué no me lo dijo nadie?».

Los informes regulares construyen un puente por el que puede circular la comunicación en dos direcciones. El supervisor sabe lo que piensa y hace el funcionario y éste tiene oportunidad de recibir aportaciones del supervisor.

SEGUNDO BENEFICIO: AUMENTAN LAS DECISIONES OPORTUNAS

Cuando los datos son claros,
las decisiones surgen en forma espontánea.
—Dr. Peter Drucker

La mayor parte de las decisiones se posponen por falta de información. Cuando se dispone de informes, la información fluye y se pueden tomar decisiones.

TERCER BENEFICIO: AUMENTA LA ATENCIÓN PERSONAL

¡No podemos ayudar al personal si no sabemos qué necesitan! Los informes son un vehículo para expresar preocupaciones, necesidades, deseos y sugerencias. Con preguntas pertinentes podemos conocer y demostrar interés en el personal. Cuando las personas saben que nos importan, responden con lealtad.

El historial presupone que hay prioridades

El corredor de campo traviesa no puede medir su avance si no sabe dónde está la línea de llegada. El jugador de fútbol no puede hacer nada que no sea correr por el campo de juego dando patadas al balón si no sabe donde está la portería. Cuando tenemos una línea de llegada, o una portería, podemos concentrar nuestra energía y *medir nuestro avance*.

El foco primordial de nuestro equipo debe incluirse en nuestras prioridades a noventa días o un año. Preguntemos a menudo a nuestro equipo: «¿Cómo les va con sus prioridades a noventa días?».

Un artículo que escribí para la Christian Management Association se centró en el gran valor del historial del avance hacia nuestras metas por medio de informes regulares. Las secciones restantes en este capítulo son un extracto del artículo «Servant Leadership Series: Reporting/Tracking» [Serie Liderazgo de Servicio: Informes/Historial].

Hace más de 2000 años Jesús dijo (en paráfrasis muy libre): «El que quiera ser el mayor de los líderes de equipo ha de ser servidor de los suyos». Como líderes de un equipo, somos responsables de ayudar a sus miembros a cumplir sus prioridades. Somos responsables de servirlos...

- informándolos de decisiones claras;
- ayudándolos a eliminar problemas u obstáculos en el camino que les impiden cumplir las prioridades;
- ayudándolos a hacer planes realistas, bien pensados, alcanzables;
- alentándolos a medida que van alcanzando hitos clave;
- estando conscientes de su vida personal de manera que podamos acompañarlos en las bajas y celebrar con ellos cuando se sientan «en la cima del mundo»;
- orando por ellos.

Como líder servidor, servimos de estas formas a quienes dirigimos. Hace unos años le pregunté a un amigo, Si Simonson, quien es también un experto en eficiencia reconocido en todo el país: «¿Cuál es la pregunta más útil que conoces?». Se detuvo por más o menos un ineficiente milisegundo para luego dar en el blanco del asunto con esta profunda respuesta: «¿Qué *tiene* que saber para hacer lo que *tiene* que hacer?».

Como líder servidor, lo que «*tenemos* que saber para hacer lo que *tenemos* que hacer» para servir a cada empleado de manera efectiva, se puede encontrar en las respuestas a seis sencillas preguntas:

Para cumplir con todas las prioridades que hemos acordado, preguntemos:

1. ¿Qué *decisiones* necesita de mí?

2. ¿Qué *problemas* le han impedido alcanzar sus metas?

3. ¿Qué *planes* está haciendo que no se han analizado?

4. ¿Qué *avances* ha logrado?

5. En una escala de uno a diez, ¿cómo se siente *en lo personal*? ¿Por qué?

6. ¿Qué podría pedir al orar por usted?

Si los miembros de nuestro personal nos responden a estas preguntas, podemos ayudarlos a cumplir con sus prioridades en formas que nunca antes han experimentado. Esto es así en todos los niveles de la organización.

Disponer de un informe sencillo como éste nos ofrece múltiples ventajas:

- Se tendrá una comunicación más clara (problema muy importante en muchas organizaciones).
- Los miembros de nuestro personal aclararán sus pensamientos al poner por escrito su respuestas.
- Tendrán documentación de sus avances y logros.
- Sabremos con claridad cómo ayudarlos.
- Habrá un método claro de decirles a nuestros supervisores cuál es la mejor forma de ayudar a los miembros de su personal.
- Rara vez nos encontraremos con sorpresas.
- Estaremos accesibles a los miembros de nuestro personal y podremos ayudarlos a partir de forma muy concreta de una manera eficaz.
- Al disponer de sus respuestas por escrito, disminuiremos las comunicaciones deficientes que con frecuencia se originan en supuestos que difieren.

Si no sabemos cuál es la situación de nuestro personal, no podremos ayudarlos a alcanzar sus metas, y no podremos servirlos. En última instancia, no podremos guiarlos.

Quinto instrumento: Informe del equipo. Seis preguntas al reportar

Nombre: _____ Fecha: _____

PARA PODER CUMPLIR CON MIS PRIORIDADES CON PUNTUALIDAD...

1. Necesito que me indique su *decisión* acerca de los puntos siguientes:

El recurso llamado: «Treinta preguntas que hay que plantear antes de tomar cualquier decisión importante» (ver Apéndice E-3) es una ayuda útil para la toma de decisiones. Si usted está solo frente a una decisión que tiene que tomar, sin poder analizarla con otro, estas preguntas proveerán una perspectiva objetiva en torno a la decisión. Si se imagina que estoy junto a usted, formulando cada una de dichas preguntas, eso lo ayudará a conseguir objetividad.

La tercera pregunta ha tenido una utilidad especial para muchos: «¿Estoy pensando en esta decisión con la mente clara, o me siento cansado hasta el punto en que no debería estar tomando ninguna decisión importante?». Vince Lombardi dijo: «La fatiga nos convierte a todos en cobardes». Y yo agrego: «Nos hace ser introspectivos y negativos».

Cuando estamos cansados, tendemos a retroceder ante retos que en otras circunstancias nos parecerían emocionantes. Tenderemos a dudar de nosotros mismos, y tenderemos a volvernos negativos acerca de otras personas, de la vida, de nosotros mismos, de nuestra familia y de todo. Así que, si nos sentimos cansados, una de las cosas más importantes que hacer es descansar. Y, ¡ayudemos a los cansados miembros de nuestro personal a que también descansen algo!

2. Lo siguiente me causa *problemas* para alcanzar mis metas:

Cuando se trata de resolver problemas, una de las cosas más importantes que debemos hacer es poder discutir cuanto antes acerca de nuevas opciones. El recurso: «Preguntas para generar ideas» (ver Apéndice E-2) puede ayudar. Estas preguntas ayudarán a pensar acerca del problema en una serie de contextos nuevos y permitirá ver soluciones muy nuevas. Se trata de un instrumento formidable para la resolución de problemas.

3. *Pienso* hacer lo siguiente:

La «Hoja de Trabajo para definir estrategias» (ver Apéndice B-5) ayuda a los miembros del personal a prepararse de manera adecuada antes de presentar cualquier plan importante. Lo que queremos saber de parte de las personas que se nos reportan es qué proyectan hacer que *no hemos* aprobado. Esto impide que haya sorpresas. Este punto entra dentro de un principio de liderazgo: «No sorprender nunca al líder del equipo». Qué ocurre si el pastor de jóvenes dice: «Queremos aumentar la asistencia a nuestro programa de penúltimo año de secundaria, y por esto estamos ofreciendo una bicicleta nueva de $500 a todo el que traiga a alguien nuevo». ¡Habría que estar al tanto de este proyecto antes de que comprometa un desembolso de $50.000 de parte de la iglesia!

4. He logrado *avances* en las siguientes esferas:

   Aquí hay que incluir los resultados financieros y numéricos. Son útiles los cuadros y gráficos. En las reuniones con el equipo para hablar de los avances, tienen la oportunidad de animarse unos a otros, de felicitarse unos a otros y de decir: «¡Buen trabajo!».

5. Calificaría mi *satisfacción personal* con un _____.
   (1=«Quisiera desaparecer» y 10=«Me siento en la cima del mundo»).

   Este ejercicio ayuda a que se puedan objetivar sentimientos muy subjetivos. Lo usual es que las personas sepan qué significa 1-10. He descubierto que incluso un niño de diez años puede entender bien qué es una escala de 1 a 10. La mayor parte de los adultos se sienten cómodos con ello, pero quizá se podría querer utilizar alguna otra escala para calificar. Diría 9-10 es muy bueno; 7-8 no es tan bueno pero es aceptable; 4-6 comienza a resultar peligroso. Cualquier elemento que caiga entre 0 y 3 habría que estudiarlo de inmediato; es altamente probable que se trate de un verdadero problema. Podría convenir explicar al personal qué significan los distintos puntajes.

6. ¿Qué podría pedir al orar por usted? (Esto podría resultar inadecuado en un entorno secular.)

   Es muy alentador saber que el líder del equipo se interesa tanto en nuestros asuntos que quiera orar por nosotros.

Informes escritos

¿CON QUÉ FRECUENCIA DEBE INFORMAR EL PERSONAL?

Esto varía según la organización. En algunas se piden informes escritos semanales, en otras mensuales y en algunas trimestrales. Cuanto más compleja y fuera de lo rutinario sea una organización, tanto más se necesitará estar al corriente de los avances que se están logrando.

¿SON ACEPTABLES LOS INFORMES VERBALES?

En el caso de personal de tiempo completo, nuestro equipo recomienda que los informes sean siempre escritos. En el caso de líderes de proyectos, voluntarios o personal de tiempo parcial, los informes en algunos casos pueden ser verbales. En todo caso, se abarcarían las mismas preguntas.

¿POR QUÉ NO TODAS LAS ORGANIZACIONES TIENEN SISTEMAS DE INFORMES?

Algunas no tienen prioridades claras acerca de las cuales se pueda informar. Otras no entienden qué deberían preguntar. Además, otras parece que prefieren ir siguiendo la corriente sin preocuparse por lo que estén pasando las personas.

Incluso si el líder del equipo no pidiera informes escritos, convendría adoptar la práctica de prepararlos y presentarlos. Por ejemplo, presentar un informe regular a la junta para informar sobre los avances. Esto ayudará a que la junta se centre en las prioridades del líder, y demuestra el interés y liderazgo del mismo.

¿QUÉ SI UNO DE LOS MIEMBROS DEL PERSONAL NO PRESENTA UN INFORME?

Si no sabemos qué hacen los miembros de nuestro personal, no podremos ayudarlos. Si no se toman el tiempo de responder por escrito a estas seis sencillas preguntas una vez por semana más o menos, ¡hay que insistir con delicadeza! A no ser que el personal esté dispuesto a esforzarse algo para darnos la información que necesitamos (las decisiones que necesitan, los problemas que enfrentan), no podremos ayudarlos.

El pastor Larry DeWitt me dijo: «Sabe, Bobb, tengo un empleado que no me presenta informes». Le respondí: «Le haría saber con claridad que no puede dejar de presentarlos». La vez siguiente que vi a Larry, me contó: «Le dije: "Debido a la naturaleza de nuestro trabajo y a la importancia de que tengamos una comunicación regular, para el próximo miércoles necesito una de dos cosas en mi escritorio, o un informe, como lo hacen todos los otros miembros del personal o su renuncia. Necesito tener en mi escritorio para el próximo miércoles una de las dos cosas"». Bueno, eso es un extremo. La mayor parte de las personas no necesitan esta clase de ultimátum, pero Larry consiguió el informe. Si el personal no nos dice qué decisiones necesitan o qué clase de ayuda requieren, ¡no podremos ayudarlos!

¿Qué reacción se puede esperar cuando introducimos por primera vez el requisito de presentar informes?

Las reacciones suelen caer en una de estas categorías:

1. Alivio y agradecimiento (porque nos interesamos): 80%.

2. Temor al fracaso (por falta de confianza): 15%

3. Rebeldía (contra cualquier «autoridad»): 5%

Reuniones con el personal/Informes del equipo

A menudo me preguntan: «¿Cuáles de estas preguntas deberíamos cubrir en nuestras reuniones individuales con el personal?», y «¿Qué deberíamos cubrir en la reuniones del personal?».

Si se examinan con atención, se puede ver que las seis preguntas para informar se subdividen en dos clases:

1. Preguntas personales: se analizan mejor en forma individual

2. Preguntas públicas, se analizan mejor en equipo

Las preguntas *personales* incluyen:

A. Decisiones

   ¿Qué decisiones necesitan de mí para seguir avanzando hacia las metas a noventa días?

Quizá haya un empleado que necesite una decisión solo en relación con su departamento. Por ejemplo: «¿Puedo conseguir otro componente para el equipo de computación?». Podríamos aburrir al resto del personal si analizamos este asunto durante una hora. Cuantas más decisiones podamos cubrir en forma individual, tanto mejor. Si la decisión implica a otra persona, incorporémosla a la discusión, pero no utilicemos tiempo de todo el personal para la toma de decisiones o la solución de problemas.

B. Problemas

¿Qué problemas está teniendo?

Utilicemos la misma lógica que en el caso de decisiones que se necesitan.

C. Personal

En una escala de uno a diez, ¿cómo se siente en lo personal?

Es una pregunta muy personal. Tiene que asegurarse de que el entorno sea suficiente privado para que las personas puedan responder con sinceridad. La mayor parte responderán en forma positiva, pero, bajo presión, algunos confiarán ciertas luchas que solo ellos y sus familias conocen. A no ser que sepamos que están sufriendo, ¿cómo podremos ayudarlos?

Las preguntas de *equipo* (cosas que se discuten en reuniones con el personal) incluyen:

A. Planes

La presentación de planes puede aumentar la cooperación, reducir costos y minimizar la ineficiencia y los conflictos de calendarios. Dos o tres miembros del personal pueden planear asistir a una conferencia a ciento cincuenta kilómetros de distancia. Al presentar los planes, los miembros del personal pueden dividir el gasto y hablar en forma productiva durante el tiempo de viaje.

B. Avance

Esto permite que el personal pueda felicitarse unos a otros si así lo sienten.

C. Peticiones de oración

Dedicar algo de tiempo a orar unos por otros (si la clase de organización lo permite).

¿Se comunican alguna vez los miembros del equipo con el líder de su líder? Lo ideal es que los líderes de equipo envíen copias de los informes de los miembros de su personal con el informe que envían a sus respectivos líderes de equipo. Si el líder de equipo de su líder de equipo necesita o desea conocer el punto de vista de un empleado respecto a un asunto, siempre puede pedir reunirse con el mismo a solas.

La mejor forma de que los miembros del personal hablen con el líder de equipo de su líder suele ser pedirle permiso a este. El criterio más común dice que: «Nunca pase por encima de su líder sin antes pedírselo».

A propósito, lo que necesitamos ver en nuestro personal para servirlos de manera adecuada es *exactamente* lo que la persona responsable de ayudarnos a tener éxito necesita ver en nosotros.

En conclusión, escojamos con sumo cuidado a los miembros de nuestro personal. Ayudémoslos a definir con claridad hacia dónde quieren llegar ellos y nosotros (prioridades), luego démosles mucho, mucho aliento, además de las aclaraciones que necesiten para llegar a ser líderes maduros.

Recordemos que algún día los miembros de nuestro personal podrán ocupar nuestro puesto cuando pasemos a otros trabajos. Nuestra responsabilidad es prepararlos para que sean líderes servidores, prudentes y preocupados.

Tarea:

A la luz de la información anterior acerca de informar, decidamos hoy cómo nos informarán cada uno de los miembros de nuestro equipo y con qué frecuencia pediremos informes escritos. Comuniquémoselo a nuestro equipo apenas resulte oportuno.

CAPÍTULO 15

Evaluación general

Para pensar:

*Evaluación es cuando nuestra atención pasa
de estar centrada en: «¿Parece que tenemos éxito»
a: «¿Causamos un impacto significativo?».*

Rumbo	Organización	Dinero	Historial	**Evaluación general** Estamos en el quinto paso del proceso	Ajustes

Preguntas para despejar la neblina:

¿Estamos logrando la *calidad* que esperamos y nos exigimos?

Síntesis del capítulo:

- Estacas de elefante frecuentes
- Beneficios de la evaluación
- Supervivencia, éxito, importancia
- Tres niveles de evaluación
- Aquí viene el mentor, y no ¡aquí viene el juez!
- Proceso de evaluación del personal

- Sexto instrumento: Cuestionario para la evaluación anual del personal
- Séptimo instrumento: Cuestionario para la evaluación de programas
- Octavo instrumento: Cuestionario para la evolución de la organización

Estacas de elefante frecuentes

PRIMERA ESTACA: «NO SIRVO PARA ENFRENTAMIENTOS EMOCIONALES».

Tratemos de pasar del enfrentamiento a la aclaración. Dejemos de tratar de *enfrentar* a alguien para comenzar a centrarnos en *aclarar* cuáles son las percepciones que tenemos de esa persona, en qué pensamos que podría crecer, y en qué dirección desea crecer. Si sustituimos la palabra *enfrentamiento* con la palabra *aclaración* se eliminará gran parte de la ansiedad emocional acerca del proceso de evaluación, así como de ser evaluado.

SEGUNDA ESTACA: «A MI PERSONAL NO LE GUSTA QUE LO EVALÚEN, ASÍ QUE NO LO HAGO».

¿Puedo sugerir que nuestro personal merece, y tiene el derecho de esperar, una evaluación? Si no les ofrecemos una evaluación cuidadosa, clara, bien pensada, no saben si lo están haciendo bien. Sin evaluaciones regulares, tendremos la tendencia a hacer insinuaciones sutiles acerca de las áreas en los que son flojos. Incluso en forma inconsciente, no mostraremos afecto, no alentaremos, o incluso insinuaremos de manera sutil que están actuando mal con la esperanza de que capten el mensaje. Nuestro personal comenzará a sentirse cada vez más incómodo. Si nos sentamos de vez en cuando para brindarles una evaluación cándida y sincera, se elimina mucho del temor al proceso de evaluación. Si podemos asumir las evaluaciones con la actitud de «Estoy aquí para ayudar» en vez de «Estoy aquí para juzgar», el personal se mostrará menos renuente a que lo evalúen. Esforcémonos en realizar evaluaciones *antes* de que se presenten dificultades. Las evaluaciones regulares ayudarán a evitar problemas grandes.

TERCERA ESTACA: «PIENSAN QUE LOS ESTAMOS DISCIPLINANDO».

De vez en cuando es necesaria la disciplina, pero quisiera sugerir que entre 80 y 90% de todas las evaluaciones que hacemos debería centrarse en lo positivo: lo que están haciendo *bien*, no en lo que están haciendo *mal*.

A veces hay que resolver esto, pero hay que centrarse primero y en forma primordial en lo que están haciendo bien. Una evaluación tiene como fin ayudar a que la persona quede bien, no a que quede mal. La evaluación es más de *prevención* que de *corrección*.

Beneficios de la evaluación

PRIMER BENEFICIO: AUMENTA LA CALIDAD, AHONDA LA SATISFACCIÓN LABORAL DE LAS PERSONAS

Si oímos que alguien dice: «Mi trabajo no es lo satisfactorio que solía ser» o «Mis relaciones no son lo satisfactorias que solían ser», la clave que subyace a la satisfacción o insatisfacción es la *calidad*. Cuando mejoramos la calidad de lo que hacemos, el trabajo resultará mucho más satisfactorio. Cuando estamos evaluando, tratemos de mejorar la calidad de nuestra relación y la calidad de la producción o servicio de la persona a la que estamos evaluando.

SEGUNDO BENEFICIO: PROVEE UN TUBO DE ESCAPE ADECUADO PARA EXPRESAR SENTIMIENTOS NEGATIVOS, DISMINUYE «ESTALLIDOS» Y CAMBIOS DE PERSONAL

Si no ofrecemos a nuestro personal la oportunidad de aligerar en forma adecuada su presión, van a hablar a nuestras espaldas. Airearán de manera inadecuada sus frustraciones acerca de nosotros y de nuestro estilo de liderazgo con otros miembros del equipo. Por esto es apropiado e importante reservar un tiempo en forma regular para evaluaciones ponderadas en forma positiva.

Supervivencia, éxito, importancia

La evaluación se da cuando un equipo transfiere su atención del éxito a la importancia. Una evaluación adecuada transfiere al equipo de una orientación hacia el éxito de «¿Logramos nuestras prioridades? a «¿Qué impacto hizo el cumplir con las prioridades? ¿Alcanzamos una calidad que con el tiempo contribuye a que se obtengan resultados positivos?».

Una organización o una persona tiende a centrarse en una de las tres fases:

1. Supervivencia

2. Éxito

3. Importancia

Las personas centradas en la *supervivencia* hacen preguntas como: «¿Lo lograré alguna vez? ¿Sobreviviré?». Algunos líderes que conocemos están en el proceso de preguntar: «¿Lo lograré como líder? ¿Llegará nuestra organización hasta el año próximo? ¿Estaremos en condiciones de seguir teniendo las puertas abiertas?». Este es un enfoque de supervivencia. Hay que decir, que se vuelve muy egocéntrico.

Los centrados en el *éxito* hacen preguntas como: «Sí, vamos a lograrlo. Pero ¿cuánto podremos lograr? ¿Una iglesia más grande, más personal, más autobuses, más esto, más aquello? ¿Se ve que tenemos éxito?». De nuevo, el foco tiende a estar centrado en uno mismo, aunque es más bien una actitud egocéntrica positiva. No es un egocentrismo ansioso, temeroso, pero sigue siendo: «¿Cuán grandes podemos llegar a ser?».

Los centrados en la *importancia* hacen preguntas como: «¿Perdurará en realidad el cambio positivo que estamos buscando? ¿Qué habremos conseguido en cien años? ¿Es nuestro producto o servicio de la mejor calidad que podemos lograr?». La importancia está centrada en otros. La importancia es el foco del paso de evaluación.

Tres niveles de evaluación

A. Evaluación de uno mismo

Se quiere no solo evaluar al personal, sino que el personal lo evalúe a uno. Siempre es útil una evaluación objetiva, si lo que se busca es desarrollar a la persona y ayudar a que cada persona alcance todo su potencial al cabo de los años.

B. Evaluación de programas

¿Están ayudando nuestros programas a satisfacer las necesidades que nos importan mucho? ¿Está en realidad presente la calidad que pensamos que está presente

C. Evaluación de la organización

¿Estamos logrando la calidad que esperamos porque tenemos el personal adecuado en el lugar adecuado?

Aquí viene el mentor, y no ¡aquí viene el juez!

Para muchos líderes jóvenes, la palabra *meta* es igual a fracaso y la palabra *evaluación* equivale a ansiedad. Cuando oímos que va a haber una evaluación, nuestras emociones más inseguras claman: «¡Ay no, aquí viene el juez!». La evaluación no tiene que ver con eso. Me gustaría eliminar algo del temor que genera el proceso de evaluación. Como lo expresa nuestro consultor asociado Terry Fleck: «El que viene no es el juez, sino el mentor, el maestro, el preparador, el ayudante que viene a ayudar». (Leer en el Apéndice II lo que dicen los recursos del Masterplanning Group acerca del asesoramiento).

Proceso de evaluación del personal

La evaluación de uno mismo tiende a ser muy subjetiva. Es fácil perder la perspectiva objetiva cuando se trata de personas con las que trabajamos de cerca. El proceso que sigue nos resultará en gran manera útil cuando tratemos de realizar una evaluación objetiva. (Ver el gráfico en la página 155).

Lo primero que hay que preguntar es: «¿Podemos dejar a la persona donde está?». Si la respuesta es afirmativa, demos a ese empleado un enfoque claro para el puesto y prioridades claras. Evaluemos en forma regular su desempeño. ¿Es productiva y exitosa la persona y está contenta?

El que sigue es un ejemplo de la Hoja de Evaluación Anual del Personal. Recomiendo que se llenen para cada uno de los miembros del personal de tiempo completo. Se puede hacer de dos maneras:

1. La puede llenar como líder del equipo.

2. Hay que pedir a cada empleado que llenen una para sí mismos, en tanto que llenamos por separado una acerca de cada uno de ellos. Deben reunirse en un entorno de retiro para compararlas. Quizá piensan que lo están haciendo muy bien en un área en la que pensamos que están más bien experimentando dificultades, o viceversa. En el anverso de la hoja podemos escribir nuestros supuestos acerca de sus puntos más fuertes, dónde nos gustaría que mejoraran, y qué capacitación futura recomendamos.

PROCESO DE EVALUACIÓN DEL PERSONAL

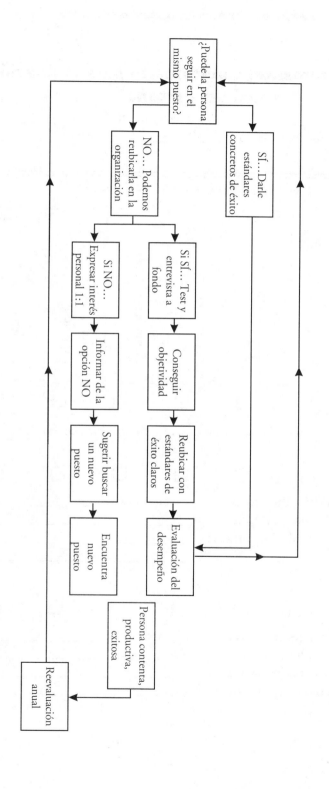

Sexto instrumento: Cuestionario para evaluación anual del personal

Nombre_____Departamento _____

Período de evaluación: Del _____al _____Título:_____

REVISIÓN DE LOS FACTORES DE DESEMPEÑO

Insatisfactorio	Necesita mejorar	Competente	Mejor que lo requerido	Excelente
❏	❏	❏	❏	❏

(Calificar cada factor de desempeño en esta escala)

1. Cantidad de trabajo: ❏   ❏   ❏   ❏   ❏

   Evaluación del volumen de
   trabajo realizado en relación
   con estándares, sin importar la
   calidad

   Comentarios: _____
   _____
   _____
   _____

2. Calidad del trabajo: ❏   ❏   ❏   ❏   ❏

   Evaluación del desempeño en
   cuanto a cumplir con los
   requisitos establecidos para el
   puesto, precisión, juicio y nitidez.

   Comentarios: _____
   _____
   _____
   _____

3. Conocimiento/ ☐ ☐ ☐ ☐ ☐
   Habilidad técnica:

   Evaluación de cuánto sabe   Comentarios: _____
   acerca del puesto actual y de las _____
   destrezas necesarias para _____
   realizarlo. _____

4. Creatividad/Iniciativa: ☐ ☐ ☐ ☐ ☐

   Evaluación del desempeño en   Comentarios: _____
   cuanto a superar situaciones _____
   difíciles y generar nuevas ideas _____
   y cambios constructivos. _____

5. Capacidad para ☐ ☐ ☐ ☐ ☐
   aprender:

   Evaluación de la capacidad   Comentarios: _____
   para aprender métodos y _____
   conceptos nuevos, para aplicar _____
   nuevos conocimientos y retener _____
   información. _____

6. Confiabilidad: ☐ ☐ ☐ ☐ ☐

   Evaluación de si se puede   Comentarios: _____
   depender siempre del _____
   empleado para desempeñar _____
   deberes dentro de los límites _____
   de su experiencia y _____
   entrenamiento.

7. Cooperación: ❑   ❑   ❑   ❑   ❑

    Evaluación de la actitud   Comentarios: _____
general hacia el trabajo y la   _____
empresa, y capacidad del   _____
empleado para trabajar en   _____
forma eficiente con el   _____
supervisor y otros colegas.

Resumen

Cualidades más sólidas

_____

_____

_____

_____

Cualidades que más necesitan mejorar

_____

_____

_____

_____

Capacitación y desarrollo futuros que se sugieren

_____

_____

_____

_____

Comentarios generales y desempeño general

_____

_____
_____
_____

Fecha	Entrevistador

Firma del empleado	Revisado por

Los formularios y preguntas de evaluación en esta sección son para que se utilicen. Pueden adaptarse. Se pueden copiar. Son para que se usen.

En la reevaluación anual al año siguiente, se pregunta: «¿Podemos seguir dejando a la persona donde está?» o «¿Desea usted seguir por otro año?». (Si se desea, pueden utilizarse las preguntas incluidas luego en la entrevista «Desarrollar»). Si la respuesta sigue siendo afirmativa, se debe ayudar a la persona para que siga teniendo éxito y se sienta realizada en su puesto.

PREGUNTAS A FORMULAR EN UNA ENTREVISTA ANUAL DE «DESARROLLO»

El día dedicado a la evaluación anual del personal podría muy bien llamarse «Día anual de la profesión». Es el día en que preguntamos al personal cuáles son sus planes para el futuro y cómo podemos ayudarlos a llegar a donde se dirigen en la vida.

Una vez al año, me gusta sentarme con mi personal en un entorno relajado sin interrupciones, donde puedo explicar el propósito de la reunión y comentar algunas preguntas de evaluación. Las preguntas generales, básicas, son: «¿Cómo puedo ayudarlo a que triunfe? ¿Hasta dónde quiere crecer este año? ¿Cómo puedo ayudarlo a desarrollarse en esas áreas?». Utilizo veintiuna preguntas (ver páginas 160-161). Sentarse con el personal y formularles estas preguntas los ayudará a sentir que son importantes para uno. Comprenderemos mejor al personal. La relación con ellos saldrá fortalecida. Me parece que todos encontraremos útil este ejercicio.

Notas:

- Entregar a los miembros del equipo una copia de estas preguntas una o dos semanas antes de la reunión para que puedan reflexionar acerca de sus respuestas y lleguen preparados para conversar a fondo acerca de ellas.
- Conversar acerca de ellas cuando no haya prisas.
- Evitar interrupciones; reunirse fuera de la oficina si es apropiado.
- Explicar, antes de la sesión, que la reunión tiene como fin ser un tiempo de fortalecimiento.
- Recordar que la forma *en que* decimos algo a menudo es más importante que *lo que* decimos.
- Dejar constancia con un memorando que documente acuerdos, planes, prioridades y acciones.

Preguntas

1. ¿En qué esferas desea crecer como persona este año? ¿Cómo puedo ayudar en esto?

2. ¿Qué siente que lo está frenando en su vida? ¿Cómo puedo ayudarlo?

3. ¿Qué proyecta hacer este año que nunca antes haya hecho y está deseoso de hacerlo?

4. ¿Siente que lleva alguna carga pesada sobre los hombros, proveniente de fuera del trabajo, acerca de la que le gustaría hablar conmigo como amigo?

5. ¿Hay alguna esfera de su vida sin resolver acerca de la que ha deseado hablar conmigo, pero nunca se ha presentado el momento oportuno?

6. ¿Cuál ha sido su experiencia más significativa este año?

7. ¿Qué instrumentos, equipo, instalaciones o personal podrían ayudarlo más a maximizar su potencial?

8. ¿Cuál es el aspecto concreto de su vida con el que le gustaría más que lo ayudara este año?

9. Como líder suyo, ¿en qué le gustaría verme crecer este año? ¿Qué me sugeriría o a quien me recomendaría para que me ayudara?

10. ¿Qué hago que lo motiva a usted?

11. ¿Qué hago por mi parte que lo desmotiva?

12. ¿Qué sería lo más útil que debiera saber de usted para entender su «verdadero yo»?

13. ¿Cuáles son sus sueños para los próximos cinco o diez años? Si pudiera hacer todo lo que deseara, ¿qué haría? ¿Cómo puedo ayudarlo en eso?

14. ¿Cuáles piensa que son sus tres principales puntos fuertes? ¿Cómo puedo ayudarle a aprovecharlos al máximo?

15. ¿Qué cursos le gustaría tomar, qué libros le gustaría leer, y qué experiencias le gustaría vivir que lo ayudaran a crecer este año?

16. ¿Qué aspecto de su trabajo lo llena más? ¿Por qué?

17. ¿Con qué tres personas le gusta más estar? ¿Por qué?

18. ¿Qué hace para divertirse?

19. ¿Qué en su trabajo le produce mayor estrés y frustración? ¿Por qué?

20. ¿Cuáles piensa que son mis expectativas con respecto a usted?

21. ¿Qué he olvidado preguntarle que me ayudaría más a entender quién es, qué le gustaría llegar a ser y hacia dónde se orienta? ¿Cómo podría ayudarlo más para que llegara hasta allí?

Digamos que preguntamos: «¿Podemos dejar a esa persona en el puesto que ocupa?», y la respuesta es «No, no podemos. Tiene que haber un cambio». Entonces hay que preguntar: «¿Podemos reubicarla en la organización?». Si la respuesta es: «Sí, podemos», quizá convenga aplicar algunas pruebas o realizar algunas entrevistas en profundidad para mejorar la objetividad acerca de lo que sería mejor que hiciera esa persona. Reubiquemos a las personas con un estándar claro de éxito y realicemos evaluaciones regulares de desempeño y satisfacción.

Antes de despedir a una persona de su puesto o de la organización, puede ayudar el siguiente ejemplo de memorando, con las adaptaciones que sean del caso. Mi asistente personal tenía una mecanógrafa que no funcionaba muy bien. Con la intención de comunicar la situación, elaboró este memorando. En él comunicó de manera clara: «Hay un estándar claro que usted no alcanza. Si no puede alcanzarlo, no puede seguir en el puesto. La queremos. Nos importa. Posee puntos fuertes. Puede salir adelante».

Fecha:

Para:

De:

Solo deseo que ambas tengamos un resumen de nuestra conversación del martes, de manera que no haya incertidumbre ni malentendido en cuanto a posibles futuros acontecimientos.

En nuestra conversación tocamos los puntos siguientes, tal como lo entiendo:

1. ¡Estamos interesados en usted y la aplaudimos! Trabaja mucho y su actitud es excelente. Es un placer tenerla en nuestra oficina.

2. Debido a que la carga de trabajo aumentará en forma significativa en un futuro próximo, la velocidad en escribir a máquina pasa a ser un aspecto preocupante. Por tanto, su velocidad debe alcanzar las sesenta palabras por minuto para el 1 de abril. (Menos de esto, aunque se aproxime, no será aceptable).

3. Si no alcanza esa velocidad para dicha fecha, entonces el 1 de abril será su último día como empleada en el Masterplanning Group. (Esto le da sesenta días para prepararse.)

4. Entre tanto, si piensa que saldrá del trabajo, deseamos que no tenga pena en buscar otros trabajos. Si necesitara algún permiso para ausentarse del trabajo para ir a entrevistas en otros lugares, puede hacerlo con toda libertad. Puedo dar buenas referencias a cualquiera que desee emplearla.

¡Estamos en disposición de ayudarla a triunfar!

En la evaluación anual del año siguiente preguntamos: «¿Podemos mantenerla?». Si la respuesta es no y en la organización no existen otras opciones, en privado expresamos nuestro aprecio a esa persona. Le explicamos que no existe la opción de seguir en el puesto. Le sugerimos que empiece a buscar otro trabajo. Le ofrecemos referencias y posibles puestos que encajarían mejor con la capacidad e intereses de la persona.

Séptimo instrumento: Cuestionario para la evaluación de programas

Nota: El cuestionario se utiliza para evaluar un programa o actividad. Es un modelo sencillo que se puede adaptar como se quiera. Si pedimos a diez personas adecuadas que tomen diez minutos para llenar el formulario, obtendremos entre el 50 y el 80% de la información que necesitamos para mejorar el programa el año siguiente.

HOJA DE EVALUACIÓN DEL PROGRAMA

De vez en cuando es importante detenerse para analizar en forma minuciosa algún programa o servicio. Agradeceríamos mucho que tomara unos minutos para hablarnos de su sentir y pensar acerca del programa mencionado. Gracias de antemano por su cooperación.

1. ¿Qué es lo que más le gusta del programa?

2. ¿Qué sugerencia tendría acerca de cómo mejorar el programa?

3. ¿Cómo siente que está creciendo en lo personal como resultado del programa?

4. ¿Se siente del todo cómodo al traer amigos al programa? ¿Por qué?

5. ¿Hay algo en el programa que le esté molestando?

6. ¿Qué opina del liderazgo que ha recibido el programa?

7. Cómo se siente en cuanto a la dirección hacia la que se encamina el programa?

8. ¿Qué tres cosas podríamos hacer en los próximos noventa días para mejorar la calidad de este programa en un 50%?

(Tenga la bondad de utilizar el anverso de la hoja para agregar cualquier comentario que desee expresar).

Su nombre _____ Fecha _____

Octavo instrumento: Cuestionario para la evaluación de la organización

El cuestionario de evaluación de cualquier organización será exclusivo, amoldado a sus prioridades y departamentos específicos.

EVALUACIÓN DE LA ORGANIZACIÓN

La siguiente evaluación es una muestra de un cuestionario sobre organización para una iglesia. En el Apéndice F-2 se incluye otra muestra.

EVALUACIÓN DE MINISTERIOS Y PERSONAL DE LA ORGANIZACIÓN

Marque con un círculo el número que mejor refleje su opinión. Deje en blanco los puntos que se refieren a asuntos con los que no está familiarizado. Por favor, agregue comentarios adicionales en el anverso.

1. ¿Cómo piensa que una persona que visite el servicio dominical de la mañana ve a nuestra iglesia?

Nuestra iglesia es:	Fría/impersonal	1 2 3 4 5 6 7 8 9	Cálida/amigable
El tiempo con nosotros fue:	Perdido/Sin sentido	1 2 3 4 5 6 7 8 9	Significativo/ valioso

2. ¿Debe nuestro culto dominical de la mañana centrarse más en llegar a los que no son creyentes o en fomentar el crecimiento de los creyentes? (5=lo que hacemos está bien)

Creyentes	1 2 3 4 5 6 7 8 9	No creyentes

3. ¿Cómo calificaría el formato general de nuestro culto dominical de la mañana? (5=bueno)

Demasiado formal	1 2 3 4 5 6 7 8 9	Demasiado informal
Demasiado predecible	1 2 3 4 5 6 7 8 9	Demasiado impredecible
Demasiado largo	1 2 3 4 5 6 7 8 9	Demasiado corto

4. ¿Cómo calificaría la música en nuestro culto del domingo por la mañana? (5=bueno)

Coros de alabanza:	Demasiado poco	1 2 3 4 5 6 7 8 9	Excesivo
Himnos:	Demasiado poco	1 2 3 4 5 6 7 8 9	Excesivo
Cantos nuevos:	Demasiado poco	1 2 3 4 5 6 7 8 9	Excesivo
Equipo de guitarras:	Demasiado poco	1 2 3 4 5 6 7 8 9	Excesivo
Música especial:	Demasiado poco	1 2 3 4 5 6 7 8 9	Excesivo

5. ¿Cómo calificaría los sermones del pastor en cada una de las áreas siguientes?

Impacto en su vida:	Mínimo	1 2 3 4 5 6 7 8 9	Significativo
Contenido bíblico:	Demasiado poco	1 2 3 4 5 6 7 8 9	Excesivo
Aplicación:	Demasiado poco	1 2 3 4 5 6 7 8 9	Excesivo
Ilustraciones:	Demasiado poco	1 2 3 4 5 6 7 8 9	Excesivo
Forma de exponer (claridad, retiene la atención, etc.):	Deficiente	1 2 3 4 5 6 7 8 9	Excelente
Duración:	Demasiado corto	1 2 3 4 5 6 7 8 9	Demasiado largo

Ayudarían al pastor otros comentarios específicos:

_____

_____

6. ¿Cómo calificaría la eficacia general de la iglesia en cuanto a satisfacer las necesidades de cada uno de los grupos siguientes? (Por favor, agregar comentarios en el anverso con referencia a cualquier ministerio o evento concreto, como escuela dominical, jóvenes, desayunos de hombres, etc.)

Niños de 0-5	Deficiente	1 2 3 4 5 6 7 8 9	Excelente
Niños de 6-12	Deficiente	1 2 3 4 5 6 7 8 9	Excelente
Secundaria (1-2)	Deficiente	1 2 3 4 5 6 7 8 9	Excelente
Secundaria	Deficiente	1 2 3 4 5 6 7 8 9	Excelente
Universidad	Deficiente	1 2 3 4 5 6 7 8 9	Excelente
Solteros (post-univ)	Deficiente	1 2 3 4 5 6 7 8 9	Excelente
Mujeres	Deficiente	1 2 3 4 5 6 7 8 9	Excelente
Hombres	Deficiente	1 2 3 4 5 6 7 8 9	Excelente
Familias jóvenes	Deficiente	1 2 3 4 5 6 7 8 9	Excelente
Familias mayores	Deficiente	1 2 3 4 5 6 7 8 9	Excelente
Viudos/3ª edad	Deficiente	1 2 3 4 5 6 7 8 9	Excelente

7. ¿Debería nuestra iglesia ofrecer más o menos de las actividades siguientes? (5=seguir igual)

Actividades sociales:	Menos	1 2 3 4 5 6 7 8 9	Más
Retiros de grupos:	Menos	1 2 3 4 5 6 7 8 9	Más
Estudios bíblicos:	Menos	1 2 3 4 5 6 7 8 9	Más
Discipulado/ grupo de rendición de cuentas:	Menos	1 2 3 4 5 6 7 8 9	Más
Encuentros de oración:	Menos	1 2 3 4 5 6 7 8 9	Más
Otra:_____	Menos	1 2 3 4 5 6 7 8 9	Más
Otra:_____	Menos	1 2 3 4 5 6 7 8 9	Más

8. ¿Cuán involucrada debería estar nuestra iglesia en las siguientes áreas? (5=seguir igual)

Comunidad (sin hogar, huérfanos, ancianos, crisis de embarazos, etc.):

Menos involucrada   1 2 3 4 5 6 7 8 9   Más involucrada

Misiones en el país/foráneas (evangelización, discipulado, fundación de iglesias):

Menos involucrada   1 2 3 4 5 6 7 8 9   Más involucrada

Asuntos políticos/morales (abortos, pornografía, homosexualidad, etc.):

Menos involucrada   1 2 3 4 5 6 7 8 9   Más involucrada

Otra:_____

Menos involucrada   1 2 3 4 5 6 7 8 9   Más involucrada

9. ¿Cómo han cambiado durante el último año las siguientes facetas de su vida?

Adoración personal:	Peor	1 2 3 4 5 6 7 8 9	Mejor
Estudio personal de la Biblia	Peor	1 2 3 4 5 6 7 8 9	Mejor
Vida de oración personal	Peor	1 2 3 4 5 6 7 8 9	Mejor
Hablar de su fe	Peor	1 2 3 4 5 6 7 8 9	Mejor
Sensación de crecimiento personal:	Peor	1 2 3 4 5 6 7 8 9	Mejor
Relaciones familiares	Peor	1 2 3 4 5 6 7 8 9	Mejor
Amistades personales	Peor	1 2 3 4 5 6 7 8 9	Mejor

10. La iglesia trata de estimular el crecimiento en la vida de los creyentes ofreciendo ideas (enseñanza, consejería, aliento, rendición de cuentas, etc.) y oportunidades para lograr resultados (uso de dones, servir a otros, etc.) Con esto en mente, ¿cómo evaluaría a la iglesia en cada una de las áreas siguientes? (5=adecuado)

Insumos para la vida personal:	Demasiado poco	1 2 3 4 5 6 7 8 9	Demasiado
Expectativas de resultados:	Demasiado poco	1 2 3 4 5 6 7 8 9	Demasiado

11. Si tuviera problemas personales, ¿cuán probable es que fuera a alguien en esta iglesia para recibir ayuda?

Poco probable   1 2 3 4 5 6 7 8 9   Probable

12. ¿Cómo evaluaría al pastor en cada una de las siguientes áreas?

Enseñanza:	Deficiente	1 2 3 4 5 6 7 8 9	Excelente
Consejería:	Deficiente	1 2 3 4 5 6 7 8 9	Excelente
Liderazgo:	Deficiente	1 2 3 4 5 6 7 8 9	Excelente

Serían útiles para el pastor sus comentarios concretos:

_____

_____

13. ¿Cuán adecuadas son las instalaciones en cada una de las siguientes cosas?

Auditorio:	Inadecuado	1 2 3 4 5 6 7 8 9	Adecuado
Aulas:	Inadecuado	1 2 3 4 5 6 7 8 9	Adecuado
Guardería:	Inadecuada	1 2 3 4 5 6 7 8 9	Adecuada
Sala para convivencia	Inadecuada	1 2 3 4 5 6 7 8 9	Adecuada
Otro: _____	Inadecuado	1 2 3 4 5 6 7 8 9	Adecuado

14. Si fuera a reunirse con los líderes de la iglesia para manifestarles sus principales preocupaciones acerca de nuestra iglesia, así como las cosas que más lo estimulan en ella, ¿qué diría?

Preocupaciones principales (3 a 5):

_____

_____

_____

Principales estímulos (3 a 5):

_____

_____

_____

¡Gracias por sus ideas! Por favor, ayúdenos a evaluar esta encuesta proporcionándonos la siguiente información adicional:

Edad:	___ 8-11	___ 12-17	___ 18-29	___ 30-39	___ 40-49	___ 50+
Años como cristiano:		___ 0-1	___ 2-5	___ 6-10	___ 11+	
Años en esta iglesia:		___ 0-1	___ 2-5	___ 6-10	___ 11+	

Preguntas para ayudar a evaluar las esferas de objetivos de la iglesia

Crecimiento espiritual individual:	¿Estamos creciendo en entendimiento, fe, práctica, servicio?
Desarrollo de asimilación:	¿Cómo estamos en cuanto a involucrar a otras personas en la familia de la iglesia? ¿Se sienten los miembros libres de participar en servir?
Desarrollo de liderazgo:	¿Están utilizando todos los creyentes sus dones en este cuerpo? ¿Están aprendiendo todos lo que necesitan saber para servir bien?
Ampliación de instalaciones:	¿Están satisfechas todas las necesidades en cuanto a instalaciones?
Evangelización personal:	¿Hemos dado a conocer el evangelio a todos nuestros conocidos?
Comunicación:	¿Sabemos lo que está ocurriendo en [nombre de la iglesia] en los diversos ministerios? ¿Quién lo hace? ¿Cómo podemos involucrarnos?
Estructuras de la organización:	¿Estamos organizados de modo que se aprovechen al máximo nuestros recursos y oportunidad?

Tarea

Programe ¡hoy! las fechas para la evaluación del personal, del programa y de la organización.

CAPÍTULO 16

Ajustes

Para pensar:

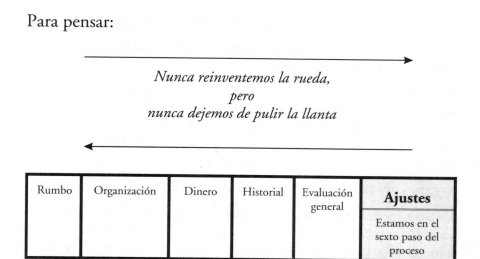

Nunca reinventemos la rueda,
pero
nunca dejemos de pulir la llanta

Rumbo	Organización	Dinero	Historial	Evaluación general	Ajustes
					Estamos en el sexto paso del proceso

Preguntas para despejar la neblina:

¿Cómo podemos ser más eficaces y eficientes en avanzar hacia el ideal?

Síntesis del capítulo:

- Estacas de elefante frecuentes
- Noveno instrumento: Un gráfico del proceso
- Principales beneficios del proceso
- Elaboración de un gráfico del proceso

Recordemos que nos encontramos en el sexto y último paso del proceso. Una vez que disponemos de un *rumbo* claro, tenemos ya formado nuestro equipo *en la organización*, y estamos monitoreando en forma adecuada nuestro *dinero*, ya tenemos nuestro Plan maestro. El *historial* nos asegura que estamos obteniendo los resultados que deseamos, y la *evaluación general* nos asegura que nuestro personal y programas se están desarrollando en calidad. Sobre la base de nuestra evaluación, caemos en la cuenta de que necesitamos *ajustes*. Así es como llegamos al último paso: los ajustes. Año tras año ajustamos todo lo que necesita algún cambio en dirección, organización, dinero, historial o evaluación.

Estacas de elefante frecuentes

PRIMERA ESTACA: «NO PODEMOS DISPONER DE TIEMPO PARA AJUSTAR NUESTROS SISTEMAS».

Equivale a decir: «No podemos disponer de tiempo para arreglar una llanta que se está deshinchando». Esto aminora la velocidad del automóvil, echa a perder la llanta, y en última instancia paraliza el automóvil. Si no podemos disponer de tiempo para arreglar la llanta, antes o después tendremos problemas más serios.

SEGUNDA ESTACA: «NO TENEMOS COMPETENCIA. ¡TODO VA BIEN!».

Una forma de evitar tener competencia es seguir haciendo un trabajo cada día mejor. Si no hay una organización que rivalice en unos quince kilómetros a la redonda, sigamos mejorando la calidad. Tenderán a mantenerse alejados. Pero si no hacemos bien el trabajo, otra organización llegará diciendo: «Esta es una zona en la que nadie está haciendo el trabajo que se necesita. ¡Nosotros lo haremos!».

TERCERA ESTACA: «ME ABURRO Y QUIERO PASAR A OTRA COSA».

Algunas personas desean todo el tiempo pasar a algo «nuevo». Al final de la vida, al caer en la cuenta de que hemos comenzado y luego abandonado muchos proyectos nuevos no resultará tan satisfactorio como seguir con unos pocos proyectos y desarrollarlos bien.

Noveno instrumento: Un gráfico del proceso

Una de las formas más efectivas de ajustar algo es disponer de un gráfico del proceso, que describe todo el proceso en una secuencia lógica desde el principio hasta el fin. (Ver en la página 155 un ejemplo de gráfico del proceso.) El proceso que estamos aprendiendo en este libro lo conforma una serie de pasos necesarios para desarrollar un Plan Maestro. Cada paso es una parte esencial del proceso. Cada paso está en un orden secuencial. Un gráfico del proceso muestra cada paso en la relación correcta con todos los otros pasos.

En este proceso, los tres primeros pasos son los componentes fundamentales de una organización; y los últimos tres mantienen a la organización avanzando. Es un cuadro adecuado de la relación de esta dinámica en una empresa. Los ajustes completan el cuadro al regresar al *rumbo* con las modificaciones necesarias para poder seguir avanzando.

Los gráficos de proceso también reciben el nombre de «diagramas de flujo». También tiene un aspecto similar al de un gráfico PERT [N. del T.: acrónimo de Program Evaluation and Review Technique (Técnica de Evaluación y Revisión de Programas)]. Difiere del mismo en que este suele describir un proyecto que no se repite. El gráfico del proceso se repite una y otra vez. Si fuéramos a enviar una sonda a Júpiter, es probable que elaboraríamos un gráfico PERT: «Vamos a hacerlo esta vez, y nada más». El gráfico del proceso es más como un programa de transbordador espacial. Lanzamos el trasbordador, lo ponemos en órbita, lo hacemos regresar a la tierra, lo evaluamos, y lo volvemos a lanzar. La misma unidad puede salir al espacio muchas veces y aterrizar de nuevo. Bucle (salir al espacio, aterrizarlo, reevaluarlo, salir al espacio, aterrizar, reevaluar, salir al espacio, aterrizar, reevaluar) se llama al proceso que va siguiendo.

En toda organización hay muchos bucles semejantes. Llega a la iglesia una nueva visita. ¿Qué sucede luego? ¿Y luego? ¿Cómo llega a reunir los requisitos para ser miembro? ¿Cómo se involucra en enseñanza, y luego cómo…? Centenares o miles de personas pasarán por estos bucles durante la vida de la iglesia.

Las finanzas representan otro proceso. Cuando alguien deposita un dólar en la bandeja de las ofrendas, ¿cuál es el proceso de manejar en forma adecuada el dinero? Sacamos la ofrenda de la bandeja, la contamos, la colocamos en algún tipo de bolsa, la llevamos al banco, nos dan un recibo, y al final del año damos un informe acerca de las ofrendas.

¿Cuáles son los 10, 15 o 20 pasos que se dan para procesar el dinero? ¿O procesar una visita nueva? ¿O procesar un nuevo miembro de la junta? A esto se le llama procesar, identificar secuencias que se repiten una y otra vez. Cuanto más detallados sean nuestros procesos, tanto más efectiva puede llegar ser nuestra organización. (En el Apéndice G-1 se encuentran en forma de lista de comprobación dos ejemplos de procesos de asimilación de quienes visitan una iglesia.)

PRINCIPALES BENEFICIOS DEL PROCESO

Una vez que tenemos listo el gráfico de un proceso —todos los componentes se identifican y colocan en una secuencia adecuada— podemos desarrollar lo siguiente basados en ese gráfico del proceso:

POLÍTICA

Es lo que siempre o nunca hacemos en este paso del proceso. Por ejemplo, nunca permitimos que una sola persona cuente el dinero, para su protección y la nuestra.

PROCEDIMIENTO

Uno puede definir los pasos que se dan para completar un proyecto. ¿Cuáles son los pasos necesarios al contar y dar cuenta de nuestro dinero? ¿Cómo se lleva a cabo cada uno de ellos?

SOLUCIÓN DE PROBLEMAS

El gráfico del proceso nos ayuda a identificar la causa de un problema, y no solo mitigar los síntomas. Digamos que descubrimos que falta algo de dinero. Examinamos el proceso por el que pasa el dinero. ¿Se contaron los cheques? ¿Se registraron? ¿Llegó al banco? Al examinar el proceso, podemos descubrir qué dio origen al problema.

PREDICE EL IMPACTO

Un gráfico del proceso puede ayudar a determinar cómo un aumento importante de actividad impactará cada una de las piezas del proceso. ¿Qué ocurre si recibimos cincuenta miembros adicionales? ¿Podríamos procesarlos a todos? Podemos revisar los pasos de nuestro proceso para ver dónde el impacto podría desajustar nuestro sistema.

En 1973, diseñé y desarrollé el programa de Pan de Amor de Visión Mundial. Se trata de una alcancía en forma de barra de pan. Quizá haya tenido el programa en su iglesia o la haya visto en el sector de cajas en algún supermercado. Ha recogido más de $50 millones para hacer frente al hambre en el mundo. Elaboramos un proceso de cuarenta y dos pasos para producir y utilizar las alcancías Pan de Amor. Comenzamos por tratar de imaginar: «¿Qué ocurriría si de repente recibiéramos mil pedidos? ¿Qué haríamos?». Resultó que había solo dos o tres puntos en el proceso que podrían resultar obstáculos importantes y hacer que el sistema fallara. Dedicamos unas cuantas semanas a solo corregir estos dos o tres obstáculos en el proceso. En solo tres años, pasamos de cero a centenares de miles de barras de pan al año, y el sistema nunca encendió la luz roja. Nunca falló porque habíamos previsto todo el flujo secuencial. A esto me refiero cuando hablo de predecir el impacto.

EFICIENCIA

Elaborar un gráfico del proceso para una tarea o función en la organización nos brinda la perspectiva necesaria para desarrollar el método mejor y más rápido para dar cada paso. Nos ayuda a hacer las cosas bien.

Eficiencia es hacer las cosas bien,
y
eficacia es hacer las cosas adecuadas.
Dr Peter F. Drucker

Se puede llegar a ser más eficiente en cada paso. «¿Cómo podemos hacerlo mejor, más rápido?».

EFICACIA

¿Estamos haciendo las cosas bien? ¿Es este orden de eventos la forma más eficaz de cumplir con la tarea? Centrar la atención en prioridades en la secuencia correcta. Podemos preguntar: «¿Qué pasaría si intercambiáramos los pasos 10 y 13? ¿Sería una forma más eficaz en el proceso? ¿Qué ocurriría si elimináramos el paso 10?».

COMUNICACIÓN CON EL PERSONAL

El gráfico del proceso facilita la objetividad porque ofrece un panorama. Una vez que tuve colgando de la pared el proceso de cuarenta y dos pasos de Pan de Amor, cuantas veces Ted Engstrom (por entonces vicepresidente ejecutivo de Visión Mundial) llegaba a mi oficina, siempre le podía mostrar en qué punto exacto estábamos. Podía señalar con toda exactitud dónde estaba surgiendo un problema y qué soluciones estábamos estudiando. Cuando llegó un nuevo líder para el programa Pan de Amor, pudo entender el programa con solo examinar el gráfico del proceso de cuarenta y dos pasos. Cuando nuestros proveedores llegaban, podíamos mostrarles cuán importantes eran. Si el paso que les correspondía no funcionaba, tampoco funcionarían los otros pasos.

CURRÍCULO

El examen del gráfico nos ayuda a ver qué hay que enseñar a las personas en cada paso. No todos necesitan capacitación detallada en todo el proceso. «¿Qué necesitamos enseñar en cada uno de estos cuarenta y dos pasos?».

COMPRUEBA LA LÓGICA

El gráfico permite que nosotros y los demás veamos la secuencia y ubiquemos posibles problemas. Cuando tuve esos cuarenta y dos pasos colgando en la pared, invitaba a otras personas conocedoras de sistemas a que vinieran a ver el gráfico. Les explicaba qué íbamos a hacer, y luego ellos podían analizarlo y decir: «Bueno, Bobb, ¿por qué no elimina el paso 16? Me parece que no lo necesita». Era una excelente comprobación de la lógica.

AJUSTES

Hacer preguntas pertinentes en cada paso mejora el proceso. Preguntemos: «¿Cómo podemos ajustar cada uno de estos pasos, para mejorarlos?».

CLAVE PARA QUE SEA TRANSFERIBLE

Si vamos a transferir un programa, necesitamos un proceso. Cuando entregué el programa Pan de Amor a Pat Chávez, nos sentamos a revisar un cuaderno que contenía la política, los procedimientos, ejemplos, personas para referencia, personas recurso, todo lo que se necesitaba para dirigir el programa Pan de Amor. Me senté por unas dos horas y media para grabar mi explicación del proceso. Le entregué la grabación y le dije: «Mire, este programa lo diseñé y desarrollé desde cero. Es mi criatura, y no quisiera que se descarriara. Si bien estoy saliendo de Visión Mundial, quisiera que sintiera que me puede llamar a cualquier hora del día o de la noche. Deseo mucho que esto siga teniendo éxito». Nunca tuvo que llamarme. Solo se requirieron dos horas y media para transferir un programa multimillonario a otra persona. ¡Esto es capacidad de transferencia!

Elaboración de un gráfico del proceso

Hemos hablado de los beneficios de un gráfico del proceso. ¿Cómo se elabora?

PASOS PARA ELABORAR UN GRÁFICO DEL PROCESO

Hay seis pasos o directrices básicos que hay que seguir cuando se quiere elaborar un gráfico del proceso.

1. Se comienza por el final.

   Definir cuál es el propósito, y luego trabajar hacia atrás. Tomemos una hoja grande de papel en posición horizontal y escribamos el resultado final en la extrema derecha. En el extremo izquierdo, escribamos el primer paso requerido para conseguir el resultado que estamos buscando. Entre el primer paso y el resultado final, coloquemos todos los pasos necesarios para alcanzar el resultado que buscamos. Estos pasos estarán en orden secuencial.

2. Uno se concentra en «¿Qué viene luego?», no en «¿Cómo?».

   «¿Qué viene luego?» debe ser el punto en el que nos centremos en un gráfico del proceso, no en «¿Cómo?». Al dibujar el tráfico, no hay que tratar de explicar cómo vamos a procesar el dinero. Hay que tratar de centrarse en cuál es el paso siguiente.

3. Técnica de formato.

   ¿Cuáles son los entre quince y cuarenta pasos por los que pasa un dólar de donación en el proceso del dinero en la iglesia? Digamos, por ejemplo, que tenemos cinco personas que han estado trabajando en procesar el dinero. Démosle a cada persona un paquete de tarjetas tres por cinco (o de notas engomadas) y decir: «¿Cuáles son los pasos que se toman al procesar las ofrendas?». Uno dirá: «Llevarlas al banco». Pidamos que lo anoten en tiempo pasado «Llevado al banco». Otro dice: «Bueno, tenemos que contarlas». Escribir,«Dinero contado». Otro dice: «Bueno, hay que contabilizarlo». «Monto contabilizado». «Tenemos que dar a las personas recibos al final del año». «Dinero recibido al final del año». Luego se reúnen estas tarjetas en la mesa de una sala de conferencias o en el suelo, y se van colocando en secuencia. Una vez establecida la secuencia, el gráfico del proceso puede fácilmente convertirse en una lista básica de comprobación como esta:

☐ Dinero contado

☐ Monto contabilizado

☐ Llevado al banco

☐ Recibos de dinero al final del año

4. Indica los puntos a monitorear.

Se pueden colocar puntos rojos (o alguna otra cosa) en el gráfico del proceso para mostrar cuáles son los verdaderos elementos clave que hay que monitorear. Por ejemplo, al final del recuento, quizá queramos darle una nota al encargado de finanzas, que diga: «Este es el dinero que ingresó en la ofrenda». Una vez depositado en el banco, hay que monitorear a cuánto ascendió en realidad el depósito.

5. Hay que mostrar siempre la condición circular del sistema.

Queremos mostrar que el transbordador subió, pero también que regresó. El dinero se ofrendó, pero al final del año también se devolvió una nota de agradecimiento.

Todos los sistemas se pueden dividir en un modelo genérico de cuatro componentes básicos:

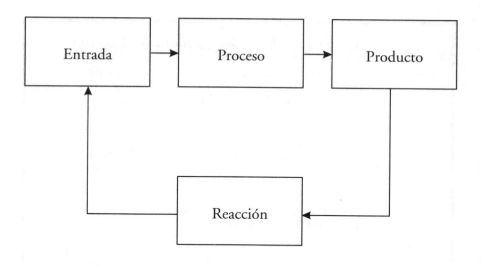

El gráfico siguiente demuestra diversas aplicaciones.

	Entrada	**Proceso**	**Producto**	**Reacción**
Iglesia	Dinero que ingresa	Servicios contables	Ministerio	Nos entregó dinero para llevar a los niños a México. Estos son los resultados. ¿Querría darnos más para un nuevo proyecto?
Transbordador NASA	Fabricar el cohete	Lanzamiento	Órbita	Regresa a la tierra y es lanzado de nuevo.
Refinería	Perforación en busca de petróleo	Refinar	Aceite para motores	Someter a prueba la viscosidad e informar a la refinería cómo ajustar el proceso para aumentar la viscosidad.

	Entrada	Proceso	Producto	Reacción
Fundición de acero	Extraer mineral de hierro	Refinar	Acero	Probar la resistencia. Informar a la refinería cómo el mineral o el refinado deben cambiarse para producir acero más resistente
Universidad	Estudiantes de primer año	Programa de cuatro años	Graduados	Entrevista a los ex alumnos para determinar cómo el programa debe ser más práctico en el terreno después de la graduación.

6. Hay que evaluar el proceso basándose en la prueba rojo/amarillo/verde.

   Hay que tomar los pasos de nuestro proceso y, como equipo, sentarse alrededor de una mesa y decir: «¿El primer paso es rojo, amarillo o verde?». Verde significa que funciona bien. Amarillo significa que no acaba de funcionar bien. Rojo significa que hay problemas importantes; no funciona. Como equipo, en poco tiempo podemos calificar de rojo/amarillo/verde todo el proceso. Al evaluar cualquier proceso, hay que comenzar siempre por la izquierda e ir avanzando hacia la derecha. Hay que concentrarse en los amarillos o rojos. Los rojos y amarillos al comienzo del proceso serán causa de otros problemas que surgirán más adelante en el proceso. Si podemos corregir un rojo en el paso 10, es probable que los pasos 11, 12 y 13 también mejorarán mucho.

MANTENGAMOS VISIBLE EL PROCESO

Una vez elaborado el gráfico de nuestro proceso, hay que mantenerlo visible y accesible.

- Miremos sin cesar al conjunto, al proceso. Es una mirada constante a la totalidad, por ejemplo, todo el proceso del dinero.

- Hagamos una reducción del gráfico del proceso para llevarlo siempre con uno. Se puede tener en una sola hoja la esencia de cualquier programa o actividad.

- Se debe colgar el gráfico del proceso en la pared en el lugar de trabajo. El gráfico del proceso se convierte en un recordatorio constante de dónde nos encontramos a cada momento en el proceso. Nos recuerda qué es lo siguiente que se debe hacer y ayuda a prever problemas.

- Se debe llevar el gráfico del proceso a todas las reuniones de planificación. Cuando estemos hablando de «¿Cómo mejorar el proceso del manejo del dinero aquí en la iglesia?», conviene tenerlo a mano para que el contador, el pastor y los miembros de la junta puedan ver cuáles son los pasos y cómo mejorar el proceso.

QUÉ HACER CUANDO NUNCA ANTES HEMOS PREPARADO UN GRÁFICO DEL PROCESO

La mayoría de las personas nunca lo han hecho. Ahora ha llegado el momento de comenzar. Quiero mencionar que las primeras veces que lo hice, destruí varios borradores. Me parecía raro. Pero cuanto más se trabaja en diseñar un gráfico del proceso, más cómodo se va sintiendo uno.

Se debe elaborar el gráfico del proceso en privado al principio. No tiene que verse elegante ni profesional. Cuando ya el gráfico del proceso funcione, podemos enseñarlo a otros.

A menudo, en un proceso complejo, preparé hasta entre cinco y diez borradores. No es raro decir: «Parece como que esto podría… No… Eso funciona. Bueno, no. No funciona de esta manera; ¡funciona de esta otra!». He descubierto que una vez que uno presenta un grafico acabado de un proceso al equipo que ha estado trabajando en distintas partes del mismo, dicen: «Ah, ¿así es cómo encaja todo?». O, cuando lo finaliza, se lo presenta al equipo, y dicen: «Bueno, sí, pero ¿dónde está esto?». Entonces cae uno en la cuenta de que ha olvidado un componente. Es muy interesante.

No permitamos que el gráfico del proceso nos asuste. Es solo unas pocas líneas y recuadros alrededor de nuestros pensamientos. Pero puede ayudar a hacer ajustes en nuestros sistemas básicos y a maximizar nuestra eficacia y eficiencia.

Tarea:

Lo siguiente puede ayudar a comenzar.

☐ Hacer una lista de entre cinco y diez gráficos de procesos clave que necesita nuestra organización.

☐ Escoger los tres más importantes.

☐ Diseñar un gráfico del proceso para los tres procesos principales.

☐ Hacer ajustes según se requiera.

¡Felicitaciones! Hemos concluido el proceso. En el capítulo siguiente trataremos de cómo mantenernos centrados en nuestras prioridades y mantener a nuestro equipo motivado para cumplir con las prioridades que se han establecido.

CAPÍTULO 17

Mantengámonos nosotros y nuestro equipo centrados y motivados

Preguntas para despejar la neblina:
¿Cómo se mantiene uno centrado y motivado y también su equipo?

Síntesis del capítulo:
- Tenemos la responsabilidad de que haya una comunicación de tres vías
- Pongamos la planificación en nuestro calendario anual
- Décimo instrumento: Lista de comprobación anual del historial
- Día mensual de planificación personal
- Día trimestral de planificación del personal
- Días de retiro para la planificación anual

Tenemos la responsabilidad de que haya una comunicación de tres vías

«¡El líder de mi equipo nunca me informa de lo que está ocurriendo!».

«¡No sé lo que está ocurriendo!».

«¿Qué esta sucediendo aquí?».

¿Hemos oído esto antes? Quiero sugerir que asumamos el cien por ciento de la responsabilidad de que haya comunicación. Si esperamos que otras personas nos informen de algo, vamos a esperar mucho tiempo en algunos casos. Veámonos en el centro de nuestras relaciones de trabajo. (Ver el gráfico siguiente). Asumamos la responsabilidad de comunicarnos con los que están por arriba, al lado y por debajo de nosotros en el organigrama. Si asumimos la responsabilidad de comunicar, como debe ser, todos sabrán qué está ocurriendo. No pensemos que se supone que otras personas tomen la iniciativa para comunicarse con nosotros.

Modelo de comunicación

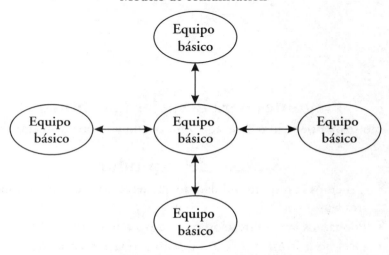

Pongamos la planificación en nuestro calendario anual

Es fundamental que cuando acabemos de leer esta sección programemos tiempos de planificación en nuestro calendario durante los doce meses siguientes:

- Tiempo de planificación personal cada mes
- Tiempo de planificación del personal cada trimestre
- Tiempo para un retiro de planificación anual

Programemos nuestros tiempos de planificación con un año de antelación de manera que todo el equipo pueda estar preparado y arreglar su calendario para evitar conflictos. Nuestro equipo también puede planificar su trabajo, preparar sus informes y estar listo para ocuparse de los asuntos del equipo. Si no formalizamos una cita con nosotros mismos para planificar, es muy probable que, en medio del ajetreo diario, lo olvidemos.

Décimo instrumento: Lista de comprobación anual del historial

A menudo le preguntan a nuestro equipo: «¿Cuánto tiempo debemos dedicar a planificar?». Claro está, la cantidad de tiempo para planificar variará según el tamaño y complejidad de la organización, pero hay algunos principios fundamentales y modelos sencillos que podemos seguir. Me gustaría presentarles lo que sería ideal en cuanto a planificación e informes anuales. Lo que se propone se puede adaptar a las realidades propias de cada uno. Quizá no resulte posible dedicar tanto tiempo, o quizá tengan que dedicar más tiempo que el sugerido. Hay que tener presentes tres cosas:

1. Invirtamos *hasta* 10% del tiempo planificando cómo aprovechar al máximo el 90% de nuestro tiempo.

    ¿No estarían de acuerdo en que si utilizamos 10% del tiempo planificando 90% de nuestro trabajo, lograremos más cosas con ese 90% que las que lograríamos con 100% del tiempo sin planificación? No es para nada excesivo dedicar 10% del tiempo a planificar, pasar revista y comunicar, sobre todo si se toma en cuenta el incremento en la productividad.

    veinte días de trabajo por mes x 10%=dos días por mes

    o

    veinte días de trabajo por mes x 5%=un día por mes

2. Hay que revisar y crear.

    Cada mes hay que revisar lo que ya se ha planificado. Si no se tiene un plan, hay que crearlo.

3. Hay que aprovechar al máximo la productividad y hacer que la comunicación fluya sin impedimentos.

Día mensual de planificación personal

Tiempo

Tenemos la responsabilidad de programar tiempos de planificación personal cada año. Durante esos días se pueden revisar los planes personales para el año además de nuestros planes profesionales para el año.

Programemos entre un día y un día y medio por mes. Modifiquémoslo cuando convenga según la situación de los proyectos y del personal.

Punto focal:

- Conservemos nuestro sentido personal de claridad, organización y supervisión.
- Lo que tratamos de hacer es mantener esa isla de claridad en nuestra mente en medio del mar de confusión que nos rodea.
- Visión de conjunto
- Las presiones diarias pueden mantenernos centrados en detalles. Para liderar a otros, hay que mantener la visión del «panorama general». Alejarnos por unas horas de la rutina diaria nos ayudará a mantener el «panorama general» en nuestra mente.

Evaluación

1. Flecha personal

   De la misma forma que utilizamos la Flecha de la Elaboración de un Plan Maestro para encontrar dirección para nuestra organización, podemos utilizar una Flecha personal para determinar la dirección para nuestra vida. El recurso personal que se utiliza para establecer nuestra Flecha personal es «Focalizar nuestra vida en un día» (ver lista de recursos en el Apéndice II). Al revisar la Flecha de uno, nos preguntamos: «¿Cuáles son mis prioridades personales? ¿Las estoy consiguiendo?».

2. Flecha organizacional

   Debemos revisar nuestro propósito, nuestros objetivos, nuestras prioridades a noventa días, y nuestras prioridades a dos años.

¿Seguimos avanzando en el rumbo correcto? ¿Ha cambiado algo? ¿Siguen siendo válidas las prioridades? Tomemos un día entero, de ser necesario, para completar la Flecha. Si ya está completa, solo hay que revisarla.

3. Organigrama

Hay que revisar el organigrama. «¿Hay alguien que tiene que cambiar? ¿Tenemos a las personas adecuadas en los puestos adecuados? ¿A quién más podríamos contratar?». Reflexionar acerca de la estructura organizacional a la luz de nuestras prioridades.

4. Gráficos presupuestarios

¿Cómo van nuestras tendencias financieras? ¿Cómo van las proyecciones del flujo de caja?

5. Gráficos de procesos clave

¿Están funcionando bien, y responden a nuestras necesidades los procesos de comunicación, producción, toma de decisiones y resolución de problemas?

6. Preparación para el día de planificación trimestral del personal

¿Hay algo que debamos hacer para prepararnos para esto?

7. Una vez al año, actualizar nuestro sistema de archivos

Las organizaciones tienden a pasar por épocas muy ocupadas. En una iglesia, nadie pensaría en actualizar el sistema de archivos durante las vacaciones de Navidad, sino más bien en el verano. En uno de los días de planificación personal, se podrían revisar todos los archivos para descartar lo que ya no se necesita. Los archivos tienden a saturarse con material obsoleto y esto hace que haga falta más tiempo para encontrar los materiales que se necesitan.

8. Se debe preparar un informe escrito para nuestro gerente

Utilicemos las seis preguntas básicas que vimos en las páginas 143-145.

9. Otros intereses o inquietudes

Por ejemplo, se podría querer actualizar los hitos en la Flecha con elementos de avance positivo.

10. Se debe ir marcando la senda recorrida. ¿Qué hemos aprendido?

¿Qué hemos aprendido en este último mes que queremos recordar? Pongámoslo por escrito.

Esta frase la tomé de la época de los pioneros. Cuando estaban explorando partes nuevas del país, «marcaban la senda que recorrían». Tomaban un hacha y hacían un corte en un árbol junto a la senda que atravesaba un bosque para que otros pudieran seguirla sin perderse. Cuando regresaban a través del denso bosque, podían ir siguiendo los cortes, y llegaban al lugar de donde había salido. Estaban «marcando la senda recorrida».

En nuestro vivir cotidiano, en lugar de dirigirnos con confianza y de manera directa de un punto al siguiente, a menudo nos perdemos en el bosque y comenzamos a caminar en círculos. Nos encontramos aprendiendo lecciones que ya habíamos aprendido. Si pusiéramos por escrito las percepciones que hemos desarrollado, veríamos muy pronto que estamos logrando avances notables.

Digamos que hago una presentación acerca de fungir como mentores, y he preparado un esquema de cinco páginas. Una vez concluida la conferencia, echo a la papelera el esquema. Dos años más tarde quiero hacer otra presentación acerca del mismo tema. Tengo que empezar desde el principio porque no «marqué la senda recorrida». Si hubiera conservado mis notas, hubiera podido utilizar el mismo esquema básico, pulirlo y actualizarlo. Todo lo que aprendemos y no queremos olvidar, marquémoslo. Marquemos nuestra senda, y la siguiente vez que atravesemos ese mismo bosque, ya dispondremos de anotaciones al respecto. Ya tendremos cortes de hacha en los árboles.

¡Muy bien! Ahora ya hemos realizado tres de esas reuniones mensuales (planificación personal). Ha llegado la hora de la planificación trimestral del personal. Convendría pasar un día o medio día fuera con el personal.

Día trimestral de planificación del personal

Tiempo

Esperemos que nuestro líder fije las fechas para la planificación trimestral del personal. Luego programemos las fechas para nuestro personal entre una a cuatro semanas por adelantado respecto a los días programados para estar con el líder de nuestro equipo e iguales. Consigamos toda la información que se pueda de parte de nuestro personal. Cuando asistamos al día de planificación del gerente, podemos informar con exactitud lo que nuestro equipo piensa.

Una vez que tenemos establecidas las fechas clave para la reunión de la junta, podemos comenzar a definir las fechas de planificación del personal o líderes de los ministerios. Llegaremos preparados a las reuniones de la junta, y no tendremos que decir: «Nuestro retiro de planificación lo tendremos la semana próxima, y no sé qué piensa mi personal respecto a esto». Nos reuniremos con el personal cada trimestre en un ambiente de retiro.

Punto focal

Revisemos el avance logrado en el trimestre concluido, planifiquemos el camino a recorrer durante el trimestre siguiente, mantengamos una clara perspectiva general, y planifiquemos comunicaciones con nuestro gerente, nuestros iguales y el personal.

Evaluación

1. Flechas

   ¿Cómo está cumpliendo cada empleado su Flecha del Plan Maestro.

2. Organigramas

3. Informes presupuestarios

4. Otros informes programados

5. Poner al equipo al corriente

6. Otros: avance positivo

7. Informe al gerente

   Una vez concluido el tiempo de planificación trimestral con nuestro personal, nos sentamos a llenar el «Informe de seis puntos» para el líder de nuestro equipo diciendo: «Acabo de concluir el tiempo de planificación trimestral con mi personal. Aquí tiene algunos interrogantes que propuso el personal, algunos problemas. Estas son algunas decisiones que necesitamos. Estos son algunos planes que estamos formulando. Aquí está el avance logrado».

8. Marcamos la senda recorrida.

Días de retiro para la planificación anual

Tiempo

Se debe esperar al líder del equipo como en el caso de los días para planificación trimestral. Programemos el retiro anual con el personal entre una y cuatro semanas antes del retiro con el líder del equipo y los iguales, tres días con el retiro del personal, y tres días con el gerente y los iguales. Total: seis días por año.

Punto focal

Revisemos el avance del año transcurrido, planeemos la senda a recorrer el año entrante, mantengamos una clara perspectiva general. Una vez al año se requerirá más tiempo para planificar, con todas las personas a las que hay que informar.

Evaluación

1. Flechas

   Revisar y actualizar flechas de divisiones o departamentos para el año venidero.

2. Organigrama/cambios de foco de puestos

3. Proyecciones presupuestarias

4. Informes anuales/personal (hitos principales, implicaciones, visión general del rumbo para el año venidero)

5. Informes de evaluación de programas

6. Ajustes al proceso

7. Programación de las fechas para los planes del año entrante (trimestrales y anuales; asegurémonos de incluir cumpleaños y reuniones sociales).

8. Comparación de calendarios, programación (p. ej., cuándo va a estar ausente el líder del equipo, etc.)

9. Acordar con el personal el plan para el año entrante.
   • Ciclo de informes
   • Programa de reuniones con el personal
   • Tiempos para encuentros individuales

10. Otros: avances positivos

11. Informar al líder del equipo acerca del avance en cuanto al retiro del personal

12. Marcar la senda recorrida

   Si seguimos estos esquemas en nuestros días de oración y planificación, descubriremos que se convierte en una buena lista de comprobación para nuestra planificación.

Conclusión

Tenemos la responsabilidad de mantener la claridad de nuestros planes y la comunicación solo con el líder del equipo y el personal... ¡además de la esposa!

Al principio, quizá solo podamos tomar dos días al mes, o un día al mes, o medio día al mes. Pero debemos hacer lo que podamos. Ponderemos el siguiente cuadro:

Porcentaje de días en un año	Días por mes	Días por año
10%	2	24
5%	1	12
2,5%	½	6

Programemos lo que podamos, pero hagámoslo hoy, y ¡seamos fieles a nuestros planes! El primer año es con mucho el más difícil. Adquirir el hábito de reunirse con regularidad para planificar en los varios niveles de nuestra organización resulta difícil al principio. Una vez que tenemos instalado el sistema, la evaluación y la planificación se vuelven más fáciles.

Recordemos:

No podemos dar lo que no tenemos;
no podemos enseñar lo que no sabemos:
¡no podemos guiar cuando estamos
perdidos en medio del bosque!

Ejemplos adaptables

Con ejemplos adaptables nos ahorramos cientos de horas de trabajo al no tener que comenzar con una «hoja en blanco. Adaptemos, no adoptemos, estas ideas»

Agradecimiento especial para quienes contribuyeron al apéndice

Quisiera expresar un agradecimiento especial a los muchos pastores que contribuyeron a los más de 60 ejemplos de fácil adaptación en este apéndice:

Denny Bellesi, Coast Hill Community Church, Aliso Viejo, California

Larry DeWitt, Calvary Community Church, Westlake Village, California

Dru Dobson, Lake Valley Community Church, Hot Springs, Arkansas

Rick Ensrud, Brooklyn Park Evangelical Free Church, Brooklyn Park, Minnesota

Mary Grubbs, Belle Isle Community Church, Oklahoma City, Oklahoma

David Horner, Providence Baptist Church, Raleigh, North Carolina

Bill Hossler, Colonial Woods Missionary Church, Port Huron, Michigan

Robert Lewis, Fellowship Bible Church, Little Rock, Arkansas

Mike Malone, St. Paul's Presbyterian Church, Winter Park, Florida

Rod Masteller y Jerry McKinny, Putnam City Baptist Church, Oklahoma City, Oklahoma

Ed McGlasson, Stadium Vineyard Christian Fellowship, Anaheim, California

Adrian Rogers, Bellevue Baptist Church, Memphis, Tennessee

Dan Thornton, Peninsula Grace Brethren Church, Soldotna, Alaska

Bob Thune, Christ Community Church, Omaha, Nebraska

Ed Trenner, Grace Church of Orange, Orange, California

APÉNDICE A

Ejemplos de focalización una sola vez

A-1. Documento sobre nuestra historia

Nuestra historia

La palabra *iglesia* en el Nuevo Testamento significa «los llamados». En febrero de 1997, Dios llamó a un pequeño grupo de personas para que iniciaran una nueva iglesia. Se reunieron de manera informal desde febrero hasta agosto para estudiar la Biblia, orar y compartir los domingos por la noche. El foco de su estudio bíblico se centró en los principios bíblicos de la iglesia tal como se describe en el Nuevo Testamento. Después de mucha oración e interacción, tuvieron su primer culto de adoración de domingo por la mañana, el 21 de agosto de 1977, en una escuela local. Los deseos que motivaron a este grupo original de personas siguen siendo la base de nuestra iglesia hoy. Son:

* El deseo de una sólida enseñanza de la Palabra de Dios

La Biblia debe ser el fundamento de toda experiencia cristiana, y la tarea fundamental de la iglesia es comunicar la Palabra de Dios. La enseñanza y predicación de la Palabra deben hacerse con toda diligencia, lo cual requiere la preparación cuidadosa y prolongada de parte de nuestros pastores-maestros. Como la adoración y la comunión genuinos se basan en una sólida verdad bíblica, la iglesia no puede crecer como debe al margen de un fuerte compromiso de mantener la Palabra de Dios (Hechos 6:4; 2 Timoteo 3:16-17).

* El deseo de ocuparse de temas y conflictos de manera franca y sincera

Alguien dijo en cierta ocasión: «Morar en lo alto con los santos que amamos, ah, será la gloria, pero morar abajo con los santos que conocemos… esa es otra historia». Siempre que hay personas involucradas, son inevitables los conflictos. Dejar de lado los temas y conflictos los complica más; no los resuelve. En la iglesia, la unidad no se alcanza con el silencio, sino con diálogo, expresión y transparencia. En la Escritura se nos exhorta a dejar de lado la falsedad y a hablar la verdad en amor (ver Efesios 4:25-32).

- El deseo de aplicar la verdad bíblica a la vida cotidiana

Un objetivo de la iglesia debe ser dotar a las personas de recursos para vivir (Efesios 4:12). El ministerio de la iglesia debe exhortar a las personas con la revelación de Dios, no con razonamientos humanos. Lo que esta exhortación enfatiza es la aplicación individual de la verdad bíblica a la vida cotidiana (Santiago 1:22-25). Lo que se enfatiza es preparar más que programar. A continuación se muestra esta distinción:

Énfasis en programar	Énfasis en preparar
Organizada alrededor de hechos que atraen a personas del mundo	Organizada alrededor de preparar a las personas que se envían al mundo
La organización es el foco primordial	Los valores cristianos son el foco primordial
El estatus se asigna según el puesto en la organización	El estatus relacionado con conformidad a los valores cristianos
Los ministerios se ven como realizados por «agencias» de la organización	Los ministerios se ven como llevados a cabo por cada miembro de la iglesia
El éxito se mide según cifras, dólares y edificios.	El éxito se mide según la madurez espiritual y semejanza a Cristo

- El deseo de penetrar en la comunidad en la que vivimos

Jesús nos exhorta en Mateo 5:16: «Así alumbre vuestra luz delante de los hombres, para que vean vuestras buenas obras y glorifiquen a vuestro Padre que está en los cielos». Si bien la iglesia es un lugar para desarrollar relaciones espirituales cercanas, es llamada también a «salir afuera» para revelar a Jesucristo a la comunidad y al mundo en el cual existe (Mateo 28:19-20). La iglesia local debería preparar (Efesios 4:11-13) a sus miembros con el mensaje de salvación por medio de Jesucristo (Juan 14:6) y exhortarlos a que lo proclamen de palabra y obra.

A-2. Declaración de necesidades

Necesidades de la comunidad

1. Todas las personas necesitan ponerse a bien con Dios.

   Los perdidos necesitan redención/salvación/reconciliación

   Personas desilusionadas con la iglesia

   Personas desilusionadas con la juventud

   Familias/padres/colegas/progenitores solteros dolidos

   Obreros de verano/personas de paso/indigentes/con problemas

2. Todas las personas necesitan tener relaciones adecuadas.

   Los que son excéntricos/vacíos/solitarios/solos

   Familias, amigos, compañeros de trabajo

3. Todas las personas necesitan experimentar la presencia y autoridad de Dios en sus vidas.

   Tener esperanza: un sentido de futuro positivo

   Tener valía: valer algo para los demás y para sí mismos

   (Lo que se desea es relación, sentido de valía, sentido de futuro)

4. Todas las personas necesitan buscar valores respetuosos de Dios en la vida de la comunidad.

A-3. Declaración de propósito

Tres ejemplos de declaraciones de propósito de iglesias

Declaración de propósito:

> Convertir *a personas que están alejadas de Dios* en *seguidores de Jesucristo genuinos, dedicados.*

Declaración de propósito:

> *Celebrar* la vida de Dios
>
> *Cultivar* el crecimiento personal en Cristo
>
> *Interesarse* unos en otros en Cristo
>
> *Comunicar* a Cristo al mundo

Declaración de propósito:

> Existimos para…
>
> > Adorar a Dios
> >
> > Formar al creyente
> >
> > Alcanzar a los perdidos

Tres ejemplos de declaración de propósito de negocios

Declaración de propósito: (restaurante)

> Existimos para ofrecer comida de la mejor calidad a un precio razonable y con utilidades razonables.

Declaración de propósito: (cadena de mueblerías)

> Existimos para ofrecer al propietario de casa promedio muebles a precio asequible, proporcionar a nuestro personal un estándar seguro de vida y generar utilidades corporativas razonables.

Declaración de propósito: (institución médica en ortopedia)

> Existimos para ofrecer la atención médica más innovadora posible.

A-4 Declaración de sueños

Tres ejemplos de declaraciones de sueños de iglesias

1. Declaración de visión de nuestra iglesia.

Sueño que:

- a los que sufren, están buscando, están desanimados y confundidos los acogeremos en una atmósfera de alegría, amor, perdón, esperanza y aliento.

- presentaremos las buenas nuevas de Jesucristo a quienes residen en nuestra área, invitándolos a que adopten una vida de consagración a Jesucristo. Utilizaremos todos los medios disponibles para esta tarea (predicación, cruzadas, puerta a puerta, televisión, radio, página impresa, transporte, escuelas dominicales fuera de la iglesia, etc.).

- llevaremos a los creyentes a alcanzar madurez espiritual por medio de estudios bíblicos, grupos pequeños, seminarios, conferencias, campamentos y retiros.

- ayudaremos a todos los creyentes a que descubran los dones y talentos que han recibido de Dios y los prepararemos para un servicio significativo.

- estaremos vitalmente involucrados en misiones mundiales mediante la oración por la evangelización del mundo, el apoyo financiero a obreros y ministerios misioneros cristianos, y el envío de misioneros de nuestra congregación. Oraremos y enviaremos a centenares de obreros cristianos de carrera de nuestras congregaciones a servir en todo el mundo y estimularemos a miles de miembros de nuestra congregación a que vayan a viajes misioneros tanto en los Estados Unidos como a otros países.

- fundaremos una nueva iglesia en nuestra área cada dos o tres años.

- ofreceremos oportunidades para formación pastoral a pastores nuevos en el ministerio y a pastores de iglesias de tamaño pequeño y mediano. Este ministerio se llevará a cabo por medio de pasantías, conferencias de capacitación y consejería en las esferas de carrera y de crisis.

- estaremos conscientes de las necesidades sociales de la comunidad y participaremos en ayudar a encontrar soluciones y satisfacer dichas necesidades.

- procuraremos hacer todo esto para la gloria de Dios.
2. Nuestra visión para algún día.
   - Un cuerpo saludable y vibrante lleno de fe, amor y servicio
   - Una iglesia tipo Efesios 4, 1 Corintios 12, Romanos 12
   - Una iglesia fiel en enseñar la Palabra de Dios
   - Ochenta por ciento del cuerpo trabajando con gozo en ministerios
   - Ofrecer ministerios que satisfagan las necesidades del cuerpo
   - Ofrecer ministerios que satisfagan las necesidades de la comunidad
   - Fuertemente relacionados con nuestra comunidad
   - Con miras a alcanzar a familias jóvenes que no asisten a ninguna iglesia
   - Una iglesia de 700 en dos lugares
   - Enviar a los nuestros a alcanzar al mundo entero
   - Personal adecuado para equipar al cuerpo

Dos ejemplos de declaraciones de visión comercial:

1. Compañía de repuestos de automóvil

   Un día seremos los mayores distribuidores de repuestos automotrices en nuestro estado, en los Estados Unidos, en América del Norte y en el mundo.

2. Compañía consultora

   Algún día proveeremos servicios de consultoría en todos los continentes y pondremos a disposición todos nuestros recursos primordiales en las siete lenguas básicas.

A-5. Listas de valores centrales

Dos ejemplos de valores centrales de iglesias:

1. Ministerios distintivos y valores centrales

Nosotros, los miembros y el grupo ministerial, acordamos que los ministerios distintivos siguientes constituyen una declaración adecuada de nuestros valores centrales. Esta no es una declaración de fe, sino una afirmación de los supuestos básicos a partir de los cuales se desarrollará nuestro ministerio.

La centralidad de Jesucristo

En todos los aspectos de nuestro ministerio, el foco será siempre el honor y la gloria del Señor Jesucristo, la Cabeza viva del cuerpo que ahora está exaltado con gloria a la diestra del Padre.

La inerrancia de la Biblia

La autoridad de nuestro ministerio proviene de la Palabra de Dios al someternos a su enseñanza, al comprometernos a hacer lo que dice y a entregar nuestra vida para llegar a ser lo que Cristo desea que seamos.

El sustento de la oración

Todo lo que hacemos debe tener el sustento constante de nuestra oración individual y colectiva o, de no ser así, no existe razón alguna para esperar que el poder y presencia del Espíritu Santo nos acompañe en nuestro ministerio.

Un entorno de gracia

Convencidos de la soberanía absoluta de un Dios santo, entendemos que nada bueno se da en nuestro ministerio que no sea resultado de su gracia. Su favor inmerecido hacia nosotros, y en consecuencia, nuestro ministerio colectivo debe caracterizarse por esa misma gracia en cómo actuamos unos con otros.

Un ministerio descentralizado

El ministerio debe darse en medio de un mundo caído, y por ello nuestro desafío es ofrecer un equilibrio entre tiempos en que los creyentes se reúnen para *prepararse* para el ministerio y tiempos cuando se les envía a realizar el ministerio para el cual *cada uno* de los miembros ha recibido la comisión de Cristo.

Énfasis en misiones y en la evangelización

El convencimiento de que Jesucristo es el único camino de salvación nos conduce a buscar medios potentes de proclamar el evangelio mediante el envío de miembros para que lleven el mensaje a *todos* los que necesitan oírlo en la comunidad local y en los confines de la tierra.

La responsabilidad mutua en los grupos pequeños

La integridad en la vida y ministerio de nuestros miembros requiere que ofrezcamos un contexto para relaciones que fomenten la responsabilidad de uno ante los demás al dar alta prioridad al desarrollo de grupos pequeños donde eso pueda darse.

La importancia de la familia

Como reconocemos que uno de los mayores campos de batalla y territorio en que se demuestra nuestra fe en Cristo se encuentra en el hogar, estamos comprometidos a fortalecer la vida espiritual de las familias en su intento de llegar a ser rayos de luz para Cristo en su comunidad.

La importancia de un espíritu humilde de servicio

Nuestro ministerio se basa en el supuesto de que no hay ni tarea ni responsabilidad que no sea digna de cada uno de nuestros miembros, por lo cual emprendemos cualquier ministerio con corazón humilde, agradecidos por el privilegio de servir a Cristo y a su cuerpo.

Énfasis en la fidelidad, no en ser fructíferos

En vez de centrarnos en obtener fruto en nuestros ministerios, lo mismo numérico que espiritual, creemos que somos llamados más bien a ser *fieles* y a permitir que el Señor determine el nivel de fructificación que vayamos a lograr.

Un ministerio eficiente y enfocado

Aunque alentamos a todos nuestros miembros a que se dediquen a los ministerios individuales a los que Dios los ha llamado, creemos que es mejor que la iglesia como un todo se centre en unos pocos ministerios concretos y los desempeñe bien en lugar de tratar de incluir todos los ministerios que nuestros miembros representan.

Disposición a cambiar e innovar

Estamos convencidos de que para seguir a Cristo, debemos estar comprometidos con cambiar y dispuestos a innovar de manera que no levantemos obstáculos de ninguna clase que dificulten crecer cuando tratamos de convertirnos en el cuerpo de creyentes que Cristo quiere que seamos.

Estos distintivos ministeriales ofrecen un marco de referencia para entender quiénes somos y por qué hacemos lo que hacemos como cuerpo de Cristo en este lugar concreto. Los invitamos a unirse a nosotros en afirmar estos valores centrales y en celebrar la vida que vivimos juntos a medida que vamos creciendo en la gracia y conocimiento del Señor Jesucristo.

2. Los valores que compartimos

El valor central de nuestra comunidad es amar a Dios: nuestra relación de amor con nuestro Padre por medio de su Hijo Jesucristo, en el poder de su Espíritu. Esta relación con nuestro Creador es nuestro bien más preciado y el tesoro que sin vacilar ofrecemos a nuestros amigos y familias. No es solo conocerlo, sino más bien tener una relación de amor con él, disfrutarlo como Padre amoroso por medio de su Hijo Jesucristo.

> *Ama al Señor tu Dios con toda tu pasión*
> *y oración e inteligencia.*
> *Este es el mandamiento más importante*
> *(Mateo 22:37 traducción de* The Message)

> *Y esta es la vida verdadera y eterna;*
> *que te conozcan a ti, Padre*
> *el único Dios verdadero,*
> *y a Jesucristo, a quien has enviado.*
> *(Juan 17:3, traduccion de* The Message)

Compartimos un sistema de valores en nuestra iglesia que depende del valor central de amar a Dios. Estos valores se sintetizan en seis términos clave:

Pertenecer: Amor. Aceptación. Comunidad. Nuestra vida cotidiana con Cristo y entre nosotros. Fortalecimiento de las familias.

Sabiendo que el Padre nos ha unido. Valorar la gracia, la misericordia, la unidad, la paz, la hospitalidad y la adoración. «Que os améis unos a otros. En esto conocerán todos que sois mis discípulos, si tenéis amor los unos por los otros».

Ser genuinos: Verdad. Autenticidad, Hablar con sinceridad. Permitir que la verdad acerca de nosotros mismos y del mundo penetre en nuestro corazón, por medio de la Biblia, la soledad, la oración, los sacramentos y de unos a otros. La verdad de nuestra rebelión y el amor, el sacrificio y la resurrección de Jesús. Decir la verdad con amor. Valorar la sabiduría, la sinceridad, el pesar y la humildad. «Yo soy el camino, la verdad y la vida; si vosotros permanecéis en mi palabra, seréis verdaderamente mis discípulos; y conoceréis la verdad y la verdad os hará libres».

Encontrar significado: Fe. Dar el salto. Conversión. Actuar en base a confianza y consagración. Encontrar significado en el Padre y en la profundidad de su amor. Valorar el arrepentimiento, la conversación, el compromiso, el sacrificio, el riesgo, el caos, la necedad, la visión, los sueños y el liderazgo de siervo. «El que no toma su cruz y sigue en pos de mí, no es digno de mí. El que halle su vida, la perderá; y el que pierda su vida por causa de mí, la hallará».

Cambiar uno: Esperanza. Cambio de vida. El poder transformador del Espíritu Santo. Restauración total de la persona. Transformación de adentro hacia afuera. Valorar al Espíritu Santo y su obra, formación espiritual, rendición de cuentas, disposición a aprender, fidelidad, seguir, esperanza en los cambios eternos que se aproximan, belleza. «Somos transformados de gloria en gloria en la misma imagen, como por el Espíritu del Señor».

Vivir en libertad: Libertad en Cristo. Vivir con gozo, significado y propósito. Libres del conformismo a la opinión pública, nuestra identidad segura en Cristo. Libres del temor a la muerte. Valorando la «ley» del amor, no la observancia de reglas. Valorando la sencillez, el descanso, el trabajo, el juego, las familias, el llanto, la risa, la perseverancia, el sufrimiento, la gracia. «Estad, pues, firmes en la libertad con que Cristo nos hizo libres y no estéis otra vez sujetos al yugo de esclavitud... Si os circuncidáis, de nada os aprovechará Cristo».

Dar luz: Servicio. Hermosura. Buenas obras. Ser justos. Misericordia por amor. Culto. Las artes. Asumir responsabilidad. Convertirse en agente de cambio en relaciones conforme a la imagen de Cristo. Utilizar nuestro tiempo, energía, dinero y empleo. Valorar la creatividad, un sentido de vocación, hablar de Cristo, participación, ocuparse de los pobres, hospitalidad, tutelaje.

> *Están aquí para ser luz.*
> *¡Brillen! ... Sean generosos con sus vidas.*
> *Al abrirse a otros, instigarán a estos a abrirse a...*
> *su Padre en el cielo.*
> *Jesús (Mateo 5:14-16, traducción de* The Message*)*

Dos ejemplos de listas de valores básicos en los negocios:

1. Compañía de repuestos automotrices
   - Crecimiento corporativo cada año
   - Programa de desarrollo de liderazgo para nuestro equipo de líderes básico
   - Lealtad de parte del personal y hacia el mismo
   - Repuestos de la más alta calidad por el menor precio que sea realista establecer
   - Ajustes constantes de todos nuestros sistemas internos
   - Utilidades anuales
2. Grupo médico ortopédico
   - Estilo compasivo con pacientes en cama
   - Conducir la innovación dentro de parámetros demostrados de seguridad
   - Integridad con todos los pacientes en todo tiempo
   - Educación continua para todo el personal para estar actualizados en nuestras destrezas profesionales
   - Rentabilidad de la empresa

A-6. Declaraciones de objetivos

Ejemplo de objetivos en una iglesia:

Junta

Supervisar los ministerios del cuerpo de Cristo, para asegurar la sana doctrina, y mantener la integridad bíblica y práctica del ministerio total de la iglesia.

Pastor principal

Ofrecer a la congregación liderazgo en cuanto a dirección formando a sus miembros con una visión del ministerio enraizada en la Palabra de Dios y conduciéndolos a crecer en el conocimiento de Jesucristo por medio de la predicación y enseñanza de la Palabra de Dios.

Servicios administrativos

Dar apoyo a las diversas necesidades del ministerio del Cuerpo por medio de una mayordomía fiel administrativa, financiera y de las instalaciones.

Servicios de comunicación

Apoyar los ministerios de la iglesia con la ampliación y la mejora de medios con los que se comunican las necesidades e información del ministerio.

Educación cristiana

Fortalecer el Cuerpo de Cristo para que llegue a madurar con instrucción, enseñanza de la Palabra de Dios, estímulo personal y capacitación a las personas para que vivan como discípulos del Señor.

Evangelización y misiones

Llevar el mensaje del evangelio a todos los pueblos y naciones y preparar a otros para que lleven a cabo la Gran Comisión.

Ministerios pastorales

Cuidar de toda la familia de la iglesia fomentando la madurez y servicio cristianos para satisfacer las necesidades espirituales, emocionales y físicas del Cuerpo.

Servicios musicales/cultos de adoración

Guiar a la congregación para que experimente la comunión con el Dios vivo y santo ofreciendo oportunidades de adoración que conduzcan a una más profunda conciencia de la santidad, majestad y gracia divinas.

Ejemplo de objetivos en negocios:

Objetivos de una compañía de repuestos automotrices (en orden alfabético)

- Control de calidad
- Fabricación
- Investigación/desarrollo
- Mercadeo/ventas
- Operaciones
- Recepción/almacenamiento/envíos
- Tiendas de venta al público en general

Rumbo

B-1. Cuadrícula de prioridades

Para definir prioridades debemos responder a la profunda pregunta que uno de mis clientes, Steve Douglas, vicepresidente de Cruzada Estudiantil y Profesional para Cristo, formuló…

¿Cuáles son las tres cosas
que podríamos hacer en los próximos noventa días
que significarían un 50% de diferencia?

Si fuera a asumir la responsabilidad de ustedes hoy, las dos primeras cosas que haría son:

1. Establecer la confianza de mi equipo. Sin confianza de nada serviría mi presencia.

2. Asegurarme de que cada una de las personas que se me reportaran de manera directa tuvieran prioridades de noventa días bien definidas. Utilizando la pregunta de Steve les preguntaría: «¿Cuáles son las tres cosas que podríamos hacer en los próximos noventa días que significarían un 50% de diferencia?».

Respondamos a esta pregunta en cuanto a cada una de las esferas de objetivos. Como líderes, queremos que cada una de las personas que se nos reportan conozca con exactitud qué esperamos de ella. Debe saber qué prioridades mensurables va a tratar de alcanzar en los próximos noventa días. Esto es una base indiscutible de la que parte nuestro equipo de liderazgo.

CUADRÍCULA DE PRIORIDADES				
	90 días	**Un año**	**Dos años**	**Tres años**
1				
2				
3				

© 1996 Bobb Biehl-1-800-443-1976

Hay que diseñar esta parrilla sobre una hoja de papel tamaño carta. Se utiliza una hoja por cada persona que se reporta a nosotros en forma directa.

Dependiendo de nuestro estilo de liderazgo, se puede pensar en completar la hoja de tres formas:

1. Decirle al empleado: «¡Esto es lo que quiero que haga!».

2. Preguntarle al empleado: «¿Qué planea hacer?».

3. Mi preferencia: Decirle al empleado que uno va a completar una de estas parrillas para el área suya y pedirle que haga lo mismo. Luego uno se reúne con la persona para comparar notas. Se analizan las opciones para llegar a un conjunto de prioridades ideal aceptado por ambos.

B-2 Prioridades trimestrales

Ejemplo de prioridades trimestrales de una iglesia:

Junta

1. Realizar un retiro de un día con la junta con énfasis en la oración y la evangelización.

2. Estudiar e informar acerca de todos los ministerios y programas actuales para detectar áreas de necesidad o de sobrecarga.

3. Revisar y aprobar el proceso de selección para la directiva.

Pastor principal

1. Realizar un viaje misionero para enseñar un curso de una semana sobre liderazgo cristiano en un seminario bíblico teológico en Polonia.

2. Contratar y capacitar a una persona de medio tiempo para dirigir la adoración.

3. Ofrecer una serie de sermones en conjunto con el programa de mayordomía y la nueva filosofía de la evangelización.

Servicios administrativos

1. Coordinar una campaña importante para cancelar la deuda actual de la construcción.

2. Reparar en todo el edificio los daños internos que hizo el agua.

3. Construir una nueva zona de juegos y agregar pajote y arena al campo de deportes bajo la supervisión del director de los servicios de mantenimiento de las instalaciones, en coordinación con el pastor auxiliar de preescolares/niños.

Servicios de comunicación

1. Elaborar y diseñar un folleto para visitas.

2. Actualizar el equipo de computación y los programas en Servicios de Comunicación.

Educación cristiana

1. Conformar y capacitar equipos de liderazgo de ministerios para hombres, mujeres, solteros y grupos pequeños.

2. Incorporar y capacitar a un director para los equipos de secundaria y bachillerato de la Escuela Dominical.

3. Incorporar y capacitar a un maestro y a un maestro auxiliar para cada uno de los ochenta departamentos en la Escuela Dominical preescolar/infantil.

Evangelización y misión

1. Completar y comunicar la filosofía de la evangelización para todos los ministerios.

2. Desarrollar un plan para alcanzar a la comunidad de pensionados Floral Gardens como esfuerzo evangelístico.

3. Reestructurar el Ministerio de Misiones para que su estructura organizacional se alinee con las funciones ministeriales.

Ministerios pastorales

1. Dotar de personal a todos los equipos ministeriales que sirven en cuestiones de ministerios pastorales.

2. Desarrollar talleres y eventos ministeriales para abordar las necesidades de oración y consejería pastoral de la iglesia.

3. Definir bien el papel de todos los equipos y de los líderes de equipo y elaborar descripciones de los programas para todas las ramas dentro de los equipos de ministerio.

Música y alabanza en los cultos

1. Expandir la posición de director instrumental de tiempo parcial a tiempo completo.

2. Constituir un equipo de alabanza de siete personas que planee, ejecute y evalúe todos los cultos de adoración.

3. Proveer acompañamiento en vivo para por lo menos dos conciertos especiales de solistas/conjuntos al mes en los cultos dominicales de las 9:00 y las 10:30 de la mañana.

Ejemplo de prioridades trimestrales de un negocio:

Compañía de repuestos automotrices

1. Vender $ _____ en repuestos este trimestre.

2. Abrir _____ nuevas tiendas este trimestre.

3. Generar $ _____ de utilidades este trimestre.

B-3 Prioridades a corto plazo

Ejemplo de prioridades a corto plazo de una iglesia:

Junta

1. Aplicar un proceso de formación y desarrollo de liderazgo con el fin de cultivar miembros de la junta potenciales.

2. Establecer directrices para asegurar que se asignen porcentajes apropiados a cada categoría del presupuesto (tales como personal, misiones, ministerios, administración, instalaciones, etc.)

3. Elaborar un plan de cinco años para terrenos e instalaciones para futuro crecimiento.

Pastor principal

1. Reunirse todas las semanas con el Equipo de Evaluación de la Adoración para hacer mejoras continuas en los cultos de adoración.

2. Revisar los materiales de enseñanza para la asimilación de nuevos miembros en conjunto con el proceso de capacitación de nuevos miembros.

3. Elaborar y realizar dos conferencias: una conferencia sobre la Biblia con un orador invitado para nuestra congregación, y una conferencia de pastores para alentar y formar pastores de otras iglesias.

Servicios administrativos

1. Renegociar contratos de copiadora y adquirir otra(s) copiadora(s) para atender las necesidades de los ministerios.

2. Realizar y coordinar una campaña de tres años de mayordomía.

3. Coordinar la renovación del santuario.

Servicios de comunicación

1. Coordinar la publicación de un directorio de la iglesia con fotos que haremos nosotros mismos.

2. Diseñar y elaborar, en coordinación con los Ministerios Pastorales, un nuevo juego de materiales para miembros y ponerlo a disposición de los diáconos.

3. Ayudar al Equipo de Ministerios de Mayordomía en la elaboración de materiales y publicidad para enfatizar la mayordomía.

Educación cristiana

1. Elaborar y promover una serie de estudios bíblicos de trece semanas sobre crecimiento cristiano básico para nuestro programa de grupos pequeños.

2. Crear un nuevo estudio bíblico a mediado de semana en el Ministerio de Solteros.

3. Ofrecer un Seminario Básico sobre el Evangelio orientado en forma específica hacia la juventud.

Evangelización y misión

1. Coordinar tres viajes misioneros por medio del Equipo de Liderazgo del Ministerio de Misiones.

2. Identificar tres ministerios clave en el tercer mundo y conformar una alianza para el intercambio de personal, equipos y ministerios.

3. Iniciar una campaña de cuatro semanas para reforzar la evangelización como un valor fundamental, con el propósito de ayudar a que nuestra congregación entienda nuestra filosofía de la evangelización y cómo cada miembro encaja en ella.

Ministerios pastorales

1. Crear un portal en Internet para comunicar necesidades de oración y movilizar la oración en todo el mundo.

2. Desarrollar un proceso de asimilación para involucrar a 80% de los miembros en cuestiones prácticas del ministerio.

3. Transferir responsabilidad por ese proceso de asimilación al Ministerio de Diáconos

Música/Cultos de adoración

1. Elaborar una lista inventario completa de equipos de sonido y un sistema para su mantenimiento para todo el equipo que figura en la lista.

2. Reclutar y formar a treinta voluntarios más para que ayuden a dirigir la adoración y la alabanza.

Ejemplo de prioridades de corto plazo en un negocio:
Compañía de repuestos automotrices

1. Vender $ _____ en repuestos en este período.
2. Abrir _____ tiendas nuevas en este período.
3. Generar $ _____ de beneficios en este período.

B-4. Prioridades de mediano plazo

Ejemplo de prioridades de mediano plazo de una iglesia:
Junta

1. Visitar cinco reuniones de juntas de otras iglesias como una forma de seguir creciendo en nuestro enfoque en liderazgo de ministerio.

Pastor principal

1. Comenzar una pasantía de un año para pastores jóvenes con un currículo que incluye capacitación en todos los aspectos de ser un pastor principal.
2. Aceptar oportunidades para predicar fuera de nuestra iglesia hasta cuatro semanas al año.
3. Procurar la publicación de un libro sobre liderazgo cristiano.

Servicios administrativos

1. Coordinar el cambio del techo actual del santuario.
2. Desarrollar un plan escrito a largo plazo para facilitar espacio para satisfacer las necesidades de los ministerios y librería para adultos, jóvenes, preescolares/niños.
3. Coordinar la planificación del nuevo santuario e instalaciones conexas.

Servicios de comunicación

1. Ayudar a la elaboración de materiales informativos y de publicidad para las necesidades de las nuevas instalaciones.
2. Desarrollar un plan amplio para producir e imprimir los materiales y la publicidad de la iglesia.

Educación cristiana

1. Desarrollar un ministerio amplio orientado hacia los más o menos trescientos padres solteros.

2. Proporcionar liderazgo para eventos juveniles de cuatro ciudades que involucran ministerios juveniles en la zona.

3. Realizar Escuelas Bíblicas de vacaciones regionales en tres vecindarios pobres.

Evangelización y misiones

1. Iniciar un seminario de dos días basado en la comunidad para promover la reconciliación racial.

2. Desarrollar un presupuesto «promesa de fe» para misiones, aparte del presupuesto operativo de la iglesia, para todas las actividades y proyectos misioneros y conseguir $ _____ .

Ministerios pastorales

1. Desarrollar un programa de capacitación de tres meses para pasantes en cuestiones de Ministerio Pastoral/Atención de Crisis.

2. Patrocinar una «cumbre de oración» de dos días.

Música/Alabanza y adoración

1. Desarrollar un plan para enviar a nuestros músicos a ministerios de expansión misionera a cinco países de Europa Oriental.

Ejemplo de prioridades a mediano plazo de un negocio

1. Vender $ _____ en repuestos en este período.

2. Abrir _____ tiendas nuevas en este período.

3. Generar $ _____ de beneficios en este período.

B-5. Hojas de trabajo para definir estrategias

Me encontraba trabajando con un equipo de Cruzada Estudiantil y Profesional para Cristo en Montana. Al ver la Flecha, dijeron: «Ah, ¡es extraordinaria! Pero ¿tiene una forma de aplicar la lógica de la Flecha a un solo proyecto?». Estaban planificando una actividad de fin de semana llamada Pánico de Último Año, dirigida a estudiantes de último año que se preguntaban: «¿Qué voy a hacer ahora que estoy saliendo de la escuela?». Se iba a asignar a un estudiante para que planificara y diera seguimiento a esta actividad y para ello se necesitaba un instrumento de planificación. Mi respuesta fue esta Hoja de Trabajo para Estrategia.

Digamos, por ejemplo, que estamos planeando un retiro de fin de semana para parejas en otoño, y hemos pedido a una pareja que asuma la responsabilidad. ¿Qué le vamos a dar como instrumento de planificación, o qué directrices le podemos dar para la tarea? Tratemos de utilizar la Hoja de Trabajo para definir estrategias. En esencia es una lista de preguntas:

Planifique con estrategia: Hoja de trabajo

¿Cuáles son las cinco necesidades que trataremos de satisfacer en este fin de semana de parejas? O ¿cuáles son las cinco cosas que intentaremos que los participantes logren?

¿Por qué vamos a tener un retiro para parejas? ¿Qué es lo fundamental?

¿Cuáles son los tres obstáculos que podrían impedirnos que este fuera un fin de semana exitoso para parejas?

¿Cuáles son los tres recursos clave que aportaremos?

¿Qué cosas concretas, mensurables, estamos tratando obtener como resultado del fin de semana?

Ponderemos nuestro calendario y presupuesto.

¿Cuáles son los pasos principales o esferas de responsabilidad como publicidad, alimentación, reservaciones de hotel?

¿Quién es responsable para cada paso? ¿Cuál es la fecha límite para lograrlo?

¿Qué ingresos va a generar?

¿Cuánto costará? ¿Cuál será la utilidad?

Después de calcular los ingresos, los gastos y la utilidad, tendremos un presupuesto preliminar aproximado. También podríamos hacer anotaciones generales sobre cosas que se han planteado en el comité directivo en cuanto a premisas, pensamientos, esperanzas, posibilidades y cuestiones que continúan pendientes.

Al final del retiro, pidamos a quienes hayan sido responsables de un proyecto dado que hagan una evaluación. ¿Cómo estuvieron las instalaciones, las personas, los alimentos, el servicio?

Hagamos algunas recomendaciones para la vez siguiente. «El año próximo en el retiro de parejas, recomendaríamos que hagan esto, o sugerimos esto, o así es cómo pensamos que lo mejoraríamos caso de que fuéramos a tener de nuevo la responsabilidad».

Pidamos que en su evaluación incluyan muestras de todos los materiales para que se puedan revisar en el futuro. Tomemos todas las muestras, folletos que promocionaron el fin de semana, los formularios de inscripción, formularios de compromisos, todo, y archivémoslo junto con la Hoja de Trabajo para una Estrategia con el título de Fin de Semana de Parejas. El año siguiente, cuando asuma la responsabilidad otra pareja, dispondrá de la documentación acerca de todo lo ocurrido en el retiro del año anterior: quién estuvo a cargo, qué tareas tuvieron que desempeñar y dónde encontraron ciertos recursos.

Nunca olvidaré mi primera tarea en Visión Mundial. Me escogieron para coordinar el paseo anual en el que, en ese entonces, iban a participar cuatrocientas personas. Dije: «¡Muy bien! Lo haré con gusto. ¿Podría ver el archivo del año pasado?». No había tal «archivo del año pasado». Dije: «¿Quiere decir que el coordinador del año pasado no guardó ninguna documentación? ¿Sabemos quiénes fueron los proveedores de la comida?». «Bueno, no. Nadie guardó esa información». Ese año decidí que iba a documentarlo todo. El coordinador del año siguiente tendría un camino trazado para recorrer. El abastecedor de comidas, los juegos que se utilizaron, la evaluación general; todo estaría disponible.

Si preparáramos una Hoja de Trabajo para Estrategias para cada una de las prioridades de los próximos dos años, o prioridades a noventa días, dispondríamos de una clara descripción de los pasos necesarios para hacer realidad las prioridades. Las Hojas de Trabajo para Estrategias son recursos nada costosos que se pueden obtener a través del Grupo Plan Maestro. Siempre que se asigne alguna tarea importante, hay que decirle a la persona: «Tenga la bondad de llenar la Hoja de Trabajo para

Estrategias». Es un recurso de planificación que puede ahorrar tiempo y energía y establecer una tarea bien definida. Lo hace sentir a uno que está bien organizado.

La Hoja de Trabajo para Estrategias se incluye con permiso del Masterplanning Group International . Véase el Apéndice II.

B-6. Viajes en busca de modelos rápidos

A. *Introducción*

1. Podemos aprender más en dos días en un viaje en busca de modelos rápidos que lo que a veces podemos aprender en dos meses en un instituto.

    a. Trabajo igual o similar al nuestro

    b. Mayor o con más tiempo en el trabajo

    c. Personas amables y dispuestas a comparar experiencias

2. ¡Nunca pidamos a un competidor que nos revele sus secretos!

3. Incorporemos viajes en busca de modelos rápidos en nuestro calendario con un año de antelación.

    Tomemos uno o dos días por visita. Si el viaje es por una noche, planeemos dos o tres visitas al lugar.

4. ¿Por qué van ayudarnos?

    a. El hierro se afila con hierro.

    b. Tienen la oportunidad de «alardear».

    c. Les gusta que los admiremos.

5. ¡Son las consultas más baratas que existen!

B. *Preparación de la visita*

1. Definamos con exactitud lo que queremos conocer.

2. Vayamos con una lista de preguntas e información que vamos a ofrecer, si ellos están de acuerdo.

3. No olvidemos tomar en cuenta las diferencias.

    a. Tiempo que llevan dedicado en el negocio

b. Tamaño

c. Mercado, etc.

4. Llevemos una grabadora pero pidamos permiso antes de conectarla.

5. ¡Llevemos un regalo!

C. *En la primera hora*

1. Expresemos admiración, respeto y reconocimiento en la medida que se pueda hacer con buen gusto.

2. Asegurémosles que no somos competidores.

D. *Cómo aprovechar al máximo el viaje*

1. Recojamos muestras. Dejemos algunas de las nuestras.

2. Tomemos notas. Es dar valor a sus respuestas. ¡Pidamos permiso antes!

3. Centrémonos en lo positivo, no en encontrar puntos débiles.

a. Admiración, alabanza, aprecio: 95%

b. Sugerencias que sentimos que los ayudaría a tener todavía más éxito: 4%

c. Análisis/crítica, si hay que hacerlo: 1%

4. Demos por sentado que la persona necesita aliento.

5. Ofrezcamos devolver el favor; invitémoslos a nuestra organización.

E. *Advertencias*

1. Seamos generosos

a. Ofrezcamos pagar por las muestras

b. Paguemos las comidas

c. Dejemos algún regalo.

2. ¡Nunca reclutemos a su personal!

F. *Ejemplos de preguntas clave para adaptar a nuestra situación*

1. ¿Qué puntos fuertes se necesitan para desempeñar este papel con eficacia?

2. ¿Cuáles han sido los *entre tres y diez conceptos decisivos* que les han permitido alcanzar el éxito que han logrado?

3. Qué *principios o reglas básicas* han encontrado útiles?

4. ¿En qué variables se fijan para monitorear los *signos vitales* de estos asuntos?

5. ¿Cuáles sienten que son los entre tres y diez componentes de su *fórmula de éxito*? ¿Por qué tienen tanto éxito? Si tuvieran que comenzar de nuevo, ¿qué harían de otra forma?

6. ¿Qué *obstáculos* enfrenta hoy con los que quizá yo podría ayudarlo?

7. ¿Cuáles son los *recursos primordiales* con los que está trabajando —proveedores, etc.— que quizá podrían reducir nuestros costos?

8. ¿Disponen de algunos *formularios* que hayan resultado particularmente útiles para desempeñar sus responsabilidades?

9. ¿Tiene usted algunas *muestras* que no le importaría enseñarme, como gráficos de proceso, políticas, procedimientos, listas de comprobación, etc.?

10. ¿Tiene alguna *pregunta* sobre cómo hacemos algo que podría serle de ayuda?

Agreguemos de igual modo nuestras propias preguntas. Vayamos con una lista de preguntas, sin depender tan solo de la memoria, ya que podríamos bloquearnos en forma inesperada y, por tanto, no podríamos completar la agenda.

G. *Beneficios*

1. Recordemos:

   Se suele poder aprender más en dos días en un viaje rápido para ver modelos que lo que se puede aprender en dos meses en una institución.

2. Perspectiva más amplia

a. Personas nuevas: redes

b. Ideas nuevas: destellos de creatividad

c. Soluciones nuevas: opciones

3. Sensación de crecimiento en lugar de estancamiento

4. Una lista de recursos a los que podemos recurrir para ayudarnos a resolver problemas futuros.

H. *Conclusión*

1. Cuestionario de evaluación después de la visita.

   a. Marquemos con cuidado la senda recorrida

   b. Dentro de las veinticuatro horas después de la visita

   c. Entreguemos copia a nuestro gerente

2. Alentemos a nuestro personal a que viaje para ver modelos rápidos.

3. Informes: Centrados en lo que el equipo propio ha hecho bien y cómo mejorarlo.

4. Demos gracias después de regresar.

   a. Al anfitrión

   b. A nuestro gerente

   c. A nuestro grupo.

Modelos rápidos

CUESTIONARIO DE EVALUACIÓN DESPUÉS DE LA VISITA

1. ¿Cuál es la idea más útil que obtuvo durante la visita?

2. Con nueva perspectiva, ¿cuáles son las cinco cosas primordiales que ha concluido que estamos haciendo bien y debemos seguir haciendo?

3. ¿Cuáles son las tres cosas principales que podemos aprender de esta organización?

4. ¿Cuál fue su contacto primordial en esta visita —nombre, dirección y número de teléfono— y cuáles son las cosas clave que desea recordar acerca de la persona para su siguiente visita?

5. ¿Cuáles fueron sus impresiones generales de la imagen, entorno, actitud y dimensiones intangibles de la organización? ¿Qué podemos aprender de ellas?

6. ¿Cuáles son las tres cosas principales que haremos de otra manera como resultado de su visita?

7. ¿De qué nuevas necesidades hemos tomado consciencia que nos será posible satisfacer?

8. ¿Hay algunos productos, recursos, servicios, modelos nuevos, etc., que son exitosos en nuestro caso y que nos gustaría tomar en consideración?

9. ¿Cuáles son las tres ideas principales que captamos y debemos retener para uso futuro?

10. ¿Cuáles son los tres obstáculos que nos impiden alcanzar todo nuestro potencial como organización?

11. En resumen, ¿cuáles fueron los beneficios primordiales para nosotros y para nuestra organización de este viaje para observar modelos rápidos?

APÉNDICE C

Organización

C-1. Hojas para definir puestos

Modelos para iglesias

Persona asignada: <u>nombre de la persona</u>

Fecha de vigencia: <u>fecha de inicio de empleo</u>

Fecha de evaluación: <u>fecha de evaluación por el supervisor</u>
(anualmente después)

HOJA PARA DEFINIR PUESTOS

1. Título del puesto: **Pastor principal**

2. Propósito del puesto: Hacer realidad el propósito que tiene la iglesia mediante la predicación la Palabra, la capacitación de los santos y el cuidado de la grey.

3. Se reporta a: la Directiva

4. Relación estrecha con: La iglesia

5. Supervisa a: Pastor asociado
Auxiliar de administración
Líderes de ministerios

6. Responsabilidades permanentes:

   a. Predicar la Palabra y proveer recursos para el púlpito

   b. Formar a los santos para servir

    c.   Brindar consejo y ánimo a la iglesia

    d.   Planificar y coordinar el calendario de la iglesia

    e.   Realizar bodas, funerales y la consejería debida

    f.   Trabajar con la directiva en supervisar el desarrollo del ministerio y el crecimiento espiritual general

    g.   Trabajar con el liderazgo del concilio para proveer supervisión de las operaciones de la iglesia

    h.   Representar a nuestra iglesia en reuniones de la denominación

7.   Principales puntos fuertes/dones/talentos requeridos:

    a.   Tener un corazón consagrado a Dios y su pueblo

    b.   Conocer y aplicar bien la Escritura; creíble

    c.   Ser un comunicador claro; capaz de enseñar, alentar; ser un visionario

    d.   Experiencia en los ministerios de la iglesia; reconocida por la junta

    e.   Título de seminario

8.   Papel preferido: Diseñador/desarrollador o desarrollador

9.   Tres prioridades primordiales mensurables para los próximos cuatro meses:

    a.   Aumentar la asistencia a los servicios de culto de ____ a ____

    b.   Aumentar las contribuciones a la iglesia de $ ____ a $ ____

    c.   Desarrollar y poner por escrito un Plan Maestro de cinco años para la iglesia

10.   Presupuesto disponible: $ _____: Presupuesto anual aprobado por la congregación

11.   Tiempo que el puesto requiere: 50 horas a la semana

12.   Salario: $ _____ al año

13. Beneficios adicionales: seguridad social, seguro médico, gastos de representación, gastos por conferencias y seminarios, tres semanas de vacaciones pagadas

14. Consideraciones adicionales: El lunes será de ordinario el día libre.

Persona asignada: <u>nombre de la persona</u>

Fecha de vigencia: <u>fecha de inicio de empleo</u>

Fecha de evaluación: <u>fecha de evaluación por el supervisor</u>
                      (anualmente después)

HOJA PARA DEFINIR PUESTOS

1. Título del puesto: **Auxiliar administrativo**

2. Propósito del puesto: Satisfacer las necesidades administrativas de la iglesia y liberar al pastor para que pueda concentrarse en un ministerio efectivo

3. Se reporta a: Pastor principal

4. Relación estrecha con: Pastor asociado/Directiva/Líderes de ministerios

5. Supervisa a: Personal de la oficina

6. Responsabilidades permanentes:

   a. Recepcionista: responde a las llamadas y recibe a los visitantes, tamiza y refiere solicitudes

   b. Director de la oficina: mantiene funcional la oficina/los suministros en existencia/el equipo en funcionamiento/archivos accesibles/trabaja con la imprenta, los expedidores, el servicio de correos

   c. Auxiliar del pastor: fija reuniones y citas/ayuda con proyectos

    d. Comunicaciones: produce boletines semanales, circulares mensuales/envía cartas a invitados, por cumpleaños, aniversarios

    e. Mantiene la documentación: información sobre miembros, estadísticas de la iglesia, documentos legales

    f. Coordina proyectos: facilita y supervisa proyectos/seguros, impuestos, ministerio, instalaciones/coordina voluntarios, calendario

4. Puntos fuertes/dones/talentos primordiales que se requieren:

En relaciones/Organizada/Sabe dirigir personas/Espíritu cooperador en equipo

Flexible/Confiable/Iniciadora/Madurez espiritual/Prudente/Experimentada

Escribe en máquina/Conocedora de equipo de oficina/Competente en computación

5. Papel preferido: Desarrolladora o desarrolladora/gerente

6. Tres prioridades principales mensurables para el año venidero:

    a. Actualizar la base de datos de miembros de la iglesia

    b. Reorganizar los sistemas de archivo

    c. Reclutar ayuda y publicar un boletín mensual

7. Presupuesto disponible: Presupuesto de la oficina aprobado por la congregación

8. Tiempo que exige el puesto: Treinta horas a la semana
De lunes a jueves: 8:30-3:00
Viernes: 8:30-12:30

9. Salario: $ _____ por año
(incluye salario, impuestos y seguro)

10. Beneficios colaterales: Dos semanas de vacaciones pagadas, diez fiestas pagadas, gastos de

capacitación/seminarios, sin seguro médico por mutuo acuerdo.

11. Consideraciones adicionales:

El acuerdo es válido hasta que se someta a evaluación. Ambas partes presentarán una nota de renuncia o despido con 30 días de antelación. El despido basado en razones éticas o morales puede ser inmediato.

Persona asignada: <u>nombre de la persona</u>

Fecha de vigencia: <u>fecha de inicio de empleo</u>

Fecha de evaluación: <u>fecha de evaluación por el supervisor</u> (después anualmente)

HOJA PARA DEFINIR PUESTOS

1. Título del puesto: **Director de comunicaciones**

2. Propósito del puesto: Apoyar los ministerios de la iglesia con la ampliación y mejora de los medios con los cuales se comunican las necesidades e información del ministerio

3. Se reporta a: Pastor principal

4. Relación estrecha con: Auxiliar administrativo/líderes de ministerios

5. Supervisa a: Voluntarios en artes gráficas

6. Responsabilidades permanentes:

   a. Mantener la perspectiva general en cuanto al calendario de actividades de la iglesia.

   b. Desarrollar y producir materiales de comunicación para eventos/actividades de la iglesia.

   c. Desarrollar y producir materiales de comunicación para cada ministerio.

   d. Supervisar el equipo de computación y el uso del mismo.

   e. Publicar un boletín informativo mensual.

   f. Alimentar el sentido de «familia» en la congregación mediante la comunicación de noticias personales.

   g. Pensar en forma estratégica todo lo que se debe promover: oportunidad, contenido, imagen, método de entrega.

   h. Evaluar la efectividad de cada instrumento de comunicación y mejorarlo.

7. Puntos fuertes/dones/talentos primordiales requeridos:

Habilidad para diseñar/Organización/Capacidad para escribir guiones o textos que motiven

Pensador estratégico/motivador

8. Papel preferido: diseñador, diseñador/desarrollador

9. Tres prioridades principales mensurables para el próximo año:

   a. Diseñar y desarrollar un nuevo paquete informativo para visitantes

   b. Coordinar la publicación de un directorio de la iglesia con fotos

   c. Coordinar el equipo de computación y actualizar los programas

10. Presupuesto disponible: Presupuesto de comunicaciones aprobado por la congregación

11. Tiempo que requiere el puesto: 40 horas a la semana

12. Salario: $ _____ anuales

13. Beneficios colaterales: seguridad social, seguro médico, gastos de representación, gastos para conferencias y seminarios, dos semanas de vacaciones remuneradas

14. Consideraciones adicionales: El lunes será de ordinario el día libre

Persona asignada: <u>nombre de la persona</u>

Fecha de vigencia: <u>fecha de inicio de empleo</u>

Fecha de evaluación: <u>fecha de evaluación por el supervisor</u>
                                (anualmente después)

HOJA PARA DEFINIR PUESTOS

1. Título del puesto: **Director de educación cristiana**

2. Propósito del puesto: Desarrollar el cuerpo de Cristo para que madure por medio de instrucción, enseñanza de la Palabra de Dios, estímulo y formación de personas para que vivan como discípulos suyos

3. Se reporta a: Pastor principal

4. Relación estrecha con: Auxiliar administrativo/Director de finanzas

5. Supervisa a: Coordinadores de clases por edades/ líderes de grupos pequeños
                                    Superintendente de preescolar

6. Responsabilidades permanentes:

    a. Ofrecer y supervisar clases por edades el domingo por la mañana

    b. Animar, ayudar a establecer y supervisar ministerios con equipos pequeños

    c. Brindar formación permanente docente a todos los maestros de la iglesia

    d. Coordinar la instrucción entre las clases dominicales y el preescolar

    e. Mantener una perspectiva general sobre salud espiritual de la iglesia y la instrucción que se necesita

    f. Brindar oportunidades de instrucción a todos los grupos de interés

7. Puntos fuertes/dones/talentos primordiales requeridos:

   Madurez espiritual/Dedicación a la Biblia/Maestría en educación cristiana

   Don de gente/Comprensión de la dinámica curricular/Corazón para discipular

8. Papel preferido: Diseñador/Desarrollador o Desarrollador

9. Tres prioridades primordiales mensurables para el próximo año:

   a. Elaborar y promover un «Ministerio básico de crecimiento cristiano», destinado a todos los que deseen crecer en su fe

   b. Desarrollar un ministerio comprensivo para padres solteros

   c. Celebrar una Escuela Bíblica Vacacional en vecindarios pobres

10. Presupuesto disponible: presupuesto para educación cristiana aprobado por la congregación

11. Tiempo que requiere el puesto: 40 horas semanales

12. Salario: $ _____ anuales

13. Beneficios colaterales: seguridad social, seguro médico, gastos de representación, gastos para conferencias y seminarios, dos semanas de vacaciones remuneradas

14. Consideraciones adicionales: El lunes será de ordinario el día libre

Persona asignada: nombre de la persona

Fecha de vigencia: fecha de inicio de empleo

Fecha de evaluación: fecha de evaluación por el supervisor
                       (anualmente después)

HOJA PARA DEFINIR PUESTOS

1. Título de puesto: **Director de alabanza y adoración**

2. Propósito del puesto: Llevar a la congregación a experimentar comunión con el Dios vivo y santo proporcionando oportunidades de adoración que conduzcan a una consciencia más profunda de la santidad, majestad y gracia del Señor.

3. Se reporta a: Pastor principal

4. Relación estrecha con: Auxiliar administrativo

5. Supervisa: El equipo musical y el equipo de sonidos

6. Responsabilidades permanentes:

   a. Planear, preparar y dirigir equipos musicales de alabanza y adoración cada domingo por la mañana

   b. Desarrollar las destrezas interpretativas de todos los músicos interesados

   c. Supervisar el sistema de sonido y ampliarlo si fuera necesario

   d. Reclutar músicos e involucrarlos en los ministerios de proyección externa

7. Puntos fuertes/dones/talentos primordiales requeridos:

   Pasión por Dios y su pueblo/Músico diestro/Arreglista/Destreza para coordinar

8. Papel preferido: diseñador/desarrollador o desarrollador

9. Tres prioridades primordiales mensurables para el año próximo:

a. Desarrollar equipos de alabanza para planear, ejecutar y evaluar los cultos de adoración

b. Elaborar un plan para enviar a nuestros músicos a ministerios de proclamación del evangelio

c. Crear un inventario de equipos de sonido para ministerios en la iglesia y fuera de la misma

10. Presupuesto disponible: Presupuesto para adoración y alabanza aprobado por la congregación

11. Tiempo que requiere el puesto: 40 horas semanales

12. Salario: $ _____ anuales

13. Beneficios colaterales: seguridad social, seguro médico, gastos de representación, gastos para conferencias y seminarios, tres semanas de vacaciones remuneradas

14. Consideraciones adicionales: El lunes será de ordinario el día libre

Persona asignada:	nombre de la persona
Fecha de vigencia:	fecha de inicio de empleo
Fecha de evaluación:	fecha de evaluación por el supervisor (anualmente después)

HOJA PARA DEFINIR PUESTOS

1. Título de puesto: **Director de misiones/extensión**

2. Propósito del puesto: Llevar el mensaje del evangelio a todos los pueblos y naciones y preparar a otros para llevar a cabo la Gran Comisión

3. Se reporta a: Pastor principal

4. Relación estrecha con: Auxiliar de administración

5. Supervisa a: Líder del equipo de Evangelismo Explosivo y Socios en Misión

6. Responsabilidades permanentes:

    a. Desarrollar relaciones de misioneros con la iglesia

    b. Ofrecer todos los años capacitación en evangelización

    c. Desarrollar actividades de extensión del evangelio por parte de la iglesia

    d. Fomentar la evangelización en todos los ministerios de la iglesia

    e. Coordinar la participación de la iglesia en misiones de breve duración en verano

7. Puntos fuertes/dones/talentos primordiales requeridos:

    Amor profundo por los perdidos/Don de coordinación/Capacidad para reclutar

8. Papel preferido: diseñador/desarrollador o desarrollador

9. Tres prioridades primordiales mensurables para el año próximo:

    a. Iniciar una campaña para reforzar una filosofía de la evangelización como valor central de la iglesia

    b. Completar y comunicar una filosofía de la evangelización para cada tipo de ministerio

    c. Identificar tres ministerios clave en el tercer mundo con los cuales poder asociarse para el intercambio de personal, equipos, ministerio

10. Presupuesto disponible: Presupuesto para misiones/evangelización aprobado por la congregación

11. Tiempo que requiere el puesto: 40 horas semanales

12. Salario: $ _____ anuales

13. Beneficios colaterales: seguridad social, seguro médico, gastos de conferencias y seminarios, dos semanas de vacaciones remuneradas

14. Consideraciones adicionales: El lunes será de ordinario el día libre

Persona asignada: nombre de la persona

Fecha de vigencia: fecha de inicio de empleo

Fecha de evaluación: fecha de evaluación por el supervisor
                          (anualmente después)

HOJA PARA DEFINIR PUESTOS

1. Título del puesto: **Pastor de ministerios de solidaridad**

2. Propósito del puesto: Cuidar de la atención a toda la familia de la iglesia mediante el fomento de la madurez y servicio cristianos para satisfacer las necesidades espirituales, emocionales y físicas del Cuerpo

3. Se reporta a: Pastor principal

4. Relación estrecha con: el Cuerpo/ministerios de mujeres

5. Supervisa a: miembros del equipo de «cuidadores»

6. Responsabilidades permanentes:

   a. Dirigir a la iglesia a centrarse en la oración

   b. Establecer y mantener una cadena de oración en la iglesia

   c. Desarrollar y mantener un sistema de asimilación de nuevos miembros

   d. Ofrecer capacitación permanente a miembros interesados en cuanto a solidaridad

   e. Coordinar en la congregación las actividades de cuidar a otros

   f. Visitar a los miembros en hospitales, residencias de pensionados y recluidos en sus casas

   g. Representar a nuestra iglesia en conferencias de distritos y nacionales, y en reuniones de pastores del distrito

7. Puntos fuertes/dones/talentos primordiales requeridos:

Sensibilidad profunda por quienes sufren/destrezas en coordinación/Don de dar ánimo/Don de misericordia

8. Papel preferente: desarrollador/gestor o gestor

9. Tres prioridades principales mensurables para el año próximo:

   a. Introducir en Internet una «Página de oración en el hogar» de la iglesia

   b. Desarrollar un proceso de asimilación para involucrar a todos los miembros en lugares prácticos de ministerio de solidaridad

   c. Desarrollar y capacitar un equipo de consejeros para la iglesia

10. Presupuesto disponible: Presupuesto para Solidaridad aprobado por la congregación

11. Tiempo que requiere el puesto: 40 horas semanales

12. Salario: $ _____ anuales

13. Beneficios colaterales: seguridad social, seguro médico, gastos de representación, gastos para conferencias y seminarios, dos semanas de vacaciones remuneradas

14. Consideraciones adicionales: El lunes será de ordinario el día libre

Modelo para negocios

El desarrollo de una hoja para definir puestos es algo en lo que hay muy poca diferencia entre preparación en una organización para fines de lucro y en una sin fines de lucro. Desarrollar una descripción de puesto para un presidente es muy parecido a un pastor principal. A continuación hay una descripción de puesto de presidente; será fácil advertir la similitud.

Persona asignada:	nombre de la persona
Fecha de vigencia:	fecha de inicio de empleo
Fecha de evaluación:	fecha de evaluación por el supervisor (anualmente después)

HOJA PARA DEFINIR PUESTOS

1. Título de puesto: **Presidente**

2. Propósito del puesto: Hacer realidad el propósito de la corporación ofreciendo liderazgo a todo el equipo para hacer realidad las prioridades corporativas

3. Se reporta a: Junta directiva

4. Relación estrecha con: La junta y el personal ejecutivo

5. Supervisa a: Vicepresidente de manufactura
Vicepresidente de mercadeo y ventas
Vicepresidente de operaciones
Vicepresidente de control de calidad
Vicepresidente de adquisiciones/ almacenes/envíos

Vicepresidente de investigación y desarrollo

Vicepresidente de tiendas al menudeo

6. Responsabilidades permanentes:

a. Orientar a todo el equipo

b. Contratar, evaluar y despedir personal de nivel vicepresidencial

c. Dirigir al equipo para que produzca utilidades

d. Monitorear los avances de los miembros del equipo en forma permanente

e. Evaluar la calidad de los resultados que obtiene el equipo

f. Asegurarse de que todos los sistemas estén siendo ajustados en forma continua

g. Ser el portavoz de la corporación

h. Introducir innovaciones constantes en la corporación dentro de directrices legales, morales, éticas y de seguridad

7. Principales puntos fuertes/dones/talentos requeridos:

a. Nivel avanzado de destreza en liderar

b. Una sólida comprensión financiera de la rentabilidad

c. Experto en nuestro campo de acción

8. Papel preferido; diseñador/desarrollador o desarrollador

9. Tres prioridades principales mensurables para el año próximo:

a. Aumentar la cantidad de tiendas de _____ a _____

b. Incrementar las ventas de $ _____ a $ _____

c. Elaborar y poner por escrito un Plan Maestro para cinco años

10. Presupuesto disponible: $ _____

11. Tiempo que el puesto requiere: 50-60 horas semanales

12. Salario: $ _____ anuales

13. Beneficios colaterales: seguridad social, seguro médico, gastos de representación, gastos para conferencias y seminarios, cuatro semanas de vacaciones remuneradas

14. Consideraciones adicionales: Se arrienda un automóvil para uso del presidente

C-2. Lista de control para agregar miembros nuevos al personal

---

Contratar a la persona adecuada:
una clavija redonda en un agujero redondo del tamaño adecuado

---

Una vez que ya disponemos del organigrama de la organización, es necesario conseguir a las personas adecuadas para que ocupen los puestos adecuados. Lo que sigue es lo esencial del recurso del Masterplanning Group llamado *Proceso de Búsqueda de un Pastor*. Describe cómo proceder para contratar a las personas adecuadas y dejar de lado a las inadecuadas. Cuando estamos intentando contratar a alguien, estas son las dieciocho cosas que se pueden procurar aplicar en un proceso prudente de contratación.

El tiempo mejor para despedir una persona es antes de contratarla.
Dr. R. C. Sproul, Presidente,
Ligonier Ministries

☐ 1. Consultar las instrucciones para la Flecha del Plan Maestro y el organigrama. *¿Es este el puesto que hay que agregar primero?*

☐ 2. Nombrar un comité de búsqueda (opcional)

☐ 3. Preparar una hoja para definir puestos y un perfil para dicho puesto.

☐ 4. Asegurarse de que está incluido en el presupuesto.

He visto a líderes experimentados que comienzan a hablar con una persona acerca de incorporarse al personal solo para descubrir, cuando lo proponen a la junta, que no se dispone de dinero para contratarla.

☐ 5. Anunciar la disponibilidad del puesto.

Si alguien en el personal está interesado en el puesto, agradecerá la oportunidad de saberlo antes de que se comience a pedir currículos. Pongamos anuncios, llamemos a algunos amigos, demos a conocer que hay un puesto disponible.

6. Comenzar a recibir currículos y abrir un archivo para cada uno de los que se reciben.

7. Enviar o dar el paquete de información básica a las personas que envían su currículo.

Los paquetes informativos deberían incluir la descripción del puesto e información general acerca del mismo. Hay que ayudar a que las personas puedan decidir si desean o no seguir aspirando al puesto.

8. Contactar las referencias y asegurarse de conseguir informes buenos, positivos.

Conozco a un pastor que dijo que había conseguido que su iglesia pasara de 100 miembros a 300 en apenas dos años en una pequeña ciudad. Resultó que era un solemne mentiroso. Había llegado procedente de una denominación diferente, y nadie había verificado a fondo sus referencias. Parecía bueno. Sonaba bien. Era agradable. Predicaba bien, pero les tomó entre uno y dos años para averiguar que era un antisocial mentiroso. Cuando se fue, había generado mucha animadversión contra la iglesia porque había mentido en muchas ocasiones. Una rápida verificación de las referencias con frecuencia previene descuidos como este.

9. Realizar la primera entrevista con la persona y evaluar las observaciones que uno hace.

10. Hacer que el candidato complete una lista de rasgos psicológicos y preparar un perfil psicológico.

11. Realizar la segunda entrevista y evaluar las observaciones que se hagan.

12. Realizar la tercera entrevista y evaluar las observaciones que se hagan.

La primera entrevista puede resultar engañosa, al ocultar cómo es en realidad la persona. En la primera entrevista la persona tenderá a llevar la mejor ropa, mostrar la mejor sonrisa y los modales más refinados. En la segunda, comenzamos a ver cómo es la persona en un nivel diferente. Ya cuando se realiza la tercera, el candidato está suficiente distendido para que podamos comenzar a ver cómo es en realidad.

☐ 13. Establecer un período de prueba.

De ser posible, se debe permitir que la persona haga una prueba en el puesto por un tiempo. Hacer todo lo posible para conseguir determinar cómo se desempeñaría en realidad. Pidamos a la persona que enseñe una clase, predique un sermón o dirija un seminario, lo que sea más pertinente para el puesto. Hay que hacer esta prueba antes de la invitación formal para que se una al equipo. Constatar cómo trabaja.

☐ 14. Tener una última discusión con el comité de búsqueda y tomar una decisión.

☐ 15. Hacer el ofrecimiento por escrito y esperar que acepte.

No hay que poner nada por escrito que no se haya acordado antes de palabra. Con frecuencia se hace una oferta por escrito, y cuando no resulta aceptable, acaba uno volviéndola a escribir quince veces. Analizar y llegar a un acuerdo en cuanto a términos y condiciones del empleo. Aclarar todos los supuestos y expectativas. Luego confirme por escrito lo acordado.

☐ 16. Prepararse para su llegada.

Hay que asegurarse de que el escritorio, la oficina y todo lo demás están en orden cuando la persona llegue. Un alto ejecutivo que conozco fue a trabajar para una organización cristiana y lo recibieron sorprendidos. «Ah, ¿es hoy que tenía que llegar?». La oficina no estaba lista. Todavía no tenía un escritorio. No se había conectado su teléfono. No estaban preparados para recibirlo. ¡Terrible comienzo! ¡Las primeras impresiones perduran!

☐ 17. Dar orientación en cuanto a la organización.

Preparar una lista de comprobación para la orientación con todas las cosas que un funcionario nuevo debe saber para desenvolverse bien.

☐ 18. Realizar una evaluación.

El primer día en que una persona comienza en un puesto nuevo es el momento para programar su primera evaluación. Siempre que una persona nueva se incorpora al equipo, la primera evaluación debe realizarse al final del primer día. Al final de ese día, hay que ir a su oficina, sentarse como si nada, y preguntar: «¿Cómo se siente después de este primer día?». A menudo se puede percibir algo que ha sido una mala comunicación o un problema. Si se percibe al final del primer día, no se convierte en problema. Si no se capta ese primer día, puede ir generando en los días sucesivos un fantasma en la mente del funcionario, solo para luego descubrir que no era para nada verdad. Hubiéramos podido arrancarlo de raíz al final del primer día.

Al concluir la primera semana hay que sentarse a hacer lo mismo.

Al final del primer mes hay que sentarse para hacer lo mismo.

Al final del sexto mes, hagamos lo mismo.

Al final del año, realicemos una evaluación formal.

Si la persona sale bien, podemos seguir con el bucle y prepararnos para cubrir el puesto siguiente.

Nota: Todo este proceso se detalla en una libreta y en una serie de grabaciones de tres horas llamada *Proceso de Búsqueda de Pastor* del Masterplanning Group (ver Apéndice II).

C-3. Lista de control de la orientación para personal nuevo
Primer ejemplo:

Proceso de orientación para un nuevo miembro del personal

Preparación

- Diseñar y coordinar un programa de orientación y capacitación que incluya elementos de esferas específicas de ministerio, así como información estándar para personal nuevo (o sea, permisos, sistema telefónico, equipo de oficina, suministros/recursos, etc.)
- Crear un cuaderno de planificación del personal con la lista del personal y el organigrama actualizados, diagramas de la oficina y de las instalaciones, presupuestos de cada ministerio, calendario de la iglesia y todas las fechas de planificación; proporcionar placas enmarcadas de lo que se valora en el personal.
- Abrir un archivo para el nuevo miembro y hacer que se llene el formulario de información personal.
- Introducir cambios pertinentes a la señalización de las oficinas, calendario de cumpleaños, tarjetas de visita, etc.
- Asignar extensiones telefónicas y agregar/cambiar el directorio del personal.

Orientación

- Dar la bienvenida al nuevo miembro del personal y hacer las presentaciones en la oficina.
- Analizar el papel del Director de Personal/Gerente de la oficina.
- Entregar el organigrama, el manual, el cuaderno de planificación, etc., según se describió en Preparación.
- Entregar llave del edificio (si es conveniente)
- Informar al nuevo miembro de puntos del calendario como reuniones semanales regulares (lunes 9:30 a.m.-12:00 p.m. reunión del gabinete; lunes 12:00 p.m.-1:00 p.m. reunión del personal y almuerzo; viernes 6:30-8:00 a.m. reunión de la junta) y eventos y ocasiones especiales (como celebraciones mensuales de cumpleaños y retiros para el personal).
- Realizar un recorrido detallado de la oficina y las instalaciones.
- Iniciar la orientación y el programa de capacitación:
  Sistemas de la oficina/Gerencia: Proporcionar capacitación acerca de características y sistema telefónicos, cómo programar y

extraer mensajes electrónicos, códigos de larga distancia de ministerios, lista de extensiones, recepcionista/encargado de saludar (cómo manejar las llamadas que entran), hojas para firmar hora de entrada y de salida y su importancia, etc.

Instalaciones/Seguridad: Enseñar el uso de las llaves del edificio y lo referente a la seguridad.

Computadoras: Proporcionar capacitación en e-mail, calendario, etc.

Suministros/recursos: Explicar el procedimiento para solicitar suministros de oficina vía correo electrónico y los procedimientos de compra/contabilidad relacionados con artículos que no forman parte del inventario general. Existen pedidos especiales para esas adquisiciones que se cargarán a las cuentas del presupuesto del ministerio en cuestión.

Distribuidor de libros: Se hacen pedidos dos veces al mes a partir de solicitudes recibidas por correo electrónico. El distribuidor ofrece una serie de artículos con rebajas, a pagar ya sea del presupuesto del ministerio o con reembolso personal.

Fotocopias: Identificar la pequeña copiadora de la oficina que se puede utilizar y pedir a su auxiliar de administración que demuestre el funcionamiento de la copiadora más grande en la sala de copias/suministros para trabajos mayores.

Medios de comunicación: Explicar las directrices para trabajar con el departamento de medios de comunicación y programar una sesión de capacitación.

Contabilidad: El administrador explicará los formularios de nómina y seguros. La auxiliar de administración explicará los procedimientos para compras y el sistema presupuestario.

• Diseñar un plan de desarrollo específico para el personal.
• Establecer la cronología de las evaluaciones a los tres, seis y doce meses.

Evaluación

• Iniciar el procedimiento de evaluación a los tres, seis y doce meses.

- Supervisar el plan de desarrollo del personal y valorar el avance individual.
- Hacer realidad cualquier apoyo permanente o espontáneo a la capacitación.
- Compilar el informe de evaluación y mantener un historial de todos los puntos resultantes.

Segundo ejemplo:

Pasos a seguir en la orientación de personal pastoral nuevo

Llaves que necesitará

Descripción de trabajo para cada puesto

Procedimientos y formularios apropiados para:
- reembolsos de gastos de representación
- reembolso de gastos odontológicos
- compra de suministros
- reservación de salas para ser utilizadas
- reservación del VCR
- establecer fechas en el calendario maestro
- horarios de reuniones del personal
- política acerca de tiempos de receso

Responsabilidad pastoral en cuanto a:
- cerrar con llave el domingo por la noche
- anuncios el domingo por la noche, etc.
- programa para el culto del domingo por la mañana

Operaciones por computadora:
- manual
- organizar sesiones de capacitación
- establecer directorios y códigos de entrada
- cuando se presentan problemas, ¿qué se hace?

Historial:
- nuevas visitas
- nuevos conversos

Visitas
- políticas para visitas pastorales en hospitales

- días de visitas pastorales
- quién visita a quién

Otros asuntos para personal pastoral nuevo:
- presupuesto e informes financieros
- nombres de los miembros de la junta y comités permanentes
- directrices para la directiva de la iglesia y deberes de los comités permanentes
- estructura organizacional
- lista de nuestras metas
- directorio de la iglesia
- procedimientos de estacionamiento del personal
- historia de la iglesia

C-4. Lista de comprobación del desarrollo del liderazgo

Descripción:

Preparar una lista de los materiales que recomendaría si un ansioso empleado, o nuestro hijo mayor, llegara a preguntarnos:

«De todos los materiales que ha leído, visto o escuchado, ¿cuáles entre diez y veinte me recomendaría más que estudie para desarrollarme como líder?».

Base lógica:

1. Esta idea muy sencilla es algo que podemos hacer *en una hora* para definir un «Miniprograma para desarrollo de liderazgo» para todo el personal, su familia y todos los líderes jóvenes con los que se encuentre —con actualizaciones ocasionales— ¡en el curso de los próximos cincuenta años!

2. Esta sencilla tarea permite que nuestro personal vea que deseamos que se desarrollen como líderes, y no solo utilizarlos como instrumentos en la organización.

3. Esta sencilla lista ofrece a cada persona una senda diáfana a seguir a medida que se va desarrollando en el curso de unos cuantos meses y años. Les hemos presentado una senda; ¡ahora la responsabilidad recae en ellos en cuanto a tomar la iniciativa de seguirla!

Principales ventajas:

1. *Con solo una hora de nuestro tiempo* podemos orientar de cincuenta a trescientas horas de cada persona que recibe la lista a lo largo de los siguientes diez o veinte años!

2. *Proporciona a los corredores rápidos una senda clara por la que pueden correr* y nos permite identificar muy pronto a los corredores rápidos en nuestro equipo.

3. *Acelera la curva de aprendizaje de cada persona* al evitarles leer los miles de libros en nuestra biblioteca que hemos leído pero que hoy no aconsejaríamos a nadie.

Instrucciones paso por paso:

☐ Hacer una lista sencilla de los diez o veinte materiales que nos hayan ayudado más en nuestro desarrollo en el liderazgo. Incluir también los que hemos preparado nosotros. Quizá se deba elaborar una lista complementaria de materiales de la organización como lista básica para la orientación del personal.

☐ Quizá se quiera incluir recursos audiovisuales como parte de la lista básica o listarlos por separado. Quizá también se quiera dividir la lista básica en *lecturas requeridas y lecturas recomendadas.*

☐ Preparar la lista en el orden en que recomendaríamos que estudiaran. Se comienza con lo más elemental y se concluye con lo más difícil.

☐ Escribir un breve párrafo para explicar que este material debe utilizarse «al paso de cada uno» para «el crecimiento de uno».

Mejoras opcionales:

☐ Adjuntar anotaciones a cada componente, explicando por qué se incluye ese recurso.

☐ Guardar la lista en la biblioteca de nuestra propia oficina con el fin de prestarla.

☐ Ofrecer premios, reconocimiento, incluso tiempo libre como incentivo si se completa la lista.

☐ Acordar reunirse con los miembros del personal después de que finalicen de uno a tres recursos e interactuar en torno a tres preguntas básicas:

a. ¿Tiene alguna pregunta?

b. ¿Algún desacuerdo con el autor?

c. ¿Cómo aplicará los principios a su vida?

LISTA PARA EL DESARROLLO DE LIDERAZGO

Recomendada por Bobb Biehl,
Presidente, Masterplanning Group

Si mi hijo o hija me fuera a preguntar:

«Papá, de todos los materiales sobre desarrollo de liderazgo que has escrito, leído, visto o escuchado, ¿cuáles serían los veinticinco más útiles para mi desarrollo personal?».

La lista siguiente sería mi recomendación (en secuencia).

Materiales elaborados por Bobb Biehl

☐ 1. *Boardroom Confidence* (libro)

☐ 2. *Career Change Questions/Life Work* (en hojas sueltas)

☐ 3. *Focusing Your Life* (cuaderno y serie de grabaciones)

☐ 4. *Lidere con seguridad* (libro)

☐ 5. *Masterplanning Your Church* (u organización)

☐ 6. *Mentoring Wisdom* (cuaderno)

☐ 7. *El mentor: Cómo encontrar un mentor y ser uno* (libro)

☐ 8. *Midlife Storm* (libro)

☐ 9. *On My Own* (libro)

☐ 10. *Pastoral Search Process* (reclutar a las personas adecuadas)

☐ 11. *Process Charting* (cuaderno/grabaciones)

☐ 12. *Role Preference Inventory* (folleto)

☐ 13. *Stop Setting Goals* (folleto)

☐ 14. *The Question Book* (libro)

☐ 15. *Por qué hace lo que hace* (libro)
☐ 16. *Wisdom for Men* (libro)

Otros materiales muy recomendables

☐ 17. *Positioning* (Al Ries y Jack Trout)
☐ 18. *Where to Focus When Your Life's a Blur* (Cheryl Biehl)
☐ 19. *Teaching to Change Lives* (Dr. Howard Hendricks)
☐ 20. *The Fine Art of Mentoring* (Ted Engstrom)
☐ 21. *Love that Lasts for a Lifetime* (Dr. James C. Dobson)
☐ 22. *La santidad de Dios* (R. C. Sproul)
☐ 23. *En pos de lo supremo* (Oswald Chambers)
☐ 24. *The Five Key Habits of Smart Dads* (Paul Lewis)
☐ 25. *The Effective Executive* (Peter F. Drucker)

Comenzar con cualquiera de los recursos por el que siente un interés natural o bien ir del 1 al 25.

Dinero

D-1. Formulario de presupuesto de una actividad especial

Presupuesto
real del
evento

Ingresos:

Inscripciones: Número de personas a $ _____   _____

Número de personas a $ _____   _____

Ventas: Materiales   _____

Libros   _____

Alquiler para exhibición   _____

_____   _____

_____   _____

_____   _____

Subvención: _____

Becas: _____

Ingresos totales: _____

Gastos:

Instalaciones: Número de personas a $ _____

Número de personas a $ _____

Número de personas a $ _____

	Número de personas a $	_____
Honorarios:	Oradores	_____
	Música	_____
	Transporte aéreo	_____
	Atenciones	_____
	Personal	_____
	Enfermera	_____
	Seguridad	_____
	_____	_____
Programa:	Materiales	_____
	Cuadernos	_____
	Escenificación/Decoraciones	_____
	Alquiler de equipo	_____
	_____	_____
	_____	_____
	_____	_____
	_____	_____
Propaganda:	Folletos	_____
	Correo	_____
	Publicidad	_____
	Alimentación	_____
	Transporte	_____
	Seguros	_____
	Costos de organizar comité	_____
	_____	_____
	Subtotal de gastos:	
Misceláneo:	10% del subtotal	_____
	Gastos totales	_____
	Costo neto para el ministerio:	_____

Historial/Informes

E-1. Informe del equipo

Nombre _____ Fecha _____

Para lograr mis objetivos a tiempo...

1. Necesito *una decisión* en cuanto a los puntos siguientes para poder avanzar hacia mis objetivos:

2. Tengo *un problema* con lo siguiente al tratar de lograr mis objetivos:

3. Estoy *planeando*:

4. He logrado *avances* en lo siguiente:

5. Yo calificaría mi *satisfacción en lo personal* como : _____

6. Puede orar por mí en cuanto a lo siguiente:

E-2. Preguntas para generar ideas/ Preguntas para filtrar ideas

Preguntas para generar ideas:

1. ¿Cuál es en una palabra única, una sola frase, un solo párrafo la esencia de nuestra idea? (Muchas palabras podrían reemplazar «idea», como, por ejemplo, programa, proyecto o departamento).

2. ¿Por qué estamos haciendo lo que estamos haciendo?

3. ¿Cuáles son los cinco supuestos más importantes? (en secuencia)

4. ¿Qué cambios haría si dispusiera de tiempo/tres años/tres días/tres horas/tres minutos para realizar esta tarea?

5. ¿Dónde estará esta idea en 10, 15, 25, 50, 100 o 500 años a partir de ahora?

6. ¿Qué ocurriría si tuviéramos personal ilimitado? ¿La mitad del personal actual? ¿Una o dos personas más? ¿Qué harían? ¿Por qué?

7. ¿Qué cambios haríamos si nuestro presupuesto fuera el doble del actual? ¿Ilimitado? ¿La mitad del actual?

8. ¿Cómo podemos duplicar los ingresos y reducir nuestros costos a la mitad?

9. ¿Qué parte de la idea total merece financiación extra?

10. ¿Qué parte podríamos descartar sin que la echáramos de menos?

11. ¿Cuál es el potencial ideal del concepto?

12. ¿Qué cinco cosas nos impiden alcanzar todo el potencial? ¿Cómo podemos eliminar los obstáculos?

13. ¿Cuáles son nuestros puntos más fuertes? ¿Cómo podemos aprovecharlos al máximo?

14. Si tuviéramos que volver a empezar, ¿qué haríamos diferente?

15. ¿Qué si esta idea fuera cien veces tan exitosa como lo planificamos?

16. ¿Qué se requeriría para ser el número uno en todo nuestro campo?

17. ¿Dónde estará nuestro mercado en diez años?

18. ¿Qué diez cosas deseamos lograr en esta área dentro de diez años?

19. ¿Cómo pensamos, como equipo, que habrá cambiado nuestro entorno para esta idea en los próximos diez años?

20. En nuestros sueños más idealistas, ¿dónde estará nuestro *equipo* de aquí a diez años?

Preguntas para filtrar ideas (Separa nuestras ideas buenas de nuestras grandes ideas):

1. ¿Qué idea satisface mejor nuestras necesidades? ¿Satisface los parámetros de nuestro diseño?

2. ¿Cuál tiene el máximo potencial?

3. ¿Cuál sería a largo plazo la más eficaz para su costo?

4. ¿Cuál encaja mejor en nuestro Plan Maestro total?

5. ¿Cuál es la más realista para nuestro personal hoy? ¿Tenemos la persona adecuada para el proyecto?

6. ¿Qué podría ayudarnos a triunfar en lugar de solo ir tirando?

7. ¿Cuál tiene de entrada el menor riesgo?

8. ¿Cuál funcionaría mejor día tras día?

9. ¿Qué datos faltan todavía antes de que podamos decidir de manera adecuada?

10. ¿Cuál vale la pena de que corramos el riesgo que encierra?

11. ¿Cuáles son los obstáculos predecibles?

12. ¿Cómo se sienten nuestro director ejecutivo y nuestra junta en cuanto al proyecto?

13. ¿Dónde conseguiríamos los fondos para llevarlo a cabo bien?

14. ¿Por qué han fracasado en el pasado quienes han intentado ideas similares?

15. ¿Cuáles son los efectos colaterales, buenos y malos, de la idea que estamos contemplando?

16. ¿Invertiría mi propio dinero en este proyecto o idea?

17. ¿Es adecuado el momento?

18. ¿Podemos protegerla, patentarla o registrar derechos de autor sobre ella?

19. ¿Tendríamos que dejar de hacer algo de lo que estamos haciendo ahora para asumir este proyecto?

20. ¿Podemos poner a prueba la idea antes de comprometer recursos importantes en ella?

E-3. Treinta preguntas antes de tomar una decisión importante

1. En esencia, en una frase, ¿con qué decisión nos estamos enfrentando? ¿Qué es de veras lo más fundamental?

2. ¿Me he dado veinticuatro horas para permitir que esta decisión se asiente en mi mente?

3. ¿Estoy pensando esta decisión con la mente clara, o estoy tan cansado que no debo tomar decisiones importantes?

4. ¿Qué sucedería si no hiciéramos lo que estamos pensando hacer?

5. ¿Es este el momento oportuno? Si no ahora, ¿cuándo? ¿Por qué no?

6. ¿Qué diferencia significaría esta decisión en cinco, diez, cincuenta o cien años más?

7. ¿Estamos abordando una causa o un síntoma? ¿Un medio o un fin?

8. ¿Cuál sería la solución ideal en esta situación?

9. ¿Quién, qué, cuándo, dónde, cómo, cuánto?

10. ¿Cuáles son los supuestos clave que estamos aceptando? ¿Cuál suponemos que será el costo real? ¿Cuáles pensamos que serán los beneficios reales? ¿Qué pensamos que....?

11. ¿Cómo afectará esta decisión a nuestro Plan Maestro general? ¿Nos desviará?

12. ¿Es este otro rumbo coherente con nuestros valores históricos?

13. ¿Está ayudando esta decisión a utilizar al máximo nuestros puntos fuertes fundamentales?

14. ¿Deberíamos buscar asesoría externa sobre esta decisión?

15. ¿Cómo nos *sentimos* acerca de esta decisión? (Poner por escrito las respuestas).

16. ¿Cuáles son una, dos o tres alternativas?

17. ¿Deberíamos redactar una política acerca de esta clase de decisiones en el futuro?

18. ¿Qué preguntas tenemos todavía en mente que no se han resuelto? (listarlas).

19. ¿Siento paz mental acerca de una respuesta positiva o negativa cuando oro y lo considero a la luz de la perspectiva eterna de Dios?

20. ¿Puede la gran decisión subdividirse en partes con decisiones menores tomadas en diferentes momentos en cuanto a seguir o no seguir?

21. ¿Es esto lo que haríamos si dispusiéramos de un presupuesto doble? ¿La mitad del presupuesto? ¿Cinco veces más tiempo? ¿Una décima parte del tiempo? ¿El doble del personal? ¿La mitad del personal?

22. ¿Qué datos deberíamos tener a mano antes de que podamos tomar esta decisión con confianza total?

23. Después de hacer una lista de nuestros tres consejeros principales más respetados, ¿qué nos aconsejaría cada uno de ellos que debiéramos tener presente al tomar esta decisión?

24. ¿Cómo se sienten nuestros cónyuges y familias acerca de esta decisión, si la misma los afecta?

25. ¿Qué dice la Biblia acerca de esta decisión?

26. Si tuviéramos que decidir en los dos minutos siguientes, ¿qué decidiría y por qué?

27. ¿Hemos averiguado los resultados que otros han obtenido al tomar esta decisión? ¿Hemos comprobado referencias? ¿Hemos entrevistado usuarios anteriores del producto o servicio?

28. ¿Qué tendencias, cambios o problemas hacen que resulte necesario este cambio? ¿Cuánto tiempo durarán estas tendencias?

29. ¿Estamos quizá cazando un elefante con un rifle calibre 22 o un conejo con un arma para elefantes?

30. ¿Cuáles son las agendas ocultas? ¿Por qué estamos o están procurando un cambio? ¿De dónde procede el combustible emocional que está induciendo a esta decisión?

E-4. Proceso de manejo de crisis

En ocasiones el futuro de toda una organización depende de cómo actuamos frente a una crisis. La lista siguiente ofrece una senda a seguir caso de que sucediera.

1. Orar, dar gracias, verificar los motivos, ¡alabanza!

    Buscar la perspectiva de Dios sitúa el pánico en el marco de su soberanía.

2. Situarla en el contexto del «cuadro general».

    Recordar el avance positivo ya alcanzado.

3. Pregunta fundamental: ¿cuál es la situación?

4. Transformar lo sensacional en verdades sencillas.

    Responder a falsedades o problemas con iniciativas positivas. Pasar de una posición defensiva a otra positiva. Hablar de un futuro positivo.

5. Recordar: los periódicos suelen citar mal lo que se dijo.

    Amar a las personas; interpretar en forma positiva.

6. Identificar las implicaciones legales.

    Ser prudentes como una serpiente e inofensivos como una paloma.

7. Preparar una lista de distribución.

    Comunicar verdadera sinceridad y preocupación por su bienestar.

8. Identificar las tres primeras acciones a realizar.

9. Centralizar el proceso de comunicaciones, de ser necesario.

10. Realizar sesiones de preguntas y respuestas con el equipo de liderazgo principal, con actualizaciones francas y sinceras, respondiendo a las preguntas que preocupan. Pedir su apoyo.

Supuestos en una crisis:

1. En una crisis las personas se comunican en forma sensacionalista.

2. Los periódicos venden con sensacionalismos y miedos.

3. Lo que las personas hacen para perjudicar, Dios lo transforma para bien. Tratar a las personas en forma cristiana, incluso en una crisis.

4. Centrarse en lo que esto significa.

5. Reducir la situación a la menor cantidad posible de partes y conceptos funcionales.

6. Asumir que estamos dando demasiada importancia al asunto, y al mismo tiempo, que no le estamos dando la suficiente importancia. Resulta peligroso asumir cualquier de las dos posiciones en su totalidad hasta que la crisis haya pasado.

7. Responder a las preguntas con sinceridad, ¡o no contestarlas!

8. Pedir ayuda significa: «Somos parte del mismo equipo».

Evaluación general

F-1. Cuestionarios para evaluar al personal

Primer ejemplo:

PLAN Y EVALUACIÓN ANUAL DEL DESARROLLO DEL PERSONAL

La información siguiente debe proveerse durante el ciclo de planificación/evaluación de cada empleado:

- Descripción del puesto:
  Documentación correcta de las expectativas actuales de ese puesto.

  El supervisor inmediato es responsable de establecer y actualizar este documento y de revisarlo con el Comité de Personal para su aprobación.
- Plan del puesto:
  Una descripción escrita de qué se espera que el funcionario logre durante el período actual de evaluación.

  El supervisor inmediato tiene la responsabilidad de documentar este plan antes de un mes de comenzar el empleo o dentro del mes siguiente a que comience un nuevo período anual de evaluación.
- Evaluación del plan:
  Evaluación basada en el plan del empleado, documentada y comunicada al empleado en una reunión del mismo con su supervisor.

  Debe haberse realizado una evaluación de cada empleado al menos una vez cada año, y puede realizarse incluso cada tres meses. Los empleados nuevos hay que evaluarlos por primera vez tres meses después de la fecha de ingreso a la institución. Se realizará una evaluación general del período actual de evaluación dentro de los siguientes márgenes:

1. Supera en mucho las expectativas

2. Supera las expectativas

3. Satisface las expectativas

4. Satisface en parte las expectativas

5. No satisface las expectativas

El supervisor inmediato es el encargado de realizar la evaluación. Se debe utilizar durante el proceso de evaluación el «Plan de desarrollo del personal y formulario de evaluación», partes 1 y 2.

Sección i: Planes

Lo que sigue es la evaluación de los planes de un empleado en cuanto a las responsabilidades principales del puesto y los planes establecidos para ese período de evaluación. En los espacios que se dejan luego, hay que especificar cada plan adoptado y ponderar hasta qué punto se cumplió. Hay que asegurarse de identificar todos los factores que condujeron a que el plan tuviera éxito o fracasara.

Se utilizará la siguiente escala para valorar hasta qué punto el empleado satisfizo las expectativas expresadas en las metas de su plan de desempeño para el período evaluado:

1. Supera en mucho las expectativas

2. Supera las expectativas

3. Satisface las expectativas

4. Satisface en parte las expectativas

5. No satisface las expectativas

Meta: Valoración:

(Lista de metas)   (Valorar cada meta)

Valoración resumida del supervisor de la Sección 2: Planes

Comentarios:

Sección 2: Responsabilidad y don de gentes

La sección siguiente aborda las destrezas generales del empleado y hasta qué punto las relaciones que emanan de su trabajo se han manejado durante el período de evaluación.

Categorías: Valoración:

Cooperación/Espíritu de equipo

Voluntad de ayudar a que otros cumplan con sus objetivos ministeriales

Flexibilidad/adaptabilidad

Capacidad de ser flexible para adaptarse a situaciones inesperadas

Cortesía

Respeto por el sentir de otros y educación en el trabajo

Estabilidad

Temperamento ecuánime bajo tensión y presión inevitables

Innovación

Imaginación y creatividad utilizadas para mejorar la efectividad general

Confiabilidad

Fiable, responsable y merecedor de confianza

Iniciativa

Inicia proyectos por voluntad propia; intenta labores y tareas que no son rutinarias

Perseverancia

Busca con firmeza lograr los objetivos del puesto cuando se encuentra con obstáculos inesperados

Siempre alerta

Capacidad para entender con rapidez nueva información y responder bien en circunstancias nuevas

COMUNICACIÓN

Expresa las ideas con coherencia y brevedad para que los demás puedan entender con facilidad

INFORMES

Prepara y presenta a tiempo y en forma minuciosa y coherente informes para el supervisor

CONOCIMIENTO DE LO QUE HACE

Entiende el puesto y aplica el plan del ministerio sin vacilaciones

PLANES

Piensa con antelación y prepara planes apropiados para cumplir con los planes del ministerio

FINANZAS/PRESUPUESTO

Responsable en lo financiero y trabaja en el marco de los recursos presupuestados disponibles

Valoración resumida del supervisor de la Sección 2: Responsabilidad y don de gentes

Comentarios:

Resumen general del supervisor (Combinación de las secciones 1 y 2)

Comentarios resumidos (incluyendo puntos fuertes y sugerencias para mejorar):

Esta evaluación la han revisado juntos el empleado y el supervisor.

Firma del empleado y fecha _____

Firma del supervisor y fecha _____

Segundo ejemplo:

Plan de desarrollo del personal del pastor*
(Evaluación trimestral informal)

Revisar trimestre: febrero mayo, agosto, noviembre (marcar uno)

Evaluación de: _____

Puesto: _____

Evaluado por: _____

Fecha de la evaluación: _____

Última evaluación: _____

1	2	3	4	5	6	7	8	9	10
No logra las metas		Logra en parte las metas		Logra las metas		Supera las metas		Supera en mucho las metas	

Área de desarrollo:

Enfoque:	Entiende el puesto y está llevando a cabo el plan de desarrollo
Iniciativa:	Busca maneras de mejorar el ministerio
Informa:	Prepara sin fallar planes para reuniones, es meticuloso, mantiene bien informado al equipo, sin sorpresas
Mentalidad de siervo:	Coloca las necesidades y deseos de otros por delante de los propios y de sus intereses
Dispuesto a aprender:	Abierto a nuevas ideas y percepciones, acoge sugerencias sin ponerse a la defensiva

Espíritu de equipo: Apoya otras áreas de ministerio, dispuesto a ayudar a otros por iniciativa propia, trata de pone en práctica ministeriales que los distingue, ofrece la gracia y busca lo mejor en otros

Hábitos de trabajo: Diligente, no mira el reloj

Comentarios generales y sugerencias para mejorar:

Fecha de evaluación con el empleado: _____

Firma: _____

* Esta evaluación no se conserva como parte de un registro permanente, sino que solo se utiliza como instrumento para brindar un informe de avance cada trimestre.

F-2. Sondeo de necesidades que se perciben

De vez en cuando resulta útil preguntar al personal, a la congregación o a nuestro mercado: «¿Qué necesidades percibe usted hoy?». Una vez que conozcamos sus necesidades, es mucho más fácil desarrollar programas que sean eficaces para satisfacerlas.

(Estrictamente confidencial)

Preparado por: _____

Organización: _____

Fecha: _____

Introducción

Este sondeo de necesidades que se perciben tiene como fin ayudar en formas concretas:

1. Ayuda a enfocar el pensamiento
2. Ayuda a construir un puente de comunicación entre nosotros
3. Ayuda a saber cómo puede uno ayudar mejor

Para facilitar su uso, este sondeo se ha estructurado en las categorías siguientes:

  • Perfil personal

- Necesidades pasadas
- Necesidades presentes
- Necesidades futuras
- Foro libre

¡Gracias anticipadas por los pensamientos y el tiempo que inviertan en este proyecto!

PERFIL PERSONAL

1. Soy ☐ mujer, ☐ hombre
2. Tengo ☐ 20-29 años ☐ 30-39, ☐ 40-49, ☐ 50-59, ☐ 60-69, ☐ 70+
3. Soy:

    ☐ miembro de la junta

    ☐ director ejecutivo

    ☐ miembro del personal ejecutivo

    ☐ miembro de la organización

    ☐ amigo de la organización
4. Aprendo mejor:

    ☐ asistiendo a retiros o seminarios

    ☐ leyendo

    ☐ viviendo experiencias

    ☐ reflexionando acerca de lo visto u oído

    ☐ viendo videos

    ☐ observando a alguien que da ejemplo de un comportamiento nuevo

    ☐ otro _____
5. Dispongo de lo siguiente:

    ☐ casetera   ☐ fax

    ☐ teléfono en el automóvil   ☐ computadora Mac

    ☐ computadora compatible con IBM ☐ localizador

☐ copiadora   ☐ aparato de video

☐ dictáfono   ☐ otro _____

6. En cuanto a mí:

☐ establecer metas me llena de energía y los problemas agotan mi energía

☐ los problemas me llenan de energía y establecer metas agota mi energía

☐ tanto las metas como los problemas me llenan por igual de energía

7. En mis momentos más sinceros (ningún estilo es bueno o malo, ¡solo es diferente!) me identificaría más con un:

☐ cirujano: «Mi personal está aquí para que yo sea lo máximo».

☐ entrenador - «Estoy aquí para que mi personal sea lo máximo, no para jugar».

8. El *nivel de liderazgo* que preferiría asumir si tuviera *lo que prefiero* en algo en lo que me siento con confianza, en un equipo de iguales, con tiempo que se acaba, y donde hay que decidir acerca del rumbo que hay que tomar, sería (escoger una)…

☐ nivel de presidente, director ejecutivo, entrenador principal, pastor principal

☐ nivel de entrenador auxiliar, pastor asociado, vicepresidente

☐ nivel de jugador poderoso, jugador estrella, etc., aportando ideas a la dirección pero sin tomar ninguna decisión final

9. Si se me diera *una nueva tarea* dentro de lo que es mi competencia *preferiría*:

☐ comenzar con *una hoja de papel en blanco* y *desarrollar* un programa propio que nadie ha visto, ni siquiera yo. («Si alguien ya lo ha hecho antes, ¿por qué repetirlo?».)

☐ que me dieran dos o tres *modelos exitosos* que *adaptaría* a un nuevo modelo que nadie hubiera visto y que fuera mejor que cualquiera de los demás. («¿Por qué reinventar la rueda?».)

10. Hablando con toda sinceridad, me *sentiría sumamente honrado* si se me viera como:

☐ brillante

☐ prudente

☐ valiente

☐ fiel

☐ leal

11. Los tres líderes (no bíblicos) en la historia (difuntos o vivos) *que admiro más* son:

_____

_____

_____

12. Los *tres últimos libros* que compré con mi dinero fueron:

_____

_____

_____

13. Las *tres últimas grabaciones* que escuché fueron:

_____

_____

_____

Las escuché:

☐ en un grupo

☐ en mi automóvil

☐ en mi estudio en casa

☐ en mi oficina

☐ otro lugar_____

Necesidades anteriores

14. Si pudiera *volver a empezar* en mi proceso de desarrollo de liderazgo, las tres primeras cosas que *trataría de dominar* serían:

_____

_____

_____

15. Si pudiera *volver a empezar,* las tres cosas que *evitaría a toda costa* como líder sería:

_____

_____

_____

Necesidades actuales

16. Mi *gerente ideal* siempre…

_____

_____

_____

17. La lucha mayor que tengo en *dirigir a otras personas* es:

_____

_____

18. La tres cosas que con mayor probabilidad *eliminaría* de mis responsabilidades actuales en el trabajo serían:

_____

_____

_____

19. La cosa que con mayor probabilidad *cambiaría acerca de mí mismo,* si pudiera cambiar algo, sería mi:

_____

_____

20. Las *tres preocupaciones vitales* que no me dejan dormir por la noche o me hacen revolverme en la cama son:

_____

_____

_____

21. Si pudiera hacer una sola pregunta a *un asesor experimentado del mundo de los negocios* y supiera que me iba a dar una respuesta sabia acerca de mi *negocio*, preguntaría:

_____

_____

22. Si pudiera hacer una sola pregunta a un *psicólogo sabio y con experiencia* y supiera que me iba a dar una respuesta profunda acerca de *mi familia o matrimonio* preguntaría:

_____

_____

23. Si pudiera hacer una sola pregunta a un *amigo sabio y digno de confianza* y supiera que me iba a responder acerca de mi *vida personal,* le preguntaría:

_____

_____

24. Si pudiera hacer solo una pregunta a un *ministro o teólogo maduro* acerca de *Dios*, preguntaría:

_____

_____

25. Al tratar de definir *qué me esta frenando* en cuanto a alcanzar todo mi potencial, diría que mis *tres obstáculos principales* son:

_____

_____

26. Pienso que mi *confianza como líder se duplicaría si* pudiera dominar:

_____

_____

_____

27. Pagaría con gusto a alguien 10% de *mi presupuesto anual* para que me enseñara cómo:

_____

_____

_____

Necesidades futuras

28. Me desplazaría en automóvil, en avión o a pie para *observar* y poder hacer preguntas a:

_____

29. El *área más importante* en la que me gustaría más *crecer como persona* es:

_____

30. La *destreza más importante* que más necesito adquirir para estar *preparado para el futuro* es:

_____

31. Asigne un valor a los siguientes tópicos en cuanto a la necesidad que percibe de más ayuda en estos asuntos: (10=percibo una *gran necesidad* en esto, hasta 1=percibo *poca o ninguna necesidad* en esto)

_____ Acelerar el crecimiento de nuestra organización

_____ Hacer preguntas profundas

_____ Equilibrio: mantener equilibrio personal

_____ Preguntas de aniversario: preguntas para hacer cada año

_____ Confianza en la sala de reuniones

_____ Generación de ideas

_____ Camarada: cómo encontrar uno o cómo serlo

_____ Construir un templo

_____ Cambio de carrera: preguntas a formular antes de hacerlo

_____ Proyecciones de flujo de caja: cómo hacerlas

_____ Comunicar en forma efectiva

_____ Búsqueda pastoral (búsqueda de ejecutivos)

_____ Eficiencia personal

_____ Planear el futuro

_____ Orar

_____ Consejería prematrimonial

_____ Preparación para ser presidente

_____ Perfil presidencial: qué buscar en un presidente

_____ Graficar el proceso: clave para eficacia y eficiencia

_____ Relaciones públicas

_____ Relaciones con:

    _____hijos

    _____ padre

    _____madre

    _____ personal

_____ Don de gentes

_____ Etiqueta

_____ Hablar con confianza

_____ Reuniones de personal

_____ Comenzar una compañía

_____ Comenzar una iglesia

_____ Estrés

_____ Sucesión

_____ Afrontar lo que parece imposible

_____ Liderazgo de equipo/desarrollo de equipo

_____ Pensar por mí mismo

_____ Manejo del tiempo

_____ Amor incondicional

_____ Por qué hago lo que hago

_____ Escribir mi primer libro

32. Deseo que, en algún momento en el futuro, alguien *escriba libros* sobre:

_____

_____

_____

33. Deseo que alguien haga *grabaciones en video* sobre:

_____

_____

_____

Foro libre

34. Foro libre: para *entender mis necesidades en forma plena* en realidad tiene que saber que yo…

_____

_____

_____

_____

¡Gracias por sus francas respuestas!

Ajustes

G-1. Proceso de asimilación

Primer ejemplo:

Proceso de solicitud de membresía

A todas las solicitudes de membresía se les adjunta este gráfico del proceso. Una vez completados todos los puestos, debe anotarse en el gráfico, ponérsele fecha y hacerla llegar a la siguiente persona/etapa del proceso de recibir miembros.

- ☐ Solicitud recibida en la oficina: gráfico adjunto
- ☐ Solicitud entregada a la secretaría de la oficina
- ☐ Acuse de recibo de la carta recibida
- ☐ Solicitud entregada a la ayudante del pastor para el archivo del pastor principal
- ☐ El pastor lee la solicitud y la firma
- ☐ El miembro (asiste) o (se excusa de) la clase
- ☐ Solicitud entregada a la junta de la iglesia
- ☐ Entrevista con candidato(s)
- ☐ La junta aprueba y recomienda
- ☐ Entregada y revisada la lista de la membresía
- ☐ Sondeo de base de datos
- ☐ Voto de la congregación
- ☐ Carta de felicitación

□ Regalo de libro

□ Se le da la bienvenida en un servicio matutino

□ Nombre(s) añadido(s) al registro de miembros

□ Familia anfitriona (se le comisiona que los atienda durante seis meses)

Después de seis meses:

□ Evaluada la profundidad de la asimilación

Segundo ejemplo:

EVALUACIÓN DE RECURSOS ESPIRITUALES

I. Evaluación de nuestros recursos

Las hojas de trabajo en las páginas siguientes se ofrecen para ayudarnos a evaluar quién quiere Dios que seamos y para identificar los singulares recursos que nos ha confiado. Hay que abordar cada sección en forma sincera y lo más completa posible. Si en algo no nos sentimos seguros, no hay inconveniente en dejarlo a un lado.

A. Evaluación de dones espirituales

El Nuevo Testamento no propone un procedimiento para que descubramos cuáles son nuestros dones espirituales. *Da por sentado* que estos dones irán surgiendo y se irán identificando a medida que crecemos en nuestra relación con Dios y lo servimos. La única manera de llegar a conocer de verdad nuestros dones espirituales es por medio del reconocimiento repetido por parte del cuerpo de Cristo. No hay pruebas, sondeos ni evaluaciones que puedan lograrlo con la misma eficacia que la reacción de quienes forman parte de la iglesia donde servimos. Sin embargo, las evaluaciones pueden ayudar a sugerir esferas en las que es probable que tengamos un don espiritual en potencia.

Las dos mejores fuentes de datos para determinar nuestros dones son:

- cuáles son nuestros *intereses* y *deseos* como cristianos lleno del Espíritu que vamos creciendo y madurando, y
- lo que otros dicen que hacemos muy bien.

Cuando estas dos fuentes coinciden en mucho, es un buen indicio de que nuestros dones están en esas esferas. Deseamos animar a que se utilicen estas dos clases diferentes de evaluaciones para ayudar a ir descubriendo dones.

Instrucciones: Leer cada una de las descripciones que siguen. Colocar una de las letras siguientes en el espacio que aparece.

D=definitivamente, sí, don cierto

P=posiblemente verdadero, quizá, don en potencia

O=no es verdad, no hay observación.

___ *Don de apóstol/misionero:* Capacitación divina que Dios da para ir a algún lugar nuevo para comenzar y cuidar del desarrollo de nuevas iglesias.

___ *Profecía:* Capacitación divina para proclamar la verdad de Dios con poder y claridad en una forma oportuna y sensible en lo cultural para corrección, arrepentimiento o edificación.

___ *Enseñanza:* Capacitación divina para entender, explicar con claridad y aplicar las verdades de la Biblia de modo que otros puedan aprender y aprovechar.

___ *Exhortación/estímulo:* Capacitación divina para acompañar y fortalecer, dar seguridad, afirmar o entrar en un rumbo agradable a Dios a aquellos que están desanimados o que podrían estar flaqueando en la fe.

___ *Sabiduría:* Capacitación divina para dar a conocer la voluntad de Dios en lo referente a una situación específica.

___ *Conocimiento:* Capacitación divina para dar a conocer información que el Espíritu quiere revelar y que de otra forma quizá no se llegaría a conocer.

___ *Evangelización:* Capacitación divina para comunicar de manera eficaz el mensaje de Cristo a los inconversos de tal forma que respondan con fe y discipulado.

___ *Pastorear:* Capacitación divina para liderar, cuidar y nutrir a personas o grupos en el cuerpo en lo que van creciendo en su fe.

___ *Discernimiento:* Capacitación divina para distinguir entre verdad y error.

___ *Dadivosidad:* Capacitación divina para dar una porción extraordinaria de los bienes propios para la obra del Señor o para el pueblo de Dios, de manera constante, generosa y con tal sabiduría y alegría que otros se sienten estimulados y bendecidos.

___ *Misericordia:* Capacitación divina para atender con alegría y gozo a los dolidos, enfermos, angustiados, pobres y a veces poco merecedores dentro del cuerpo de Cristo.

___ *Fe:* Capacitación divina para tener una visión de la voluntad de Dios y creer con confianza inquebrantable que Dios actuará a pesar de sentimientos o a veces circunstancias que parecen imposibles de resolver.

___ *Ayuda/servicio:* Capacitación divina para servir con fidelidad detrás de bastidores en formas prácticas para ayudar en la obra del Señor y estimular y fortalecer a otros en lo espiritual.

___ *Liderazgo/administración:* Capacitación divina para ofrecer orientación y dirigir de tal forma que la obra del ministerio se lleve a cabo de manera eficaz.

B. Pasión espiritual

Los deseos de una persona como cristiana en crecimiento con frecuencia la conducen a hacer cosas apremiantes. Cuando se siente carga por las madres solteras, los pobres, los inconversos, los jóvenes, el discipulado, los ejecutivos de negocios, etc., eso es parte de la forma que tiene Dios de dirigirnos hacia el lugar donde podemos usar mejor nuestros dones espirituales. Con el fin de identificar y formular nuestra motivación ministerial, pensemos con suma atención en las preguntas siguientes:

- ¿Qué asuntos locales, políticos, sociales o de la iglesia nos producen una fuerte conmoción espiritual?
- ¿Hacia qué grupos de personas nos sentimos más atraídos?
- ¿Qué necesidades en nuestro alrededor nos hacen «llorar y golpear la mesa»?

- Suponiendo que tengo todos los recursos necesarios, y sabiendo que no podría fracasar, ¿qué me gustaría hacer con el fin de hacer un impacto positivo?

Concluir con una declaración o utilizar algunas palabras para explicar cuál creo que sea mi motivación ministerial en este momento:

A la luz de lo anterior, diría que siento pasión por...

C. Destrezas

- Hacer a continuación una lista de destrezas, talentos o habilidades especiales. Hay que ser sinceros y específicos. Después de confeccionar la lista, debemos ver si hay algunos elementos que se pueden agrupar en categorías generales.
- Describir dos cosas que hemos hecho en el pasado (iglesia, trabajo, pasatiempos) que nos han hecho disfrutar, nos han dado satisfacción y que hicimos bien. Explicar cómo las llevamos a cabo.

D. Puntos fuertes

En la lista siguiente de palabras, marcar las ocho que mejor me describirían:

Decidido	Independiente	Optimista	Práctico
Decisivo	Productivo	Seguro	Líder
Hablador	Extrovertido	Entusiasta	Amigable
Cálido	Despreocupado	Compasivo	Agradable
Calmado	Confiable	Acomodadizo	Eficiente
Conservador	Práctico	Estable	Comprensivo
Dotado	Analítico	Sensible	Perfeccionista
Estético	Idealista	Leal	Abnegado

E. Talentos/aptitudes

Dios no solo nos ha provisto de dones espirituales, sino que también nos ha concedido a cada uno de nosotros diversos talentos, aptitudes y destrezas. Estos los tienen tanto los cristianos como los no creyentes. Se pueden desarrollar por medio de la experiencia y la educación.

¿En qué esferas tenemos cierto grado de competencia? ¿Qué hacemos con seguridad (por ejemplo, atletismo, tocar el piano, carpintería, programación en computación, jardinería, etc.)

II. Pacto de membresía

Creyendo que todos somos pecadores y que la justa sentencia de ello es la separación eterna de Dios (Romanos 3:23; 6:23) y que Jesucristo es lo único que Dios ha provisto para resolver el problema del pecado del hombre (Romanos 5:8) y habiendo recibido a Jesucristo como mi Salvador y Señor (Juan 1:12; Apocalipsis 3:20),

Habiendo finalizado Descubrimiento I y II, estando consagrado a la doctrina, propósito, distintivos y lo esencial de nuestra iglesia, deseo con el poder del Espíritu Santo establecer el siguiente pacto con quienes forman parte de este cuerpo de la iglesia local:

1. Trataré de conformarme a la imagen de Cristo por medio de los cuatro elementos esenciales para la transformación de la vida:
   - asistir con regularidad al *culto* semanal
   - involucrarme en una *comunidad* de relaciones espirituales que aporte apoyo mutuo y a la cual poder dar cuenta de mi vida,
   - comprometerme a *crecer* en un estilo de vida que manifieste verdad bíblica, integridad personal (coherente con mis creencias espirituales), la familia como prioridad, proyección a la comunidad e implicación social bien fundamentada, y
   - tomar tiempo para *servir* a otros en una forma congruente con mis dones espirituales.
2. Apoyaré el ministerio y testimonio de este cuerpo local ante la comunidad y el mundo por medio de:
   - apoyo a otros con fervor en amor cristiano (1 Pedro 4:8),
   - sustentar a otros en oración y sobrellevar la carga de otros durante tiempos de dolor (Gálatas 6:2), y

- participar con alegría y regularidad en el apoyo financiero del ministerio y las obligaciones de la iglesia (2 Corintios 9:6-7).
3. Trataré de mantener la unidad del cuerpo de la iglesia por medio de:
  - actuar con amor hacia los otros miembros (1 Pedro 1:22),
  - buscar una comunicación abierta y honesta cuando tenga preocupaciones (Efesios 4:15), y
  - seguir al liderazgo de la iglesia (Hebreos 13:17) y someterme a los principios de restauración de la iglesia (Mateo 18:15-20).

Doy fe con mi mano y sello este _____ día de_____, 20__.

Firma:_____ Testigo: _____

Pastor: _____ Miembro de la Junta _____

III. Mi travesía espiritual

¿Dónde nos encontramos en nuestra travesía espiritual? En Colosenses 2:6-7, Pablo nos ofrece un buen plano para ponderar esta pregunta. ¿Qué diferentes aspectos del crecimiento de una persona podemos identificar en estos dos versículos?

Contar la historia de cómo recibí a Cristo

1. ¿Cómo era mi vida antes de recibir a Cristo?

2. ¿Cómo y cuándo recibí a Cristo como Salvador y Señor?

3. ¿Qué ha sucedido en mi vida desde que confié en Cristo?

Evaluar el avance en mi travesía

A. Madurez espiritual

Cada uno de nosotros se encuentra en un nivel diferente de comprensión espiritual. Crecer en Cristo toma tiempo y requiere la disposición de ir conformándonos a su voluntad. Es un proceso, una travesía.

Si fuéramos a tomar una instantánea espiritual de nuestra relación con Cristo, ¿cuáles de los siguientes elementos describirían mejor cómo nos vemos en este momento? (Marcar uno. Hay que ser sinceros y justos en nuestra evaluación).

1. Indagando/buscando

Estoy adquiriendo una mejor comprensión de Cristo y de la fe cristiana, pero todavía no he llegado a un punto en que de veras esté confiando en Jesús en cuanto al perdón de mis pecados. Todavía estoy investigando el cristianismo. Soy un buscador.

2. Nuevo/joven

Me he vuelto cristiano hace poco. Hay emoción y entusiasmo en mi nuevo caminar con Jesucristo, o he sido cristiano por un tiempo, pero estoy apenas tomando conciencia de lo que Jesús quiso decir cuando prometió una vida abundante. Ya sea un creyente nuevo o todavía joven, sigo necesitando crecer en mi comprensión de lo básico de la vida cristiana.

3. Creciendo/estable

Confío en la fidelidad de Dios y en su capacidad para que su voluntad se cumpla en mi vida. Estoy dispuesto a aprender y soy sensible a la dirección del Espíritu en mi vida. Mi vida se caracteriza por la estabilidad que nace de conocer a Cristo, de rendirle adoración con su pueblo en forma regular y de ser sal y luz en la vida de otros.

4. Liderando/orientando

He madurado en la fe. Puedo ser ejemplo de una vida en Cristo para otros creyentes. He liderado y orientado a otros hacia una comprensión más profunda de qué significa caminar en forma personal con Dios.

B. Formación espiritual

(Hacer una lista de mis fuentes de formación espiritual: Escuela Dominical, iglesia, grupos pequeños, seminario, estudio personal, etc.)

C. Determinación del conocimiento espiritual

(Evaluar mi conocimiento en cada una de las cinco esferas de 1 a 5, donde 1 es poco conocimiento y 5 mucho conocimiento).

_____ *Seguridad de salvación:* Puedo explicar con seguridad la base de mi esperanza de salvación. Esto incluye mi confianza en la Biblia como revelación de Dios al hombre, lo básico de la naturaleza de Dios, la obra de Cristo y cómo llegué a conocerlo.

___ *Alcance y significado de la salvación:* Puedo explicar los aspectos principales de la salvación (depravación, regeneración, justificación, santificación y glorificación) y puedo explicar cómo estos se relacionan en forma práctica con la vida.

___ *Espíritu Santo:* Tengo una comprensión adecuada de la identidad del Espíritu Santo y de su presencia tanto en el mundo como en la vida del creyente. Estoy tratando de caminar con firmeza en el Espíritu.

___ *Guerra espiritual:* Entiendo la realidad del conflicto espiritual con Satanás, los demonios, el mundo y la carne, y cómo revestirme de la armadura completa de Dios.

___ *Crecimiento espiritual:* Entiendo los principios del crecimiento espiritual y he elaborado un plan personalizado para crecimiento espiritual.

A partir de mi evaluación, ¿en cuáles de las esferas de conocimiento espiritual mencionadas tengo una mayor necesidad de crecer?

D. Disciplinas espirituales

(Evaluar nuestra satisfacción con cada una de las prácticas siguientes en una escala de 1 a 5, donde 1 es no muy satisfecho y 5 muy satisfecho).

___ *Señorío:* Estoy buscando que Cristo sea lo primero en todas las esferas de la vida.

___ *Palabra de Dios:* Estoy practicando una constante absorción de la Palabra de Dios escuchando, leyendo, estudiando, memorizando y meditando con el propósito de aplicarla a cada esfera de mi vida.

___ *Oración:* He desarrollado un estilo de vida de oración constante.

___ *Dar testimonio:* He llegado a ser un testigo eficaz de Jesucristo orando por inconversos y desarrollando relaciones con ellos, aprendiendo a darles mi testimonio personal y una presentación sencilla del evangelio.

_____ *Visión:* He desarrollado un corazón de siervo y estoy sirviendo en un tipo de ministerio que emana de mis dones espirituales y pasión espiritual.

A partir de esta evaluación, ¿en cuáles de las disciplinas espirituales mencionadas tengo una mayor necesidad de crecer?

G-2. Plan para limpiar las instalaciones

Plan general de limpieza para los domingos por la noche

I. Planta principal

    A. Templo

        1. Pasar aspiradora (semanal)

        2. General: ordenar sillas, etc.

    B. Sala

        1. Pasar aspiradora (dos veces por semana o después de un evento)

        2. Vaciar toda la basura en un contenedor

        3. Limpiar todas las mesas, mostradores de la cocina; desechar la comida que haya quedado

        4. General: ordenar sillas, mesas, etc.

    C. Baños

        1. Limpiar el interior de los inodoros con cepillo y limpiador de baños

        2. Limpiar por fuera los inodoros con atomizador desinfectante

        3. Reponer el papel higiénico

        4. Llenar los cartones de cubiertas de papel para inodoro

        5. Limpiar las puertas, paredes y azulejos de los inodoros con atomizador desinfectante

        6. Vaciar las cajas y basura sanitaria, reemplazarlas con bolsas nuevas (vaciar toda la basura en un contenedor)

        7. Limpiar los espejos (de ser necesario)

8. Limpiar los lavamanos con limpiador; las encimeras con algún limpiador

9. Fregar los pisos

10. Dejar las puertas abiertas (para airear)

D. Vestíbulo

1. Pasar aspiradora (dos veces por semana)

2. General: ordenar el área

3. Limpiar ventanas de las puertas principales (de ser necesario)

E. Guardería y aulas de niños

1. Vaciar los cubos de pañales

2. Retirar la comida que pueda haber quedado

3. Pasar aspiradora (dos veces por semana)

4. General: ordenar el área

II. Segunda planta

A. Aulas de jóvenes y niños

1. Vaciar la basura

2. Retirar la comida que pueda haber quedado

3. Pasar aspiradora (dos veces por semana)

4. General: ordenarlo todo

B. Zaguán

1. Pasar aspiradora (dos veces por semana)

G-3. Procedimiento de la recepcionista en la mesa de información

Objetivo

El objetivo de la mesa de información y de la recepcionista es ofrecer medios cordiales y eficaces de acoger a nuestros invitados y miembros; responder preguntas (en persona o por teléfono); familiarizarlos con nuestra iglesia, ministerios y apoyo que brindamos; y un lugar para inscribirse para las actividades especiales.

I.   Ser cordial, asequible y agradable con las personas

  A. Sonreír, mostrarse asequible, recordar que a menudo es la *primera impresión* que tendrán los invitados de nuestra iglesia.

    1. Mantener siempre la mesa limpia y en orden

    2. Responder al teléfono con un «Buenos días [nombre de la iglesia], ¿en qué puedo servirle?»

II. Conocimiento de actividades especiales y los líderes de la iglesia

  A. Tener un conocimiento general de todos los eventos que se anuncian en el Tablero de Información

    1. Estar preparada para responder preguntas o para dirigir a las personas al líder que pueda responder a sus preguntas

    2. Tener consigo siempre un boletín reciente, un calendario de la iglesia y una lista de ministerios (adjuntos)

III. Mantener actualizada la información

  A. Todas las publicaciones generales

    1. Tener en la mesa una cierta cantidad para que las personas las puedan tomar

    2. Retirarlas a medida que expiren las fechas o reemplazarlas con nuevas publicaciones

  B. Folletos para conferencias, seminarios, etc.

    1. Tener en la mesa una cierta cantidad para que las personas los puedan tomar. Retirarlos a medida que se cumplan las fechas

    2. No aceptar ninguna información para distribución a no ser que la haya provisto un líder de la iglesia o haya sido aprobada personalmente por el administrador de la iglesia u otro líder de la iglesia

    3. No aceptar ninguna información que no tenga que ver con nuestra iglesia

    4. Mantener en la mesa tarjetas de presentación de la iglesia

  C. Planillas de inscripción para actividades venideras

1. Leer el boletín al llegar; asegurarse de que las hojas para inscripciones ofrecidas estén en la mesa de información

2. Si no está disponible una hoja para inscripciones, hablar con el pastor o con el líder de ministerio o preparar una hoja para la actividad

IV. Horario de trabajo para la recepcionista

A. Estar en la mesa de información por lo menos *treinta minutos antes* y *de quince a veinte minutos después* de cada culto

1. La mesa debe estar preparada *antes* de esas horas, de manera que cuando lleguen los invitados pueda estar lista para atenderlos

2. Preparar y capacitar a una persona sustituta

a. Si la recepcionista no puede trabajar a una hora determinada, tiene la responsabilidad de buscar una persona bien entrenada que la sustituya

b. Notifique al administrador de la iglesia si le es posible (es aceptable dejarle un mensaje en la contestadora)

V. Otro

A. Hay que mantener el teléfono oculto debajo del escritorio en todo momento cuando no está ocupada la Mesa de Información. Desconectar el teléfono en la toma

B. Hay que reportar todos los asuntos, problemas e ideas para mejoras al administrador de la iglesia

G-4. Política en cuanto al personal/ Manual de procedimientos

Los siguientes ejemplos de política en cuanto al personal y los procedimientos *quizá no sean* del todo legales o válidos en todas partes. Las leyes laborales varían en los diferentes estados. Se incluyen estos ejemplos a modo de fuentes de ideas, y ejemplos de aspectos que otros han abordado.

Ejemplar de (nombre del empleado)

¿Por qué un Manual de Política en cuanto al personal?

Nuestra iglesia se complace en presentar este manual de política en cuanto al personal. Contiene las declaraciones básicas acerca de lo que pensamos en cuanto a las relaciones con el personal. Describe nuestra política y resume los beneficios que se le ofrecen aparte de los salarios regulares. Caso de que hubiera preguntas en cuanto a la interpretación de estas políticas, beneficios o planes, deben plantearse al administrador.

El empleado se puede llevar este manual. Contiene información de interés e importancia tanto para el empleado como para su familia.

Caso de que hubiera preguntas en cuanto a alguna de las políticas, procedimientos o prácticas de nuestra iglesia, se pueden presentar sin cuestionamientos al supervisor inmediato para que las responda. Si hay algo que quizá faltara en el manual, sería conveniente que se planteara.

Las políticas contenidas en este manual no pretenden ser un contrato de empleo y la iglesia las puede ampliar o cambiar en cualquier momento. Nuestra iglesia acepta la política de empleo voluntario, que permite que tanto el empleado como el empleador puedan dar por finiquitada la relación laboral en cualquier momento.

Información confidencial

Como se trata de información personal, cada uno de los empleados detenta un puesto de confianza. Todos los documentos, informes, memorandos y correspondencia deben considerarse como confidenciales (p. ej. información sobre consejería o archivos) y son propiedad de la iglesia.

La revelación sin autorización de alguna información o actividades que pueda redundar en detrimento de los intereses de nuestra iglesia o de sus miembros justificará el despido.

ASUNTO: Igualdad de oportunidades de empleo

PROPÓSITO

Proponer con claridad los objetivos de nuestra iglesia en cuanto a igualdad de oportunidades de empleo.

POLÍTICA

La política de nuestra iglesia es de igualdad de oportunidades. Nuestro objetivo es escoger a la persona mejor calificada para cada puesto en la organización.

Ningún empleado de nuestra iglesia discriminará a un colega empleado o a un candidato a un puesto a partir de ninguna base legalmente reconocida incluyendo, entre otros, raza, color, sexo, país de origen, minusvalía que no afecte el desempeño, discapacidad, edad o estatus de excombatiente. Esta política se aplica a todas las prácticas de empleo y acciones de personal.

CONDICIONES DEL EMPLEO

Todos los empleados y solicitantes de nuestra iglesia deben ser creyentes nacidos de nuevo y tener a nuestra iglesia como su iglesia.

PROCEDIMIENTO

Será responsabilidad de todo empleado con funciones de supervisión promover la aplicación de esta política y asegurar que sus subordinados cumplan con la misma.

Los encargados de la contratación de nuevos empleados deben tomar todas las medidas necesarias para eliminar la discriminación hacia los empleados y los solicitantes de empleo en nuestra iglesia en todas las categorías y niveles de empleo y relaciones patronales.

ASUNTO: Tiempo de prueba

PROPÓSITO

El tiempo de prueba es una prolongación del proceso de empleo y brinda a los supervisores la oportunidad de evaluar el desempeño del empleado y de determinar si la persona califica para el puesto. Por tanto, se someterá el desempeño del empleado a un cuidadoso escrutinio y evaluación. Se informará a los empleados, antes de contratarlos, acerca del tiempo de prueba.

Nuestra iglesia establece un tiempo de prueba de noventa días para cada empleado nuevo.

PROCEDIMIENTO

Los siguientes procedimientos regirán la elegibilidad de beneficios, valoración de desempeño y finalización del empleado durante el tiempo de prueba.

1. Elegibilidad para vacaciones y permisos por enfermedad (si se ofrecen): Las vacaciones y los permisos por enfermedad se calculan a partir de la fecha inicial de contratación del empleado. Sin embargo, *no* se pueden tomar vacaciones durante el tiempo de prueba, y luego solo después de seis meses de servicio a no ser que el supervisor o pastor determine otra cosa.

2. Beneficios de seguro (si se ofrecen): Los seguros están disponibles para los empleados regulares de tiempo completo, después de un período de servicio de un mes.

3. Finalización: Nuestra iglesia puede dar por terminado el empleo de una persona en cualquier momento durante el tiempo de prueba, sin aviso previo y sin implicaciones legales.

Durante el tiempo de prueba, el empleado puede dar por finalizadas sus relaciones de empleo con nuestra iglesia sin previo aviso y sin implicaciones legales.

Al final del tiempo de prueba, se realiza una evaluación para ver el avance y conveniencia de que la persona pase a una condición de empleado regular. Sin embargo, de presentarse una situación dudosa durante el tiempo de prueba, nuestra iglesia se reserva el derecho de prolongar el tiempo de prueba por un período razonable hasta que se pueda llegar a determinar la confiabilidad, capacidad o idoneidad de la persona en cuestión.

Asunto: Clasificación del empleo

Propósito:

Formular y definir las clasificaciones de empleo de nuestra iglesia. Nota: Esto es solo para fines de clasificación y no para definir los beneficios del empleado.

Política

Todos los empleados se clasifican como *exentos* o *no exentos* según las definiciones siguientes:

Con salario/por horas exentos: Puestos de índole gerencial, administrativo o profesional según lo establecen los estatutos laborales federales y estatales, que están exentos de pagos por horas extras.

Con salario/por horas No exentos: Puestos de índole de oficina, técnica o de servicio, según los definen los estatutos, que pueden recibir pago por horas extras.

Luego hay tres subclasificaciones de empleados: Son:

1. *Tiempo completo regular:* Empleado que trabaja al menos treinta y ocho horas semanales sobre una base de horario regular.

2. *Tiempo parcial regular:* Empleado que trabaja menos de treinta y ocho horas semanales sobre una base de horario regular o irregular.

3. *Temporales:* Empleado contratado por un período no superior a tres meses y que no tiene derecho a beneficios regulares. Puede concederse una ampliación de la clasificación de trabajo temporal por otros tres meses o menos, después de que la gerencia haya analizado el caso, si se considera que la tarea sigue siendo necesaria. El empleado temporal puede ser de tiempo completo o parcial. Esta clasificación se aplica a puestos temporales en mantenimiento, limpieza, secretaría u oficinista, así como a estudiantes que trabajan tiempo parcial y los que trabajan durante las vacaciones.

Definiciones

Ausencia justificada: Ausencia del trabajo con aprobación del supervisor. Esta ausencia no puede ir más allá de seis (6) días laborales y debe ser por razones como enfermedad de la persona, enfermedad o muerte en la familia inmediata, servicio como testigo principal o jurado, o entrenamiento militar anual. En todo caso, la solicitud de ausentarse debe comunicarse y explicarse en detalles la razón de la misma al supervisor antes que haya transcurrido una hora de la ausencia del empleado.

Despido: Suspensión del empleo por lo general debido a reducción de la carga de trabajo.

Excedencia: Ausentarse del trabajo por un tiempo específico y con razonable seguridad de que al final de dicho período el puesto seguirá disponible. El período es de más de siete (7) días y se concede por razones como enfermedad, embarazo, educación formal, servicio militar, etc. Se puede conceder la excedencia solo a personal regular de tiempo completo.

Ausencia sin autorización: Ausencia del trabajo sin la aprobación del supervisor.

Asunto: Horario de trabajo

Propósito

Formular y definir las normas de nuestra iglesia en cuanto a horarios de trabajo

Política

Debido a la naturaleza de nuestro trabajo, el horario de trabajo puede variar según el puesto. Nuestro horario normal de trabajo es como sigue:

Horas de oficina: Las horas regulares de oficina son de 9:00 a.m. a 5:00 p.m., de lunes a viernes.

Período de almuerzo: Los empleados disponen de un período pagado de 30 minutos para el almuerzo. Los tiempos del almuerzo deben determinarse de tal modo que siempre permanezca en su puesto suficiente personal para brindar los servicios que se requieran. El supervisor directo debe estar al corriente del horario de cada empleado.

Descansos: Se permite un descanso de quince minutos por cada medio día trabajado. Los descansos deben tomarse en tiempos que convengan a todos y que se determinen con el supervisor inmediato.

La recepcionista y el supervisor deben estar informados de cualquier cita o tiempo fuera de la oficina. Es muy importante que la recepcionista esté al tanto del horario y ubicación de cada empleado con el fin de poder dar una respuesta adecuada a las personas que llaman por teléfono.

ASUNTO: Horas extras y tiempo compensatorio

PROPÓSITO

Formular y definir las normas de nuestra iglesia en cuanto a horas extras y tiempo compensatorio

POLÍTICA

No se permiten horas extras; se prefiere tiempo compensatorio.

Horas extras: Tal como lo define la Ley Federal de Normas Laborales Justas, los empleados profesionales y los que ocupan puestos de supervisión y gerenciales son empleados «exentos». El empleado exento, no recibe pago por horas extras trabajadas. Los empleados no exentos que trabajan horas extras reciben un pago de tiempo y medio por más de ocho horas en día de trabajo y tiempo doble por más de doce horas en un día de trabajo. En una semana laboral, más de cuarenta horas se pagan como tiempo y medio.

Tiempo compensatorio: En el caso de un empleado no exento, debe obtener la aprobación del supervisor inmediato para trabajar horas extras antes de que se trabajen, y el tiempo compensatorio debe programarse con el supervisor y tomarlo lo antes posible según lo permita el calendario.

Tema: Informe de ausencias

Propósito

Formular y definir las normas de nuestra iglesia en cuanto a ausencias y tiempo fuera del trabajo

Política

Si un empleado se enferma y no puede trabajar, debe llamar al gerente de la oficina antes de las 9:00 a.m. Si no se contesta el teléfono por encontrarse en tiempo de oración del personal, se debe llamar de inmediato después de las 9:30 a.m. Todas las ausencias deben tener una razón buena y suficiente. El hecho de que se haya notificado al supervisor que se estará ausente no conlleva por necesidad que la ausencia haya sido aprobada y que se pague.

Cuando se sabe con antelación que se estará ausente, hay que hacer los arreglos necesarios por adelantado con el supervisor.

Si se tiene la intención de regresar al trabajo en una fecha concreta pero no resulta posible hacerlo, es responsabilidad del empleado notificar al supervisor al respecto.

Si se está ausente del trabajo por tres (3) días laborables consecutivos sin notificárselo al supervisor, se considerará que el empleado ha dado por terminado su empleo por voluntad propia.

Asunto: Fiestas

Propósito

Proporcionar a los empleados tiempo pagado cuando se ausentan del trabajo para recreación, descanso y relajación.

Política

Nuestra iglesia observa y paga los siguientes días festivos:

1. Año Nuevo
2. Día de los Veteranos Caídos
3. Día de la Independencia
4. Día del trabajo

5. Día de Acción de Gracias

6. El viernes después del Día de Acción de Gracias

7. Navidad

Cuando un día festivo cae en sábado, se observará el viernes anterior. Los festivos que caigan en domingo se observarán el lunes siguiente.

Los empleados deben trabajar el último día laboral antes del festivo y el primer día laboral después del festivo a no ser que se haya justificado tomar tiempo libre esos días. Solo los empleados regulares de tiempo completo son elegibles para recibir pago completo por los festivos.

Si un día festivo cae en el período de vacaciones del empleado, el festivo no se considera como día de vacaciones.

Asunto: Desempeño laboral y conducta

Propósito

Establecer y definir una política uniforme referente al desempeño y conducta marginal o por debajo de la norma

Política

Si bien es preferible que las normas y regulaciones sean las menos posibles, hay algunas que resultan indispensables para la operación eficiente de la iglesia. Es imposible ofrecer una lista exhaustiva que identifique todas las clases de conducta o desempeño problemático que puedan requerir una acción disciplinaria. Sin embargo, con el fin de ofrecer a los empleados alguna orientación, los ejemplos siguientes ilustran clases de conducta que *no* son del mejor interés ni de nuestra iglesia ni de sus empleados y que, por consiguiente, no se permiten y pueden desembocar en acción disciplinaria, incluyendo el despido:

1. Impuntualidad o ausentismo habituales

2. Falsificar o alterar los documentos de la iglesia

3. Robo o mal uso de propiedad de la iglesia o personal

4. Conducta inadecuada en el recinto de la iglesia, como por ejemplo peleas, lenguaje profano, posesión de alcohol o drogas

5. Distribución de literatura u ofertas en el recinto de la iglesia para causas no aprobadas

6. Uso no autorizado de equipo o bienes de la iglesia

7. Desempeño ineficiente o negligente de deberes: no mantener las debidas normas del trabajo

8. Salidas del trabajo o del recinto de la iglesia sin la debida autorización

9. Insubordinación (negativa a realizar el trabajo asignado *o* hacer caso omiso de solicitudes repetidas)

10. Participación en la iniciación, autoría o transmisión de comunicación amenazante o difamatoria, ya sea por escrito o en forma oral, referente a la iglesia o a sus empleados

11. Holgazanear o dormir en el trabajo

12. Acoso sexual o mala conducta sexual

13. Actividad ilegal o delictiva, como uso ilegal de drogas o abuso de medicamentos recetados, violación, homicidio, secuestro, etc.

14. Revelación no autorizada de cualquier información o actividades que pueden ser perjudiciales para los intereses de nuestra iglesia o miembros de la comunidad

Asunto: Despido

Propósito

Ayudar a la gerencia a asumir las responsabilidades asociadas con la exclusión de un empleado de la planilla y para asegurar prácticas uniformes de despido y equidad para ambas partes.

Definiciones

A. *Renuncia*: La renuncia es siempre voluntaria e incluye:

- renuncia con aviso o sin aviso
- ausencia por tres o más días laborables consecutivos sin haber avisado al supervisor en la iglesia

B. *Exoneración*: El empleado no se adapta a la clase de trabajo y no hay otro puesto disponible, o carencia de requisitos requeridos. El despido suele darse sin culpa del empleado; más bien significa desajuste entre los requisitos del puesto y las destrezas del empleado. Los empleados que no pueden desempeñarse en forma satisfactoria durante el tiempo de prueba también se considerarán como exonerados.

C. *Jubilación*: Se explica solo

D. *Cesantía*: La cesantía incluye:
- cesantía temporal. No hay trabajo y se espera la reincorporación antes de doce meses
- cesantía permanente. No hay trabajo y no se espera reincorporación

E. *Despido:* El empleado queda excluido de la planilla por haber violado las normas de conducta del empleado, las normas de seguridad o por desempeño insatisfactorio del trabajo por culpa del empleado.

Procedimiento

A. *Cesantía:* Si la finalización se debe a cesantía, se puede dar un preaviso hasta de dos semanas al empleado. Se esperará que los empleados que van a ser cesados continúen en su puesto durante ese período.

B. *Exoneración*: Si se le va a dar exoneración a un empleado, el empleador *puede* querer dar un preaviso de una semana.

C. *Renuncia*: El empleado que renuncia debe preparar una carta de renuncia. Esta carta se entregará al supervisor inmediato quien la hará llegar a la persona adecuada para que se archive en el archivo personal del empleado. Nuestra iglesia requiere que la carta se presente con dos (2) semanas de antelación.

D. *Despido*: Cuando se va a despedir a un empleado, el supervisor debe tener la aprobación del pastor principal.

E. *Elegibilidad para beneficios*: Cuando un empleado sale de la organización por cualquier razón, excepto en el caso de cesantía, se pierden los beneficios acumulados con las siguientes excepciones:

- Vacaciones: Se pagará al empleado el monto correspondiente por los días de vacación no tomados, con tal de que ya haya completado el tiempo de prueba.
- Beneficios médicos (si los hubiera): La cobertura de seguro grupal cesará en el momento de la finalización del empleo. Sin embargo, el empleado tiene la opción de convertirlo por cuenta propia en seguro individual tanto de vida como de salud.

F. *Entrevista final*: Todos los empleados que finalizan su trabajo en nuestra organización participarán en una entrevista final. En ella, el empleado devolverá todos los artículos que son propiedad de la iglesia (llaves, manual, tarjetas de crédito, etc.) y recibirá el último pago después de que se hayan deducido todas las deudas u obligaciones pendientes.

Asunto: Problemas/Quejas personales

«Política de puertas abiertas»

Propósito

Asegurar que el trato a los empleados sea siempre justo y equitativo

Política

Nuestra iglesia siempre ha tenido la máxima consideración por el bienestar de sus empleados. Si uno de ellos tiene un problema personal relacionado con asuntos de trabajo, nuestra iglesia acepta y sugiere al empleado que siga el procedimiento siguiente.

Procedimiento

1. Primero el problema debe conversarse con el supervisor inmediato del empleado. Una parte importante de la responsabilidad

de un supervisor es velar por que se le dé al empleado un trato justo y equitativo en todo momento por medio de una aplicación coherente de las políticas de nuestra iglesia.

2. Después de conversar acerca del problema con el supervisor inmediato, si el empleado no se siente satisfecho con la ayuda ofrecida, existe una política de «puertas abiertas» que le otorga al empleado completa libertad para llevar el problema ante el pastor principal.

3. Si el problema es de índole *pastoral,* como por ejemplo espiritual, no relacionado con el trabajo, etc., se sugiere al empleado que busque atención pastoral de parte del líder del grupo del que forma parte o de un pastor apropiado que es parte del personal.

ASUNTO: Evaluación del desempeño e incremento del salario por méritos

PROPÓSITO

Asegurar un proceso de evaluación que sea funcional, equitativo y lo más objetivo posible.

POLÍTICA

Todos los empleados de nuestra iglesia participarán en una evaluación de desempeño con el supervisor/gerente sobre la base del siguiente programa:

1. Al finalizar el tiempo de prueba y después de esto cada diciembre.

2. Con la frecuencia que amerite la situación del puesto y el desempeño del empleado.

   La evaluación del desempeño se realizará por escrito después de haber concluido la entrevista entre el empleado y su supervisor/gerente. Se exhorta al empleado a que participe en el proceso de evaluación agregando comentarios a la evaluación.

   El supervisor/gerente decidirá cuándo y si se merece un aumento por mérito. La política de nuestra iglesia es recompensar a los empleados con un aumento periódico en el salario por mérito por dedicación a su trabajo, esfuerzo adicional y desempeño superior al promedio. La gerencia no otorga aumentos por mérito en forma automática ni con base a un intervalo predefinido.

Se estimula al empleado a que:

1. Averigüe acerca de su desempeño.

2. Acepte responsabilidades adicionales y muestre iniciativa.

3. Se informe acerca de alguna capacitación disponible que lo pueda ayudar a mejorar sus destrezas.

ASUNTO: Beneficios para el empleado

PROPÓSITO

Los beneficios que recibe el empleado desempeñan un papel vital en cuanto a brindar seguridad en los ingresos. Constituyen una parte importante de la compensación del empleado. Nuestra iglesia analiza todos los años formas para que se hagan cambios deseables y justificables en nuestros planes de beneficios.

POLÍTICA

Después de su incorporación a la organización, todo empleado que trabaje un mínimo de treinta y ocho horas semanales llenará el formulario de solicitud de beneficios de los empleados.

Si un empleado no desea participar en el plan de seguro colectivo de nuestra iglesia, se debe llenar la porción de renuncia a recibirlo de las tarjetas de inscripción.

RESUMEN DE BENEFICIOS

Beneficios de seguro colectivo (de vida, médico, dental)

Elegibilidad y fecha de entrada en vigor: Los empleados elegibles para los beneficios colectivos de vida, médicos y dentales son los siguientes:

1. Los empleados permanentes de tiempo completo que califican como cabezas de familia para fines de declaración de impuestos son elegibles para recibir cobertura de empleado y dependientes.

2. Los empleados permanentes de tiempo completo que no califican como cabezas de familia para fines de declaración de impuestos son elegibles para recibir cobertura de empleado con la aprobación del Comité de Finanzas o el pastor principal.

3. Los empleados elegibles califican para beneficios de seguro de vida, médico y dental desde el primer día del mes siguiente a un mes completo de empleo (ver los ejemplos siguientes):

Fecha de contratación	*Entra en vigor*
1 de enero	1 de febrero
16 de enero	1 de marzo
31 de enero	1 de marzo

Beneficios del seguro de vida

1. La cobertura para empleados elegibles (según descripción) está disponible por un monto de $15.000.

Beneficios del seguro médico

1. Se ofrece seguro médico a los empleados elegibles (según descripción).

2. Consultar el folleto disponible, que describe en detalle los beneficios y las limitaciones.

Beneficios del seguro dental

1. Hay un seguro dental para los empleados elegibles (según descripción) y la atención dental la presta *solo* el dentista que nosotros asignamos.

2. El plan de beneficios dentales comienza el 1 de enero y cubre hasta el 31 de diciembre.

3. Hay más información en la descripción detallada de beneficios que está a disposición.

Seguro de compensación laboral

1. El seguro de compensación laboral paga todos los gastos médicos, quirúrgicos y hospitalarios además de un beneficio semanal a partir del cuarto día de incapacidad causada por lesión o enfermedad debida al trabajo. El pago se efectúa desde el primer día de la hospitalización si la persona es hospitalizada antes del cuarto día o está incapacitada para trabajar por más de catorce días.

2. Se debe informar de inmediato al supervisor correspondiente de cualquier lesión o enfermedad relacionada con el trabajo.

3. Este plan está integrado con el plan de nuestra iglesia de permiso por enfermedad con el fin de ofrecer el salario completo por todo el tiempo que dure el permiso por enfermedad. Nuestra iglesia paga el costo total del seguro de compensación laboral a partir del primer día de empleo.

Seguridad social

En los Estados Unidos, todos los empleados, a excepción de los pastores, deben por ley participar en la Seguridad Social según las leyes federales (FICA, por sus siglas en inglés), las cuales establecen un beneficio fijo mensual por jubilación, beneficios por incapacidad si la persona está total y permanentemente incapacitada y ciertos beneficios de supervivientes a dependientes cuando muere un empleado. El costo de este programa lo establece la ley y varía de vez en cuando. Nuestra iglesia contribuye con un impuesto igual a las contribuciones del empleado, excepto para pastores que son autónomos y pagan todos sus impuestos aplicables.

Desempleo y Seguro Estatal de Incapacidad

Los empleados no acumulan beneficios bajo el seguro de desempleo o seguro estatal de incapacidad debido a la condición de entidad sin fines de lucro de nuestra iglesia. Por tanto, no hay compensación por desempleo para quien deje su empleo en la iglesia después de los noventa días del tiempo de prueba. La compensación por desempleo, de haberla, para un empleado que sale dentro de los noventa días del tiempo de prueba lo determinará el empleador previo del empleado.

Asunto: Permiso por enfermedad/personal

Propósito

Brindar protección de los ingresos a los empleados durante períodos temporales de enfermedad o lesión.

Política

Nuestra iglesia ofrece seis (6) días de permiso por año por enfermedad/personal a todos los empleados de *tiempo completo*. Los empleados de tiempo parcial pueden obtener permiso por enfermedad/personal por la mitad de ese tiempo. Los empleados temporales no son elegibles para permisos por enfermedad/personal.

Procedimiento

1. Un empleado puede utilizar el permiso por enfermedad/personal después de haber completado a satisfacción el tiempo de prueba.

2. Se concede el permiso por enfermedad/personal a partir de la fecha de contratación a razón de cuatro (4) horas por mes (prorrateado para personal de tiempo parcial).

3. El permiso por enfermedad se acumula el último día del mes. Los empleados deben estar en la posición de salario activo el último día del mes para poder acumular permiso por enfermedad para ese mes.

4. El empleado que está con licencia no gana permiso por enfermedad.

5. Lo máximo que se concede como permiso por enfermedad/personal son seis días y *no* se acumula de un año a otro. Si no se utiliza, no se paga.

6. El tiempo necesario para citas médicas u odontológicas no se cargan al permiso por enfermedad. Los empleados deben sacar las citas para antes o después de las horas de trabajo, si es posible. Los arreglos para el tiempo de permiso para dichas citas, de ser necesario, deben hacerse por adelantado con el supervisor del empleado.

7. *El empleado debe llamar en persona* a su supervisor para informarle de su enfermedad si no puede cumplir con el día laboral normal.

ASUNTO: VACACIONES

PROPÓSITO

Brindar a los empleados tiempo pagado lejos de sus puestos de trabajo para darles la oportunidad de descansar, relajarse y recrearse.

POLÍTICA

Los empleados permanentes de tiempo completo que han cumplido a satisfacción los noventa días de tiempo de prueba son elegibles para vacaciones pagadas como sigue:

1. Los empleados no exentos son elegibles para:

   a. una semana acumulada durante el primer año

   b. dos semanas después de un año de servicio ininterrumpido

   c. tres semanas después de cinco años de servicio ininterrumpido

2. Los empleados exentos son elegibles para:

   El mismo tiempo de vacaciones establecido antes a no ser que se hayan hecho otros arreglos por escrito antes del comienzo del año de acumulación de vacaciones. Los empleados regulares de tiempo parcial no son elegibles para tiempo de vacaciones pagadas.

TODOS LOS EMPLEADOS

Los empleados pueden tomar sus vacaciones en cualquier momento del año. Todas las vacaciones deben programarse con anticipación con el pastor principal, de quien depende la aprobación.

El tiempo de vacación de un empleado se otorga cuando se acumula y, si no se toma, no puede acumularse en el futuro con otros años.

Ayudas para ganar

Recursos adicionales probados en el campo

¡Réteme a ganar!
¡Útil 24 x 7 x 365 x vida!

Este librito cabe en el bolsillo de la chaqueta, cartera o maletín. Contiene más de 100 preguntas profundas para ayudar a tomar decisiones sabias 24 horas al día, 7 días a la semana, por el resto de la vida. ¿Se beneficiarían de saber qué preguntas perceptivas, sólidas, prácticas hacer? Les gustaría poder hacer con precisión las «preguntas adecuadas» en el «momento adecuado». Este librito da resultados.

Board Member, (The) Effective [Disponible solo en inglés]
Bobb Biehl y Ted W. Engstrom

Este libro convierte la ansiedad, confusión y frustración en ¡CONFIANZA EN LA SALA DE JUNTAS!

¿Han deseado alguna vez poder sentarse a conversar con un asesor que los ayudare a sentirse más seguros y eficaces en el puesto que ocupan en la junta?

En *The Effective Board Member*, tienen ahora a disposición dos veteranos en juntas (con una experiencia combinada en más de cien juntas) ¡deseosos de ayudarlos! Este libro es sumamente útil si:

- están tratando de escoger miembros adecuados para la junta
- servir en una junta
- necesitan hacer presentaciones en juntas
- están tratando de decidir si aceptar o no un puesto en una junta
- son nuevos en una junta
- han sido miembros de una junta por mucho tiempo, pero nunca han recibido una capacitación formal para ello

Se ofrecen descuentos por compra de cantidades de manera que cada miembro de la junta pueda disponer de su propio ejemplar.

Building Your First Church Building ... Successfully! [Disponible solo en inglés]
Hagan uso de su experiencia antes de construir

Joe Kimbel tiene más de 40 años de experiencia en el diseño y construcción de iglesias y ha participado en construir más de 1.000 edificios de iglesias. Ha sido pastor de varias iglesias y ha sido superintendente de distrito.

Joe los conduce por un proceso paso a paso de construir un edificio para la iglesia. Comparte anécdotas, ilustraciones, normas básicas, advertencias y estímulos que esperaríamos de un padre amoroso o de un asesor dedicado.

Sin importar lo que hagan, si están a punto de construir, en especial si se sienten algo vacilantes, ¡CONSÍGANSE ESTE LIBRO!

Career Change / LifeWork [Disponible solo en inglés]
30 preguntas a formular antes de hacer un cambio importante de carrera

¿Es su puesto actual «solo un trabajo más», un «paso más en su carrera» o «el trabajo para toda la vida»?

Esta serie de 30 preguntas resultan útiles cada vez que uno piensa acerca de la posibilidad de cambiar de trabajo.

Dream Energy [Disponible solo en inglés]
¿Tienen toda la energía natural que les gustaría tener?

Hay muchas formas de energía: solar, cafeína, social, eléctrica, etc. Una de las formas de energía más poderosas es la ¡ENERGÍA QUE DA EL SUEÑO!

Con un sueño tranquilo, levantarse temprano, trabajando con intensidad todo el día, y acostarse temprano es «fácil». Sin un sueño tranquilo, tendemos a dormir lo más tarde posible, arrastrándonos durante todo el día, y cayendo en la cama lo antes posible. Este nuevo libro nos ayuda a definir el sueño de la vida y como resultado nos proporciona un mayor incremento en el monto de nuestra ¡ENERGÍA QUE DA EL SUEÑO!

Al mismo tiempo, un equipo sin un sueño no es un equipo... es un grupo de personas con el «mismo uniforme». Hace falta un sueño para que cualquier equipo avance más allá de búsquedas egoístas para unirse con el fin de convertir en realidad el sueño de un equipo.

Event Planning Checklist [Disponible solo en inglés]
Ed Trenner

Este exhaustiva LISTA DE COMPROBACIÓN DE 300 PUNTOS puede reducir su tiempo de planificación a la mitad, sobre todo si son nuevos en «eventos especiales».

Esta lista de comprobación fue elaborada para quienes disfrutan mucho con la precisión y para quienes todavía no la han vivido. La lista de comprobación de 300 puntos ayuda a no pasar por alto ninguna pregunta obvia y «estrellarse» en el evento. Práctico, comprobado, fácil de usar.

Every Child Is a Winner! [Disponible solo en inglés]
270.000 ejemplares impresos

Niños sanos llegan a ser adultos sanos.

Cat McCaslin fundó Upward Ministry, ministerio que ha enseñado a centenares de miles de niños a jugar baloncesto. Está convencido de que ¡todos los niños SON ganadores! Este libro contiene la sabiduría, el práctico «cómo» e ideas que ha aprendido el equipo de Upward a lo largo de los años para ayudar a los padres a saber cómo criar niños sanos.

Focusing By Asking [Disponible solo en inglés]
En formato CD

Preguntas profundas que han ayudado a millares de personas, de todos los ámbitos de la vida, en todos los niveles de liderazgo, a centrar sus vidas y equipos. Esta serie está estructurada en pistas de cinco minutos, que abarcan los siguientes 10 elementos críticos del liderazgo

ENFOQUE PERSONAL
Mantenerse CENTRADO
Mantenerse CONFIADO
Mantenerse EQUILIBRADO
Mantenerse MOTIVADO
Mantenerse ORGANIZADO

ENFOQUE DE EQUIPO
Dominar EL HACER PREGUNTAS
Dominar LA COMUNICACIÓN
Dominar EL LIDERAZGO

Dominar LA MOTIVACIÓN
Dominar LA PLANIFICACIÓN

Siempre que necesiten ver cosas focalizadas con claridad, recuerden insertar este CD o casete.

Fourth Grade [Disponible solo en inglés]
El año que moldea más la existencia del ser humano

Esta grabación se creó para todo el que se interesa por los alumnos de cuarto grado, o para todo el que tiene hijos de menos edad que pronto estarán en cuarto grado.

- Directores de educación cristiana
- Maestros de escuela dominical elemental
- Maestros de escuela elemental
- Abuelos
- Los que tienen la escuela en la casa
- Entrenadores de la Liga Pequeña
- Psicólogos y otros consejeros
- Pastores principales

En este video aprenderán por qué el cuarto grado es tan sumamente moldeador, cómo aprovechar esta ventana muy estrecha de oportunidad con nuestros alumnos de cuarto grado, y cómo evitar daños graves en este período tan impresionable de la vida.

Entenderán cómo por lo menos el 10% de las «zonas de seguridad» de su liderazgo se generaron en el cuarto grado y cómo utilizar esta información ¡para ayudarlos a encontrar un papel en la vida en el que «encajen»!

Es imposible exagerar la importancia de esta grabación si tratamos con alumnos de cuarto grado, y es también un regalo ideal para cualquier persona que conozcamos que lo hace, incluyendo a cualquier profesional de la lista mencionada antes que tenga una gran influencia en moldear a nuestro alumno de cuarto grado.

Growing Servant Leader [Disponible solo en inglés]

Bobb Biehl y David Shibley

David Shibley habla a decenas de miles de líderes en todo el mundo. Millares más escuchan su programa diario de radio. Solo este año, Global Advance, el ministerio misionero que fundó, capacitará a más de veinticinco mil pastores nacionales en unos quince países. Juntos, David Shibley y Bobb Biehl tienen más de sesenta años de experiencia ministerial.

Pueden enseñar este esquema (agregar historias propias, experiencias de vida, etc.) de persona a persona o también en grupo. Por el resto de su vida, este minicurso ofrece un esquema básico para ayudarlos a enseñar liderazgo a aquellos ante quienes tienen influencia. Es sumamente sencillo y sensible para todo el que enseña en situaciones transculturales.

Lidere con seguridad

Unas 4.000 personas han completado *30 Day to Competent Leadership* (llamado antes *Leadership Confidence*). Ahora disponible en español *Lidere con seguridad*. Una inversión sabia, comprobada, en su propio futuro, este libro es una referencia para un liderazgo de todo la vida que abarca 30 áreas de liderazgo, incluyendo:

- CÓMO HACER FRENTE A cambios, depresiones, fracasos, cansancios, presiones
- CÓMO LLEGAR A SER MÁS atractivos, equilibrados, seguros, creativos, disciplinados, motivados
- CÓMO DESARROLLAR DESTREZAS EN preguntar, soñar, definir metas, priorizar, arriesgar, influir, gestionar el dinero, organización personal, resolver problemas, tomar decisiones, comunicar.
- CÓMO LLEGAR A SER MÁS EFICACES EN delegar, despedir, informar, desarrollar equipo, desarrollar personas, reclutar, elaborar planes maestros, motivar

Instrucciones para la Flecha del Plan Maestro

Instrucciones para la Flecha del Plan Maestro (24" x 36") los ayuda y ayuda a su equipo a ver con rapidez:

EL «CUADRO GENERAL» .. cuando se están ahogando
en detalles
EL «BOSQUE» ..cuando se sienten perdidos en medio de
los árboles
LA «SINFONÍA» .. no solo algunas notas

La Flecha del Plan Maestro les enseña a definir en forma rápida la dirección de cualquier organización, división, departamento, o un proyecto importante que hayan liderado hacia alguna meta, en cualquier tiempo, por el resto de su vida. La Flecha incluye ahora en el anverso instrucciones paso a paso fáciles de seguir, incluso si no compran el libro ni la serie de grabaciones.

Planifique con maestría: Su negocio, iglesia u organización

Esta serie presenta el mismo recorrido que el Masterplanning Group ha ido ajustando en la práctica diaria de consultoría por más de 25 años para ayudar a clientes a elaborar un Plan Maestro.

EL PROCESO SE HA UTILIZADO CON ÉXITO:
> Desde organizaciones familiares hasta un personal de
>> millares
> Desde presupuestos de arranque a centenares de millones al año
> Desde iglesias locales hasta organizaciones internacionales
>> en más de 100 países
> Desde pequeñas iglesias locales (50) a iglesias grandes de una
>> zona (4.000+)
> Desde personas sin experiencia en negocios hasta individuos
>> con maestrías en administración de Harvard.

SÍNTOMAS PRECEDIBLES SIN UN PLAN MAESTRO
Un Plan Maestro se puede comparar con una partitura musical para una orquesta sinfónica. «A no ser que todos toquen la misma partitura, el resultado no será agradable al oído». Sin un Plan Maestro, se puede esperar lo siguiente:

1. COMUNICACIONES DIRECCIONALES (internas y externas) confusas.
2. Se generan FRUSTRACIÓN, TENSIÓN y PRESIÓN debido a supuestos que difieren.
3. SE POSPONE LA TOMA DE DECISIONES debido a que no se dispone de un MARCO DE REFERENCIA para decisiones claras.
4. SE DESPERDICIAN ENERGÍA y RECURSOS porque los sistemas básicos no están elaborados con claridad.
5. La FINANCIACIÓN es INADECUADA debido a la falta de comunicación coherente a los miembros seguidores de la organización.

6.   La ORGANIZACIÓN SUFRE debido a que las energías
      creativas se gastan apagando fuegos.

Es útil disponer de un Plan Maestro

Memories Book [Disponible solo en inglés]

¿Están todavía vivos sus padres, abuelos, tíos y tías favoritos o mentores.

Entonces *Memories* es un regalo ideal. Las memorias escritas se convierten en reliquias de la familia para los hijos de sus hijos y con seguridad se convierten en invaluables a medida que pasa el tiempo.

Memories contiene más de 500 preguntas que refrescan la memoria para ayudar a que nuestros seres queridos vuelvan a vivir y escribir acerca de los hitos de sus vidas. Es un hermoso libro en forma de álbum con cubiertas acolchonadas y una encuadernación que se abre en su totalidad para que resulte fácil escribir.

Memories también es ¡un regalo «boomerang»! Se regala a un ser querido este año, esta persona agrega sus memorias en los siguientes de 1 a 50 años, luego se lo devuelve como reliquia para los hijos de sus hijos.

El mentor
Cómo encontrar un mentor y ser uno

La relación con un mentor es fácil que añada a cualquier persona sentir como un adicional de 30 a 50% de VITALIDAD EN LA VIDA Y EL LIDERAZGO. Sin un mentor, la persona a menudo se siente debilitada, como si no estuviera viviendo todo su verdadero potencial.

Este poderoso recurso ofrece pasos muy útiles para desarrollar una relación con un mentor y responde a preguntas prácticas sobre su papel con respuestas refrendadas.

Mid-life Storm [Disponible solo en inglés]
Evitar una «crisis de los cuarenta»

Este libro lleno de esperanza contiene un «Mapa de los cuarenta» diáfano, que ayuda a guiarlos con éxito por entre los años muy peligrosos de los cuarenta.

Solo porque ustedes o sus cónyuges comienzan a hacer unas pocas preguntas en torno a los cuarenta, no quiere decir en forma automática que estén experimentando la temida «crisis de los cuarenta». Hay tres fases totalmente diferentes en los cuarenta:

- Reevaluación a los cuarenta
- Crisis de los cuarenta
- Salirse de los cuarenta

Este libro trata de cada una de las tres fases con instrucciones específicas paso a paso acerca de cómo evitar el dolor y confusión de una crisis de los cuarenta, o, si han entrado en ella, cómo salirse para continuar con el resto de su vida.

On My Own [Disponible solo en inglés]
Un regalo ideal para la graduación

Muchos adultos han dicho que desearían que sus padres les hubieran enseñado estos principios antes de que se independizaran. Los padres, al igual que los estudiantes, sacan provecho de estos principios tan fundamentales del liderazgo.

Si se han ido preocupando cada vez más acerca de la preparación de su estudiante de secundaria o universidad para hacer frente al «mundo real», este libro ha sido escrito para su hijo o hija.

Estos principios pasarán a formar parte de la vida de su hijo o hija por el resto de sus días. Y pueden transmitírselos a los hijos de sus hijos.

Pastoral Search Process [Disponible solo en inglés]
Un proceso de búsqueda paso a paso

Son 18 principios que pueden ayudarlos a encontrar exactamente al PASTOR PRINCIPAL, PASTOR ASOCIADO, LÍDER DEL CULTO, DIRECTOR DE JÓVENES o empleados que necesitan. Puede también ahorrarles literalmente miles de dólares y muchos años para tratar de corregir un solo error en la contratación.

Al tratar de contratar, este proceso vale su «peso en oro». Nadie puede garantizar de manera absoluta que escogerá a la persona adecuada, pero este método sistemático hace que las probabilidades estén a su favor. Cuaderno de tres anillas/casetes de audio.

Pre-Marriage: Getting to "Really Know" Your Life-Mate-To-Be
[Disponible solo en inglés]
Preguntas prematrimoniales

Estas son las preguntas sinceras que nos hacemos antes de decir «Sí, quiero» para asegurarnos de que esta sea la persona adecuada para uno. Resulta difícil acabar con una relación, pero es mucho mejor romper un compromiso... que un matrimonio. La mayor parte de las parejas encuentran que tienen mucho más en común que lo que ni siquiera pensaban. El puñado de desacuerdos importantes puede conversarse antes del matrimonio para ver si son diferencias básicas que son «rompedoras de compromiso» o si son solo diferencias incómodas.

Si tienen alguna duda acerca de su próximo matrimonio, y quieren asegurarse de que esta sea la persona para uno, este libro puede ayudar. Un regalo prematrimonial muy apropiado para un amigo.

Presidential Profile [Disponible solo en inglés]

- ¿Qué nota le pondría a su presidente actual en las 30 dimensiones requeridas para ser un presidente de clase mundial?
- ¿Cuál de los candidatos que están entrevistando para que sea nuestro próximo presidente obtiene la más alta calificación basado en los treinta puntos del perfil presidencial?
- ¿Se está presentando para presidente? ¿Debería dejar que continúe incluido su nombre en la lista? ¿Qué nota se pondría como presidente basado en estas treinta dimensiones de liderazgo?
- ¿En qué necesita crecer para estar listo para ser presidente algún día?

Si se ha estado formulando alguna de las preguntas mencionadas, este perfil fácil de entender (escala de 1 a 10) puede ser una guía comprobada para sus reflexiones y las discusiones y evaluaciones de su equipo.

Process Charting [Disponible solo en inglés]

Trazar el proceso es clave para el CONTROL DE CALIDAD y la TRANSFERIBILIDAD

Trazar el Proceso quizá sea la destreza más valiosa y menos entendida en el liderazgo hoy. Una clara comprensión de Trazar el Proceso proporciona un marco de referencia para componentes organizacionales fundamentales, tales como política, procedimiento, solución de problemas, predecir el impacto, comunicaciones para el personal, desarrollo de currículo, verificación de la lógica, archivar, monitorear, supervisión del programa, orientación del personal nuevo, y calendarización.

Serie de casetes audio con cuaderno de tres arandelas.

Staff Evaluation—135 [Disponible solo en inglés]

¿Han deseado alguna vez una lista de comprobación para una evaluación exhaustiva para así poder decirle con exactitud a un empleado cómo se está desempeñando, en una escala de 1 a 10, en todo, desde mal aliento hasta toma de decisiones?

Este es un excelente instrumento anual para ser utilizado con quienes tenemos cerca, que se centra en 135 dimensiones. Además, si así lo desean, permítales que ellos lo evalúen. Esta lista ayuda a maximizar la evaluación del personal y la capacidad para comunicarse, siempre concentrándose en lo positivo.

Basta de establecer metas si lo que prefiere es resolver problemas
¿No le gusta para nada establecer metas… o conoce a alguien a quien no le gusta?

¡Entonces este libro es para usted! La reacción más común ante este libro es: «¡Ya no me sigo sintiendo como un ciudadano de segunda clase!». ¡Este sencillo cambio de paradigma ha liberado ya de por vida a miles de lectores!

Como líder de equipo, puede disminuir las tensiones del mismo y, al mismo tiempo, aumentar de modo significativo el espíritu de equipo si presenta esta sencilla idea en la siguiente reunión del personal.

Planifique con estrategia: Hoja de trabajo
(11" x 17")

Un método rápido, sistemático y gradual para pensar en una estrategia sólida para tener éxito en cada una de las metas. Se utilizan estas hojas para pedir a cada empleado que redacte una estrategia para convertir cada meta principal en un plan realista. Las *Hojas de trabajo para estrategias* lo ayudan a identificar problemas en la forma de pensar y la estrategia básica antes de que estos problemas se conviertan en costosos. Incluye 24 hojas para utilizarlas con el equipo.

Perfil del equipo: «¡Ahora veo con claridad lo que debo ser!»
«¿Qué lo hace «conectar»?». «¿Qué lo emociona?». «¿Qué lo consume?».

El *Perfil del equipo* es una forma refrendada (7ª edición – 18° tiraje desde 1980) de entenderse mejor a sí mismo. En lenguaje sencillo, le permite decirle a su cónyuge, a sus amigos, o a sus colegas lo que lo «emociona». El *Perfil del equipo* aclara qué desea uno hacer en realidad, no lo que uno tiene que hacer, ha hecho con mayor frecuencia, o piensa que otros esperan de uno. Es la clave para entender la realización personal y es una forma asequible de desarrollar la unidad sólida del equipo al predecir la química del equipo. Este inventario sumamente sencillo, que permite calificarse a uno mismo, y a interpretarse, es la clave para escoger a la persona adecuada para el puesto adecuado, con lo cual ayuda a evitar errores costosos a la hora de contratar.

Por qué hace lo que hace

Este libro es resultado de más de 40.000 horas de experiencias detrás de bambalinas con algunos de los líderes mejores y emocionalmente sanos de nuestra generación. Este modelo se desarrolló para maximizar a personas «sanas» ¡con unos pocos «misterios» emocionales todavía sin explicar!

¿Por qué tengo un miedo aterrador al fracaso, rechazo o insignificancia? ¿Por qué estoy tan «abocado» a ser admirado, reconocido, apreciado, seguro, respetado y aceptado? ¿Por qué soy un facilitador, líder, promotor, rescatador, controlador, que trata de complacer a las personas? ¿Por qué soy un perfeccionista, adicto al trabajo? ¿Por qué los pastores son vulnerables a aventuras amorosas? ¿En qué soy más vulnerable a la tentación? ¿Cómo me protejo frente a la tentación? ¿Por qué tengo tanta dificultad en relacionarme con mis padres cuando los amo tanto? ¿Por qué a veces parecen como niños?

Estos y otros «misterios emocionales» se pueden entender y resolver en el silencio de nuestro propio corazón sin años de terapia.

Widow's Worbook (The), Estudio Bíblico sobre la viudez

[Disponible solo en inglés]
Dixie Johnston Fraley Keller

Dixie Johnston Fraley Keller enviudó mientras la gente contemplaba por televisión a «un avión jet Lear que perdió el control». En forma metafórica, mientras la vida con su esposo se derrumbaba, todo su mundo se estrelló.

Una vez recogidos los residuos, nos invita a acompañarla en su serpenteante senda de viudez. Aprendamos a vivir a partir de la muerte en las siguientes áreas:

- Amar y perder
- Valorar
- Hacer frente
- Dar
- Vivir en dolor
- Seguir viviendo

Si son viudos, o saben de alguien que lo sea, este regalo puede ayudar en el camino solitario de la recuperación.

Writing Your First Book! [Disponible solo en inglés]
Bobb Biehl y Marie Beshear, Ph. D.

Si ha estado deseando por años escribir un libro, pero todavía no han terminado un manuscrito, ¡permita que *Writing Your First Book!* sea su punto de partida! Es un esquema sucinto, sin complicaciones, ni teorías sofisticadas, ni lenguaje ambiguo. Es tan solo una lista de comprobación escueta, fácil de seguir, gradual, para llegar a ser un autor que publica. Sabia inversión en su propio futuro.

QuickWisdom.com

UNA INTRODUCCIÓN ... Y UNA INVITACIÓN!

Como ejecutivo mentor/consultor, tengo el raro privilegio de pasar días seguidos con algunos de los líderes mejores de nuestra generación. Sigo creciendo como persona, aprendiendo más en los últimos años que lo que he aprendido en los cinco años anteriores.

Realidades de actuar como mentor

En mi libro *El mentor* defino esta actividad como «una relación de toda la vida en la que el mentor ayuda a que el asesorado crezca hasta llegar al potencial dado por Dios en el curso de toda una vida. Con realismo, debido a presiones de mi programa de trabajo, mi actuación como mentor personal se ha visto limitada a muy pocas personas. Al mismo tiempo, en verdad deseo ver que amigos como ustedes vayan desarrollando en el curso de toda su vida el potencial que Dios ha puesto en ustedes.

Salomón aconsejó: «Adquieran sabiduría».

Lo que hoy parece buscarse se centra en llegar a ser una persona valiente, encantadora, poderosa, exitosa. Sin embargo, según la Biblia, Salomón, uno de los hombres más sabios, sino el más sabio, que jamás haya existido, nos dio ese pequeño y profundo consejo en Proverbios 4:5. ¡ADQUIERAN SABIDURÍA!
Este es el consejo que nuestro mundo moderno parece olvidar.
Introduzcamos la idea de **Quick Wisdom**.

El enfoque de **Quick Wisdom** es ayudar a que sean ¡SABIOS!

En la actualidad, me parece que todos los líderes jóvenes que conozco desean sabiduría, pero la necesitan pronto. No tenemos tiempo, con el ritmo y las presiones actuales, de aislarnos para estudiar manuscritos antiguos en sánscrito. De ahí «Acceso rápido a Sabiduría eterna». Mi enfoque: de unas 3 a 10 veces por mes tengo la intención de enviar correos electrónicos «Quick Wisdom» para compartir las mejores «cápsulas de sabiduría» que puedo ofrecer cada mes para ayudar a fortalecerlos a ustedes y a sus amigos.

Quick Wisdom es totalmente gratuito para todos.

Por fortuna, la tecnología del correo electrónico de hoy es tal que pueden incluir a 10 o 100 amigos en una lista para que reciban el correo electrónico **Quick Wisdom** (en inglés). En cuanto a mí, necesito el mismo tiempo para enviar un correo electrónico a una persona como para enviárselo a todos los incluidos en listas. Deseo utilizar mis experiencias únicas en gran sabiduría para fortalecerlos a ustedes y a sus amigos por toda una vida.

Gracias, amigos míos, por informar a sus amigos acerca de **Quick Wisdom**.

Temas de conferencias/
Bobb Biehl

Bobb Biehl habla acerca de los temas siguientes:

Temas principales
- FOCALIZAR LA VIDA ... Mantener la vida focalizada con suma claridad
- VER el bosque ... Mientras su equipo se dedica a cortar los árboles

Sesiones de desarrollo de equipos ejecutivos
- Hacer ... preguntas profundas
- Comunicar ... de manera que otros deseen escuchar
- Soñar ... formar un solo equipo alrededor de un solo sueño
- Focalizar ... su vida y su equipo
- Financiar ... generar ingresos, controlar gastos, gestionar reservas
- Crecer ... hasta alcanzar todo su potencial
- Asesorar ... cómo encontrar un mentor y cómo llegar a serlo
- Motivar ... por qué hacen lo que hacen
- Elaborar un Plan Maestro ... su iglesia, organización o corporación
- Formar equipo ... desarrollar un equipo de primerísima clase

Sírvanse enviarme lo siguiente (sin costo):

- ☐ Catálogo de recursos del Masterplanning Group (en inglés)
- ☐ Información sobre consultorías
- ☐ Información sobre conferencias

Nombre: _____

Título: _____

Organización: _____

Dirección_____

Ciudad: _____ Estado: ____ Zip _____

Teléfono de día: (____) _____

Fax: (____) _____

Correo electrónico: _____

Contacto:

Fax: (407) 330-4134
Fax sin cargo: (888) 443-1976
Pedidos: (800) 443-1976
Web: www.Aylen.com

¡Gracias!